Personalinformationssysteme

Europäische Hochschulschriften
European University Studies
Publications Universitaires Européennes

**Reihe V
Volks- und Betriebswirtschaft**

Series V   Série V
Sciences économiques, gestion d'entreprise
Economics and Management

Band/Vol. 2372

PETER LANG
Bern · Berlin · Frankfurt a.M. · New York · Paris · Wien

Urs Steiner

Personalinformationssysteme

Einführung und Einsatz
in Schweizer Grossunternehmen

PETER LANG

Bern · Berlin · Frankfurt a.M. · New York · Paris · Wien

Die Deutsche Bibliothek – CIP-Einheitsaufnahme

Steiner, Urs:
Personalinformationssysteme : Einführung und Einsatz in Schweizer
Großunternehmen / Urs Steiner. – Bern ; Berlin ; Frankfurt a.M. ;
New York ; Paris ; Wien : Lang, 1998
(Europäische Hochschulschriften : Reihe 5, Volks- und
Betriebswirtschaft ; Bd. 2372)
ISBN 3-906761-57-6

© Peter Lang AG, Europäischer Verlag der Wissenschaften, Bern 1998

Printed in Germany

Meinen Eltern

Vorwort

An dieser Stelle möchte ich all jenen, die zur Realisation meiner Doktorarbeit beigetragen haben, für ihre Unterstützung danken.

Mein ganz besonderer Dank gilt Herrn Prof. Dr. Ambros Lüthi, der meine Arbeit als erster Referent betreute. Er hat durch seinen offenen und menschlichen Führungsstil den nötigen Freiraum geschaffen, der für das Entstehen dieser Arbeit sehr wichtig war. Durch seine wertvollen Impulse und Hinweise sowie die kompetente und konstruktive Kritik hat er mich zudem hervorragend unterstützt und viel zur vorliegenden Arbeit beigetragen.

Danken möchte ich auch Herrn Prof. Dr. Rudolf Grünig für die Übernahme des Koreferats. Seine wertvollen Anregungen und Ratschläge haben diese Arbeit stark geprägt.

Grosser Dank gebührt zudem meinen Eltern, denen diese Arbeit auch gewidmet ist. Ohne ihre Unterstützung wäre diese Arbeit wohl nicht zustandegekommen.

Bedanken möchte ich mich auch bei allen Kolleginnen und Kollegen, die durch Tips, Anregungen, Hinweise und Korrekturarbeiten tatkräftig beim Entstehen dieser Arbeit mitgeholfen haben.

Inhaltsübersicht

Inhaltsverzeichnis

Abbildungsverzeichnis

Tabellenverzeichnis

Abkürzungsverzeichnis

AHV	Alters- und Hinterbliebenenversicherung
Abs.	Absatz
Art.	Artikel
bez.	bezüglich
bzw.	beziehungsweise
ca.	circa
d. h.	das heisst
DSG	Bundesgesetz über Datenschutz
EDV	elektronische Datenverarbeitung
et al.	und andere
f. / ff.	und folgende / fortfolgende
Häufigk.	Häufigkeit
Hrsg.	Herausgeber
inkl./incl.	inklusive
Nr.	Nummer
OR	Obligationenrecht
P.	Personal
PC	Personalcomputer
resp.	respektive
S.	Seite
schweiz.	schweizerisch
sog.	sogenannt
StGB	Strafgesetzbuch
u. a.	unter anderem
usw.	und so weiter
v. a.	vor allem
versch.	verschieden
vgl.	vergleiche
z. B.	zum Beispiel
ZGB	Zivilgesetzbuch

1. Einleitung

1.1 Problemstellung

Die Unternehmen werden durch die sich immer schneller verändernde ökonomische, technologische, sozio-kulturelle sowie rechtlich-politische Umwelt zunehmend beeinflusst.[1] Dies wirkt sich auch auf die Personalarbeit aus und führt unter anderem zu den folgenden Tendenzen:

- Die zentrale Bedeutung der Mitarbeiter für den Unternehmenserfolg wurde in vielen Unternehmen bereits erkannt. Diese Bedeutung wird weiter zunehmen.[2] In der Zukunft dürften die Mitarbeiter dadurch zur wichtigsten, wertvollsten sowie sensitivsten Unternehmensressource und damit zum Schlüsselfaktor für den Unternehmenserfolg werden. Deshalb ist es wichtig, dass die Mitarbeiter individuell unterstützt, betreut und gefördert sowie optimal eingesetzt werden.[3] Die Personalarbeit dürfte deshalb weiter stark an Bedeutung gewinnen.[4]

- Wegen des zunehmenden Konkurrenz- und Kostendrucks kommt auch in der Personalarbeit den Aspekten Effizienz und Effektivität eine wachsende Bedeutung zu. Die Personalarbeit und insbesondere die Anpassung an sich ändernde Umweltbedingungen haben daher vermehrt unter Berücksichtigung der erwähnten Aspekte zu erfolgen.[5]

- Einerseits werden die verschiedenen Elemente der Personalarbeit bereits heute durch zahlreiche und sich teilweise schnell wandelnde Regelungen und Bestimmungen beeinflusst.[6] Zudem führen die erwähnten Umweltveränderungen ständig zu neuen Anforderungen an das Unternehmen und somit auch an die Personalarbeit. Dadurch dürfte die Personalarbeit stetig komplexer und noch anspruchsvoller werden, was zu einem zunehmenden Zeitbedarf für die Bewältigung der neuen Anforderungen und Probleme führen wird.[7] Andererseits wird aufgrund der gleichzeitig zunehmenden Dynamik der Umweltver-

---

[1] Vgl. Ackermann, 1989, S. 136f.; Seibt, 1990, S. 13; Scholz, 1990b, S. 78ff.

[2] Vgl. Scholz, 1989, S. 416; Staehle, 1991, S. 720; Wohlgemuth, 1990b, S. 84

[3] Vgl. Wunderer, Kuhn, 1992, S. 44ff. und S. 140; Scholz, 1990a, S. 40f.

[4] Vgl. Wunderer, Kuhn, 1992, S. 45f.

[5] Vgl. Wunderer, 1992, S. 148; Scholz, 1989, S. 416

[6] Vgl. Grünefeld, Langemeyer, 1991a, S. 11f.; Seibt, 1990, S. 123

[7] Vgl. Wunderer, Kuhn, 1992, S. 46

änderungen allerdings immer weniger Zeit für die Anpassung an diese Veränderungen zur Verfügung stehen. Deshalb entsteht ein zunehmend grösseres
Spannungsverhältnis zwischen der benötigten und der verfügbaren Reaktionszeit.[1] (Detailliertere Ausführungen sind in Kapitel 3.2.3 enthalten.)

- Infolge des immer schnelleren Wandels differieren die im Unternehmen
  vorhandenen, die von den Entscheidungsträgern nachgefragten und die für die
  Entscheidungen notwendigen Informationen immer stärker. Um den Informationsstand und die Informationsnutzung im Unternehmen zu verbessern, ist
  daher dafür zu sorgen, dass sich die drei erwähnten Informationsarten
  möglichst stark überschneiden.[2] (Detailliertere Ausführungen sind in Kapitel
  3.2.3 enthalten.)

Wegen des erwähnten Spannungsverhältnisses zwischen der benötigten und der
verfügbaren Reaktionszeit sowie der möglichen Diskrepanz zwischen den verschiedenen Informationsarten wird es für ein Unternehmen immer wichtiger, die
wachsende Informationsmenge schnell und kostengünstig zu verarbeiten und jederzeit verfügbar zu machen. Dies ist eine immer zentraler werdende Voraussetzung
dafür, dass die notwendigen Entscheidungen rasch und unter Berücksichtigung von
fundierten Informationen gefällt werden können.[3]

Die soeben aufgezeigten Tendenzen erzwingen eine Rationalisierung, Flexibilisierung, Dezentralisierung und Professionalisierung sowie eine vermehrte Informationsorientierung der Personalarbeit. Gleichzeitig ist an Stelle eines reaktiven ein
langfristig angelegtes und ganzheitliches Denken sowie Handeln notwendig. Vor
diesem Hintergrund liegt es auf der Hand, dass zunehmend versucht wird, die
vielfältigen Aufgaben der Personalarbeit durch die Computertechnik zu unterstützen.[4]

Für diese Unterstützung sind moderne Personalinformationssysteme besonders geeignet, da sie umfangreiche, flexible und vielseitig einsetzbare Werkzeuge darstellen, welche die Personalarbeit eines Unternehmens umfassend unterstützen und
deren Effizienz sowie Qualität erhöhen können.[5]

---

[1] *Vgl. Vogel, Wagner, 1993, S. 31*

[2] *Vgl. Galeos, 1991, S. 35ff.*

[3] *Vgl. Galeos, 1991, S. 7ff.*

[4] *Vgl. Ackermann, 1989, S. 141f.; Scholz, 1989, S. 416ff., und 1990a, S. 40ff.*

[5] *Vgl. Mülder, 1984, S. 1; Hentze, Heinecke, 1989, S. 62f.; Scholz, 1994, S. 680ff.*

Trotz der grossen und der weiter steigenden Bedeutung, die den Personalinformationssystemen zukommt, existieren im deutschsprachigen Raum nur relativ
alte oder sehr spezifische Untersuchungen über den Einsatz solcher Systeme.[1]

In einem Personalinformationssystem werden in der Regel Daten über sämtliche
Mitarbeiter eines Unternehmens gespeichert. Im Gegensatz zu den Computersystemen anderer Unternehmensbereiche gehören deshalb beim Einsatz eines
Personalinformationssystems alle Mitarbeiter zu den Betroffenen[2]. Zudem ver-
fügen umfassende Personalinformationssysteme über unterschiedlichste Benutzer-
gruppen (z. B. Personalsachbearbeiter, Personalchef, Linienvorgesetzte). Dadurch
müssen solche Systeme den Interessen, Ansprüchen und Zielen verschiedenster
Mitarbeitergruppen eines Unternehmens gerecht werden.[3] Wegen der grossen
Zahl von beteiligten und betroffenen Mitarbeitern besteht im Rahmen der
Einführung eines Personalinformationssystems die Gefahr, dass gegenseitiges
Misstrauen, Spannungen oder sogar Konflikte entstehen.[4]

Bei der Einführung eines Personalinformationssystems ist es folglich sehr wichtig,
dass einerseits den Interessen und Ansprüchen der verschiedenen Systembenutzer
Rechnung getragen wird. Andererseits sind aber auch die legitimen Interessen der
betroffenen Mitarbeiter ernst zu nehmen. Bei der Bearbeitung ihrer Daten muss
ihre Intim- und Privatsphäre beachtet werden. In dieser Hinsicht wichtige Grundsätze sind im neuen Datenschutzgesetz des Bundes enthalten.

---

[1] *Vor allem die folgenden Untersuchungen enthalten Aussagen über den Einsatz von Personal-
informationssystemen im deutschsprachigen Raum:*
  • *Kilian untersuchte während der Jahre 1976 bis 1978 die Verbreitung von Personal-
  informationssystemen in den 220 umsatzstärksten deutschen Unternehmen (ohne Banken und
  Versicherungen). Vgl. Kilian, 1981, S. 1ff.*
  • *Mülder untersuchte in den Jahren 1981 und 1982 den Implementierungsprozess von Personal-
  informationssystemen in 20 deutschen Grossunternehmen. Vgl. Mülder, 1984, S. 115ff.*
  • *Scholz und Baumann untersuchten 1987 den allgemeinen Einsatz von Personalcomputern in den
  Personalabteilungen von 692 deutschen Unternehmen. Vgl. Scholz, 1994, S. 735ff.*
  • *Maier untersuchte 1993 den Einsatz von Personalinformationssystemen in 102 Versicherungs-
  unternehmen von Deutschland. Vgl. Maier, 1996, S. 4ff.*
  • *Hinweise über die Verbreitung von EDV-Anwendungen im Personalbereich schweizerischer
  Unternehmen sind in der Studie über den Einsatz und die Entwicklung von Informations-
  technologien in Schweizer Unternehmen enthalten. Allerdings wird dabei nicht oder nur sehr
  grob zwischen den verschiedenen personalspezifischen Anwendungen unterschieden. Vgl.
  Lüthi et al., 1996, S. 55ff., sowie 1994, S. 96ff.*

[2] *Unter Betroffenen werden in dieser Arbeit gemäss Datenschutzgesetz alle Personen verstanden,
von denen Daten bearbeitet werden. Vgl. Art. 3b DSG*

[3] *Vgl. Mülder, 1984, S. 14 und S. 145; Domsch, Schneble, 1995, S. 459f.*

[4] *Vgl. Hentze, Heinecke, 1989, S. 62f.*

Auch im Personalbereich ist ein zunehmender Einsatz von Standard-Anwendungssoftware zu beobachten.[1] In bezug auf die Einführung von Personalinformationssystemen führt dies zu einer Verlagerung der Schwerpunkte: Bei Eigenentwicklungen erfordert in der Regel die technische Entwicklung des Systems die grösste
Aufmerksamkeit. Bei der Einführung einer Standard-Anwendungssoftware jedoch
ist das System bereits grösstenteils entwickelt. Infolge der Standardisierung
müssen allerdings häufig umfangreiche technische und organisatorische Anpassungen vorgenommen werden.

Insbesondere bei der Einführung eines Standard-Personalinformationssystems ist
es folglich sehr wichtig, dass neben den technischen vor allem auch die organisatorischen und menschlichen Aspekte berücksichtigt werden. Nur so kann ein erfolgreicher Abschluss des Projekts sichergestellt werden.[2]

Der Einsatz von Personalinformationssystemen wird ausserdem durch viele Bestimmungen und Gesetze beeinflusst. Bei der Einführung solcher Systeme in
schweizerischen Unternehmen muss deshalb auch den landesspezifischen Ver-
hältnissen, die oft von denjenigen des Auslands abweichen, Rechnung getragen
werden. Zudem muss beachtet werden, dass diese Bestimmungen und Gesetze
ändern können, wodurch neue Anforderungen an die Personalinformationssysteme
entstehen.

Aufgrund der obigen Ausführungen kann gesagt werden, dass die Einführung
eines Personalinformationssystems in schweizerischen Unternehmen ein sehr komplexes Analyse- und Gestaltungsproblem darstellt.

Infolge des zunehmenden Einsatzes von Standard-Anwendungssoftware ist ausserdem noch eine andere Entwicklung zu beobachten: Die Aktivitäten im Zusammenhang mit der Einführung solcher Systeme verlagern sich immer häufiger von der
Informatikabteilung in die betroffene Fachabteilung.[3] Vermehrt wird auch die
Projektleitung von einem Vertreter der Fachabteilung übernommen. Dies ist aufgrund der fachspezifischen Anpassungen, die immer stärker in den Vordergrund
rücken, verständlich und begrüssenswert. Die Vertreter der Fachabteilungen sind
in bezug auf informatikspezifische und vorgehenstechnische Fragen jedoch
teilweise überfordert und auf Hilfe angewiesen.

---

[1] Vgl. Seibt, 1990, S. 126
[2] Vgl. Mülder, 1984, S. 6ff.; Krüger, 1990, S. 277ff.; Neumeier, 1991, S. 156f.; Ulich, 1993,
S. 36; Lüthi, 1995, S. 144
[3] Vgl. Österle, 1990a, S. 19

Für die Einführung von Computersystemen existieren in der entsprechenden Literatur bereits verschiedene Methoden und Empfehlungen (vgl. Kapitel 3.4). Diese sind grösstenteils auf die Entwicklung solcher Systeme ausgerichtet oder decken bloss einzelne Teilgebiete ab.

Bei der Einführung eines Personalinformationssystems ist es für die involvierten Vertreter des Personalbereichs jedoch wichtig, den Überblick über den vollständigen Einführungsprozess zu behalten und die Zusammenhänge zu erkennen. Es sollte ihnen folglich im Sinne einer Orientierungshilfe eine übersichtliche Gesamtstrukturierung geboten werden.[1] Dabei ist es wichtig, dass einerseits alle bedeutenden Aspekte und Entscheidungen einer Einführung aufgezeigt und andererseits insbesondere dem zunehmenden Einsatz von Standard-Personalinformationssystemen Rechnung getragen wird. Durch eine solche Gesamtstrukturierung könnten die Vertreter des Personalbereichs die Einführung eines Personalinformationssystems aktiv mitgestalten und ihre Abhängigkeit von den Informatikspezialisten reduzieren.

---

[1] *Vgl. Gomez, 1996, S. 79*

1.2 Zielsetzung

Aufgrund der im vorangehenden Kapitel aufgezeigten Problemstellung ergeben sich für diese Arbeit die folgenden Ziele:

Das erste Ziel ist die Erhebung detaillierter und aktueller Informationen über den Einsatz von Personalinformationssystemen in schweizerischen Grossunternehmen, über die damit verfolgten Ziele und über die durch diese Systeme unterstützten Aufgaben des Personalbereichs.

Das zweite Ziel ist die Entwicklung eines heuristischen Verfahrens zur Einführung von Personalinformationssystemen in Grossunternehmen. Dabei sollen insbesondere die organisatorischen und menschlichen Aspekte sowie die besonderen Probleme bei der Einführung solcher Systeme in schweizerischen Grossunternehmen berücksichtigt werden. Halbstrukturierte Interviews bei einzelnen Unternehmen, die oben erwähnte Erhebung sowie die entsprechende Literatur sollen als Grundlagen für dieses Verfahren dienen.

1.3 Wissenschaftstheoretische Positionierung dieser Arbeit

Da die Wahl eines wissenschaftstheoretischen Standpunkts einen subjektiven, vorwissenschaftlichen Entscheid darstellt, werden im folgenden die Forschungsrichtung und danach die angestrebten Aussagekategorien dieser Arbeit aufgezeigt.[1]

Innerhalb der Betriebswirtschaftslehre können die theoretische, die praktisch-normative und die normensetzende Forschungsrichtung unterschieden werden.[2] Das Ziel der theoretischen Forschungsrichtung ist es, auf dem empirisch-analytischen Wege die Wirklichkeit zu erklären. Die praktisch-normative Betriebswirtschaftslehre strebt hingegen die Entwicklung von Empfehlungen an. Diese Empfehlungen sollen die in der Praxis tätigen Entscheidungsträger unterstützen, indem sie eine optimalere Zielerreichung ermöglichen. Demgegenüber beschäftigt sich die normensetzende Forschungsrichtung in wertender Art und Weise mit den Zielen bzw. den Zielinhalten selbst.[3]

---

[1] Vgl. Grünig, 1990, S. 25
[2] Vgl. Grünig, 1990, S. 30
[3] Vgl. Grünig, 1990, S. 30ff.

Diese Arbeit strebt in erster Linie die Unterstützung der Praxis an (vgl. Kapitel 1.2), weshalb sie infolge der vorangehenden Ausführungen der praktisch-normativen Betriebswirtschaftslehre zu unterstellen ist.

Innerhalb der praktisch-normativen Betriebswirtschaftslehre können die in Abbildung 1.1 dargestellten Aussagekategorien unterschieden werden.

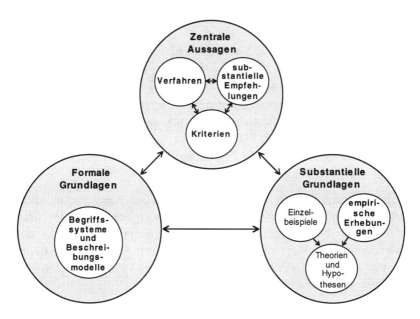

Abbildung 1.1: Aussagekategorien der praktisch-normativen Betriebswirtschaftslehre [1]

Der Aussagekategorie Begriffssysteme und Beschreibungsmodelle kommt die Funktion einer formalen Grundlage zu, da sie für wissenschaftliche Arbeiten eine wichtige Basis darstellt. Die Aussagen dieser Kategorie sollen die Erfassung der betrieblichen Realität sowie die Kommunikation erleichtern und werden deshalb zum Beispiel in der Form von Begriffsdefinitionen auch in dieser Arbeit vorkommen.[2]

Faktenaussagen in der Form von Einzelbeispielen und in der Form von Berichten über empirische Erhebungen können als substantielle Grundlagen der praktisch-

---

[1] *Quelle: Grünig, 1993b, S. I/26*

Die in dieser Arbeit enthaltenen Aussagekategorien sind fett gedruckt.

[2] *Vgl. Grünig, 1990, S. 33ff.*

normativen Betriebswirtschaftslehre betrachtet werden. Beide Kategorien von Faktenaussagen dienen unter Umständen als Basis für umfassende Theorien oder einzelne Hypothesen, welche ebenfalls als substantielle Grundlagen bezeichnet werden können.[1] Beispielsweise sind die deskriptiven Aussagen im Zusammenhang mit dem ersten Ziel dieser Arbeit (vgl. Kapitel 1.2) als Faktenaussagen in der Form von Berichten über empirische Erhebungen anzusehen.

Als zentrale Aussagekategorien der praktisch-normativen Betriebswirtschaftslehre können bezeichnet werden:[2]

- formale Empfehlungen in der Form von Verfahren bzw. Vorgehensmethoden bzw. Techniken zur Analyse und Lösung von Problemen (detaillierte Ausführungen sind in den Kapiteln 2.7 und 5.1 enthalten)
- substantielle inhaltliche Empfehlungen zur Problemlösung in der Form von Basisvarianten bzw. Ausgangsalternativen und in der Form von Prinzipien bzw. Regeln zur Lösungsgenerierung
- Kriterien zur Beurteilung bzw. Bewertung von bestehenden Lösungen oder Varianten der Problemlösung

Als Beispiel für ein Verfahren kann das im Rahmen dieser Arbeit zu entwickelnde Verfahren zur Einführung von Personalinformationssystemen genannt werden. Die Erläuterungen zu den einzelnen Phasen dieses Verfahrens enthalten zudem substantielle inhaltliche Empfehlungen in der Form von Prinzipien zur Lösungsgenerierung. Teilweise sind in diesen Ausführungen auch Hinweise auf Kriterien zur Bewertung von Varianten der Problemlösung enthalten.

Zusammenfassend kann gesagt werden, dass diese Arbeit einerseits eine deskriptive Aussage in der Form eines Berichts über eine empirische Erhebung anstrebt (vgl. vierter Teil). Andererseits werden aber auch präskriptive Aussagen in der Form eines Verfahrens zur Analyse und Lösung von Problemen sowie in der Form von Prinzipien zur Lösungsgenerierung gemacht und einzelne Kriterien zur Bewertung von Lösungsvarianten angegeben (vgl. dritter und fünfter Teil).

---

[1] *Vgl. Grünig, 1990, S. 33ff.*
[2] *Vgl. Grünig, 1990, S. 33ff., sowie 1993b, S. I/25*

1.4 Vorgehen

Um die Ziele dieser Arbeit erreichen zu können, wurde nach der Einarbeitung in die Materie zuerst eine Pilotstudie durchgeführt. Diese schriftliche Umfrage bei 43 zufällig ausgewählten Grossunternehmen diente hauptsächlich der Beschaffung grundlegender Informationen über die Einführung und den Einsatz von Personalinformationssystemen in der Deutschschweiz. Gleichzeitig wurden durch diese Pilotstudie für die spätere Vor- und Hauptstudie Fragestellungen getestet sowie Hinweise auf mögliche Antwortkategorien gewonnen.

Unter Berücksichtigung der Informationen der Pilotstudie und anhand der Referenzlisten von Personalinformationssystem-Anbietern konnten danach acht Deutschschweizer Grossunternehmen ausfindig gemacht werden, die im Verlaufe der vorangegangenen Jahre ein Personalinformationssystem eingeführt hatten und bereit waren, an einer Vorstudie teilzunehmen. Bei diesen Unternehmen konnte im Sommer 1996 je ein Interview durchgeführt werden. Dabei ging es darum, detaillierte Informationen über den Einsatz und insbesondere über die Einführung des Personalinformationssystems zu erheben. Durch die Abgabe von Fragebogen zuhanden einzelner Mitarbeiter im Personalbereich wurde es zudem möglich, die Beurteilungen der Personalchefs mit denjenigen der Mitarbeiter im Personalbereich zu vergleichen.

Im Rahmen der Hauptstudie wurde dann im Sommer 1997 auf der Basis der Vorstudie eine schriftliche Befragung von 452 Grossunternehmen der Deutsch- und Westschweiz durchgeführt. Dadurch konnten umfassende Informationen über die Einführung und den Einsatz von Personalinformationssystemen erhoben werden. Da einzelne Fragen der Vor- und der Hauptstudie teilweise übereinstimmten, konnten auch gewisse Quervergleiche zwischen den beiden Studien angestellt werden.

Abschliessend wurde aufgrund der zusammengetragenen Literatur und der Ergebnisse der Vor- und der Hauptstudie ein heuristisches Verfahren zur Einführung von Personalinformationssystemen erarbeitet. Innerhalb der einzelnen Phasen dieses Verfahrens konnten aufgrund derselben Grundlagen ausserdem verschiedene inhaltliche Empfehlungen eingebettet werden.

1.5 Aufbau der Arbeit

Aufgrund des im letzten Kapitel aufgezeigten Vorgehens ergaben sich die in Abbildung 1.2 dargestellten sechs Teile dieser Arbeit. Die Einleitung sowie die Zusammenfassung und die Schlussbemerkungen bilden gewissermassen den Rahmen der Arbeit. Das im fünften Teil vorgestellte Verfahren zur Einführung von Personalinformationssystemen beruht entweder direkt oder indirekt auf den übrigen Teilen, was durch die Pfeile angedeutet wird. Im folgenden wird nun der Inhalt der verschiedenen Teile erläutert.

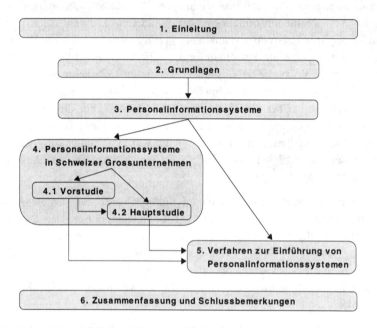

Abbildung 1.2: Aufbau der Arbeit

Nach der Einleitung werden im *zweiten Teil* im Sinne einer formalen Grundlage verschiedene Begriffe definiert, wodurch die Basis für diese Arbeit gelegt wird.

Im *dritten Teil* wird auf der Basis des vorangehenden Teils und unter Berücksichtigung der entsprechenden Literatur auf die Personalinformationssysteme als Führungs- und Verwaltungssysteme eingegangen.

- Im ersten Kapitel des dritten Teils wird das Personalmanagement, das durch ein Personalinformationssystem unterstützt werden kann, behandelt. Dabei werden hauptsächlich die historische Entwicklung, die Aufgaben, der EDV-

Einsatz sowie die möglichen Entwicklungstendenzen in diesem Bereich beleuchtet.

- Personalinformationssysteme stellen einen Teil der Informationssysteme von Unternehmen dar. Deshalb werden im zweiten Kapitel zuerst verschiedene Arten von Informationssystemen überblicksartig beschrieben. Danach wird auf mögliche Ursachen ihres Einsatzes eingegangen, bevor Individual- und Standard-Anwendungssoftware einander gegenübergestellt werden.
- Im dritten Kapitel werden die Personalinformationssysteme charakterisiert. Insbesondere werden dabei die unterstützten Aufgaben, der grundsätzliche Aufbau, die wichtigsten Ziele, der Nutzen und die Kosten solcher Systeme sowie mögliche Entwicklungstendenzen aufgezeigt. Zudem werden die bedeutendsten Anforderungen, welche in der Regel an ein solches System gestellt werden, dargelegt.
- Im vierten Kapitel wird die Einführung von Informationssystemen grundlegend betrachtet. Insbesondere werden dabei einige der in der Literatur enthaltenen und für diese Arbeit bedeutenden Vorgehensmethoden vorgestellt.
- Im fünften Kapitel werden schliesslich noch einige besondere Problembereiche, welche bei der Einführung und beim Einsatz von Personalinformationssystemen beachtet werden sollten, aufgezeigt.

Im *vierten Teil* der Arbeit wird auf der Basis der beiden vorangehenden Teile anhand empirischer Untersuchungen aufgezeigt, wie Personalinformationssysteme in Schweizer Grossunternehmen eingeführt und eingesetzt werden.

- Im ersten Kapitel wird zunächst auf die Vorstudie eingegangen. Die Ergebnisse der Befragungen in acht Unternehmen zeigen unter anderem, wie diese Unternehmen die eingesetzten Personalinformationssysteme beurteilen, welche Ziele sie mit deren Einsatz verfolgen und welche Aufgaben sie mit diesen Systemen unterstützen. Insbesondere sind auch die wesentlichen Angaben über die in diesen Unternehmen erfolgten Einführungen von Personalinformationssystemen zusammengefasst wiedergegeben.
- Im zweiten Kapitel wird die auf der Vorstudie basierende Hauptstudie vorgestellt. Die umfassenden Ergebnisse zeigen insbesondere, wie die Unternehmen die eingesetzten Personalinformationssysteme beurteilen, welche Ziele sie mit deren Einsatz verfolgen, welche Aufgaben sie mit diesen Systemen unterstützen und was bei der Einführung von Personalinformationssystemen beachtet werden sollte.
- Abschliessend werden im dritten Kapitel die Ergebnisse der Vorstudie mit denjenigen der Hauptstudie kurz verglichen.

Im *fünften Teil* wird auf der Basis der Vor- und der Hauptstudie sowie der theoretischen Betrachtungen des zweiten und dritten Teils ein Verfahren zur Einführung von Personalinformationssystemen vorgeschlagen. Mit dem Verfahren soll insbesondere die Praxis unterstützt werden, indem einerseits durch die Gesamtstrukturierung des Einführungsprozesses methodische Hilfestellungen angeboten werden und andererseits bei den wichtigsten Entscheidungen auch inhaltliche Empfehlungen abgegeben werden.

- Im ersten Kapitel wird zuerst darauf eingegangen, weshalb ein heuristisches Verfahren vorgeschlagen wird und was die Merkmale eines solchen Verfahrens sind.

- Im zweiten Kapitel werden die verschiedenen Grundlagen des heuristischen Verfahrens aufgelistet.

- Im dritten Kapitel geht es schliesslich darum, das Verfahren detailliert vorzustellen und zu erläutern sowie die zugehörigen substantiellen Empfehlungen aufzuzeigen.

Die Zusammenfassung und die Schlussbemerkungen im *sechsten Teil* bilden den Schluss dieser Arbeit.

2. Grundlagen

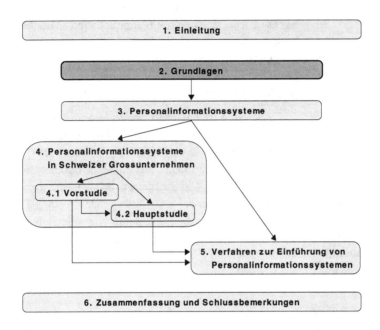

Abbildung 2.1: Positionierung des zweiten Teils

Im zweiten Teil werden im Sinne einer formalen Grundlage verschiedene Begriffe definiert, wodurch die Basis für diese Arbeit gelegt wird. Darauf können dann die übrigen Teile dieser Arbeit aufbauen (vgl. Abbildung 2.1).

Zunächst ist es wichtig festzuhalten, dass die in dieser Arbeit verwendeten Personenbezeichnungen sowohl für weibliche als auch für männliche Personen gelten.

2.1 Personalmanagement

Unter Personalmanagement kann die Gesamtheit aller Ziele, Strategien und Instrumente verstanden werden, die das Verhalten der Führungskräfte und der Mitarbeiter prägt. Im Gegensatz zur direkten und unmittelbaren Mitarbeiterführung sowie zur ständigen Organisationsentwicklung geht es dabei um eine indirekte Systemgestaltung. Durch das Personalmanagement wird insbesondere bezweckt, die verfügbaren menschlichen Ressourcen, Fähigkeiten und Möglichkeiten auf die Aufgaben und Ziele des Unternehmens abzustimmen.[1]

Im deutschen Sprachraum wird der Begriff Personalmanagement im Vergleich zu Personalverwaltung, Personalwesen und Personalwirtschaft immer häufiger verwendet. Eine ähnliche Verschiebung findet im englischen Sprachraum statt: Dort wird die Bezeichnung „Personnel Management" zunehmend durch „Human Resource Management" verdrängt. Diese Verschiebungen bringen die folgende Entwicklung zum Ausdruck: Die reagierende und verwaltende Personalarbeit, welche die Mitarbeiter als Kostenfaktor betrachtet und durch spezielle Stabsstellen wahrgenommen wird, verändert sich zunehmend. Die Mitarbeiter werden immer häufiger als wertvolle Ressource verstanden. Die Personalfunktion wird vermehrt als wichtige Managementaufgabe aufgefasst und wird immer stärker strategisch ausgerichtet.[2]

Die Tabelle 2.1 zeigt die wichtigsten Unterschiede zwischen Personalwesen, -wirtschaft, -verwaltung und Personalmanagement auf. Vor allem in der Praxis sind allerdings verschiedene Mischformen zwischen diesen beiden Varianten anzutreffen.

Auf das Personalmanagement wird in Kapitel 3.1 detaillierter eingegangen.

---

[1] Vgl. *Hilb, 1995, S. 12f.; Scholz, 1994, S. 43; Hentze, Metzner, 1994, S. 25ff.; Wohlgemuth, 1990b, S. 85f.*

[2] Vgl. *Hilb, 1995, S. 9ff.; Scholz, 1994, S. 1ff.; Hentze, Metzner, 1994, S. 25ff.*

Tabelle 2.1: *Unterschiede zwischen Personalverwaltung und Personalmanagement* [1]

Personalwesen, -wirtschaft, -verwaltung (Personnel Management)	Personalmanagement (Human Resource Management)
Verwaltende Grundhaltung	Unternehmerische Grundhaltung
Nachgelagerte betriebliche Teilfunktion (z. B. wird die Personalplanung reaktiv aus der Unternehmensplanung abgeleitet)	Integrierter Bestandteil der Unternehmensstrategie (z. B. ist die Personalplanung vollständig in die Unternehmensplanung integriert)
Zentrale Personalfunktion in Stabsabteilungen	Dezentrale Personalfunktion im Linienmanagement mit zentraler Koordination und Unterstützung
Spezialisten nehmen die operativen Funktionen wie Personalplanung, -evaluation, -entschädigung wahr.	Das Linienmanagement ist verantwortlich für den Einsatz und die Koordination aller Ressourcen einer Unternehmenseinheit zur Erreichung der strategischen Ziele.
Linienmanager führen die Mitarbeiter nach bestimmten Regeln und Abläufen.	Personalspezialisten unterstützen das Linienmanagement bei der Erfüllung der strategischen Funktionen.
Zweck ist der Einsatz der richtigen Personen am richtigen Ort zur richtigen Zeit und die kostengünstige Entlassung ungeeigneter Personen.	Zweck ist die Abstimmung der verfügbaren menschlichen Ressourcen, Fähigkeiten und Möglichkeiten auf die Aufgaben und Ziele des Unternehmens.
Die Angestellten werden zu Objekten der Unternehmensstrategie.	Die Mitarbeiter sind Subjekt der Unternehmensstrategie.
Die Arbeiter sind Produktions- und Kostenfaktoren.	Die Mitarbeiter bilden die Organisation und einen Teil der Investitionen.

---

[1] *Vgl. Krulis-Randa, 1991, S. 38; Scholz, 1994, S. 43; Oechsler, 1996, S. 11; Hilb, 1995, S. 9ff.*

2.2 Informationssystem

Die in der Literatur zu findenden Definitionen von Informationssystemen sind in der Regel sehr allgemein gehalten. Explizit oder implizit ist stets die Beteiligung von Menschen und Informationen darin enthalten.[1]

Gemäss Hansen besteht ein Informationssystem aus Menschen und/oder Maschinen, die Informationen erzeugen und/oder benutzen und durch Kommunikationsbeziehungen miteinander verbunden sind. Die Information als Strömungsgrösse zwischen den möglichen Systemelementen Mensch und Maschine wird dabei als Kenntnis über Sachverhalte und Vorgänge verstanden. Der Zweck von Informationssystemen ist die Bereitstellung von Informationen für die verschiedenen Systembenutzer.[2]

Neben den reinen Mensch-Mensch- sowie Maschinen-Maschinen-Systemen existieren sehr oft auch kombinierte, Mensch-Maschinen-Systeme. Bei den letzteren ist die Erfassung, Speicherung, Übertragung und/oder Transformation von Informationen durch den Einsatz von EDV teilweise automatisiert. In einem Unternehmen werden in der Regel trotz dem Einsatz eines Rechners weiterhin viele Informationsverarbeitungsaufgaben nur von Menschen erfüllt. Daher umfasst ein rechnergestütztes Informationssystem meist nur einen Teil des gesamtbetrieblichen Informationssystems.[3]

Aufgrund der zunehmenden Menge von zu verarbeitenden Informationen sowie der wachsenden Bedeutung von Informationen werden rechnergestützte Informationssysteme für die Unternehmensführung immer wichtiger. Im Rahmen dieser Arbeit erfolgt deshalb eine Konzentration auf solche Systeme. Im folgenden wird demnach unter einem Informationssystem ein rechnergestütztes Informationssystem verstanden.

Diese Konzentration auf rechnergestützte Informationssysteme bedeutet allerdings nicht, dass die übrigen Informationssysteme eines Unternehmens vernachlässigt werden dürfen. Sie sind insbesondere im Rahmen der Einführung eines rechnergestützten Informationssystems sorgfältig an die neuen Verhältnisse anzupassen. Auf Informationssysteme wird in Kapitel 3.2 detaillierter eingegangen.

---

[1] Vgl. Schneider, 1997, S. 419

[2] Vgl. Hansen, 1996, S. 67ff.

[3] Vgl. Hansen, 1996, S. 68f.; Schneider, 1997, S. 419ff.

2.3 Personalinformationssystem

Ein Personalinformationssystem kann als ein Führungs- und Verwaltungsinstrument im Personalbereich bezeichnet werden.[1] In einer etwas aussagekräftigeren Definition bezeichnen Domsch und Schneble ein Personalinformationssystem als

„ ...• ein System der geordneten Erfassung, Speicherung, Transformation und Ausgabe von allen relevanten Informationen über Personal und Tätigkeitsbereiche/Arbeitsplätze,

• zur Versorgung von zugangsberechtigten Führungskräften, Verwaltungsangestellten, Arbeitnehmervertretungen aller betrieblichen Ebenen und Funktionen mit einem Teil derjenigen Informationen,

• die sie zur zielgerichteten Wahrnehmung ihrer Führungs- und Verwaltungsaufgaben

• unter Berücksichtigung relevanter Gesetze, Verordnungen und Verträge sowie sozialer und wirtschaftlicher Ziele der Organisation benötigen."[2]

Diese Definition ist insofern weit gefasst, als sie auch manuelle Verfahren der Datenverarbeitung, so zum Beispiel Karteien und Personaldossiers, erfasst.[3] Wie aus den Überlegungen in Kapitel 2.2 hervorgeht, wird sich allerdings diese Arbeit auf computergestützte Personalinformationssysteme konzentrieren.

Mülder definiert diejenigen Systeme als computergestützte Personalinformationssysteme, „ ... die über die automatische Abwicklung der Lohn- und Gehaltsabrechnung hinausgehende Verarbeitungsprozeduren (Statistiken, Berichte, Auswertungen) ermöglichen und auf diese Art und Weise sowohl die Informationsbedürfnisse der Personalsachbearbeiter bei der Abwicklung der laufenden Geschäftsvorfälle als auch die Informationsbedürfnisse von Führungskräften im Personalbereich und anderen Bereichen zur Wahrnehmung personalwirtschaftlich relevanter Aufgaben befriedigen."[4]

In der auf die funktionale Leistungsbreite ausgerichteten Definition von Mülder kommt einerseits klar zum Ausdruck, dass reine Lohn- und Gehaltsabrechnungssysteme[5] keine Personalinformationssysteme darstellen. Andererseits werden auch

---

[1] *Vgl. Domsch, 1980, S. 17; Domsch, Schneble, 1995, S. 450*

[2] *Domsch, Schneble, 1995, S. 450*

[3] *Vgl. Maier, 1996, S. 20*

[4] *Mülder, 1984, S. 13*

[5] *Unter Lohn- und Gehaltsabrechnung werden in dieser Arbeit sämtliche administrativen Tätigkeiten verstanden, die im Zusammenhang mit der Auszahlung von Arbeitsentgelten an die Belegschaft, die Geschäftsführer und die Verwaltungsräte entstehen. Vgl. Gabler, 1988b, S. 183*

die unterschiedlichen Informationsbedürfnisse verschiedener Benutzergruppen, die beispielsweise durch flexible Abfragen und Auswertungen abgedeckt werden können, aufgezeigt.

Im Rahmen dieser Arbeit wird unter einem Personalinformationssystem ein computergestütztes, vorwiegend im Personalbereich eingesetztes Führungs- und Verwaltungssystem verstanden. Es unterstützt verschiedenste Aufgaben und weist neben Lohn- und Gehaltsabrechnungsfunktionen insbesondere auch eine Abfragemöglichkeit auf. Damit können neben den Informationsbedürfnissen der Mitarbeiter im Personalbereich auch diejenigen der Führungskräfte abgedeckt werden.

Da viele Unternehmen mit Schnittstellen- und Kompatibilitätsproblemen sowie redundanten Daten kämpfen, werden bewusst nur umfassende Systeme, die auch die Lohn- und Gehaltsabrechnung abdecken, als Personalinformationssysteme bezeichnet. Durch die explizite Erwähnung einer Abfragemöglichkeit soll zudem dieses wesentliche Element eines Informationssystems hervorgehoben werden: Erst durch eine leistungsfähige, einfache und benutzerfreundliche Abfragemöglichkeit können alle Benutzer rasch und ohne grossen Aufwand die für sie relevanten Informationen ihren Bedürfnissen entsprechend abrufen.

Wichtig ist, hervorzuheben, dass Personalinformationssysteme im Sinne der obigen Definition bloss Werkzeuge oder Instrumente sind, welche die Erfüllung verschiedener Aufgaben des Personalbereichs unterstützen. Die eigentliche Aufgabenerfüllung und namentlich das Treffen von Entscheidungen erfolgt hingegen durch ein Gesamtsystem. Dieses umfasst neben dem Personalinformationssystem auch nicht rechnergestützte Informationssysteme, organisatorische Aspekte und insbesondere die Mitarbeiter des Personalbereichs sowie die Führungskräfte. Diese Zusammenhänge gilt es bei Diskussionen über Personalinformationssysteme und vor allem bei der Einführung eines Personalinformationssystems zu beachten.

Auf Personalinformationssysteme wird in Kapitel 3.3 detaillierter eingegangen.

2.4 Computer und Software

Der *Computer* kann als eine Funktionseinheit zur Verarbeitung von Daten[1] angesehen werden. Im deutschen Sprachraum werden die Begriffe Rechen- und Datenverarbeitungssystem synonym verwendet.[2]

Software ermöglicht zusammen mit den Eigenschaften des Computers dessen Betrieb und Nutzung zur Lösung von gestellten Aufgaben. Software ist eine Sammelbezeichnung für:

- die Systemprogramme (z. B. Betriebssysteme, Datenbankverwaltungssysteme
- die Anwendungsprogramme (Sie erledigen bestimmte Aufgaben für den Benutzer[3] und funktionieren ohne die Systemprogramme nicht.).[4]

Der Begriff *Individualsoftware* umfasst jene Programme, die für einen konkreten Anwendungsfall und seine spezifischen Bedingungen erstellt wurden. Als *Standardsoftware* werden hingegen Programme bezeichnet, die auf Allgemeingültigkeit und mehrfache Nutzung ausgelegt sind. Standardsoftware kann deshalb durch verschiedene Anwender[5] zur Lösung gleicher oder ähnlicher Aufgaben eingesetzt werden.[6]

Im Bereich der Anwendungsprogramme kann die Standardsoftware in Tools und Standard-Anwendungssoftware unterteilt werden. Zu den Tools gehören beispielsweise Textverarbeitungs-, Tabellenkalkulations-, Auswertungs-, Statistik- oder Grafiksoftware. Unter *Standard-Anwendungssoftware* wird Standardsoftware verstanden, die Unternehmensaufgaben bzw. betriebswirtschaftliche Aufgabenstellungen unterstützt. Als Beispiel kann Standardsoftware für das Rechnungswesen oder den Personalbereich genannt werden. Unter *Individual-Anwendungssoftware* wird

---

[1] *Unter Daten werden in dieser Arbeit Informationen verstanden, die aufgrund bekannter oder unterstellter Abmachungen in einer maschinell verarbeitbaren Form vorliegen. Vgl. Hansen, 1996, S. 6; Schneider, 1997, S. 181*

[2] *Vgl. Hansen, 1996, S. 6; Becker et al., 1995, S. 8f.*

[3] *Unter dem Benutzer eines EDV-Systems in einem Unternehmen wird in dieser Arbeit ein Mitarbeiter einer Fachabteilung (z. B. Rechnungswesen, Einkauf, Personal usw.) verstanden, der zu seiner Aufgabenerfüllung oder zu deren Unterstützung einen Rechner einsetzt. Vgl. Schneider, 1997, S. 97*

[4] *Vgl. Hansen, 1996, S. 170f.; Becker et al., 1995, S. 13 sowie S. 40; Schneider, 1997, S. 787*

[5] *Unter einem Anwender wird in dieser Arbeit eine Organisation bzw. Institution verstanden, die Rechner zur Unterstützung und Erfüllung von Aufgaben einsetzt. Bei einem Anwender gibt es üblicherweise viele verschiedene Benutzer. Vgl. Schneider, 1997, S. 43*

[6] *Vgl. Hansen, 1996, S. 172; Becker et al., 1995, S. 65; Böhm et al., 1996, S. 126ff.; Schneider, 1997, S. 402 und S. 820*

demgegenüber die für die Unterstützung solcher Aufgaben für einen Anwender speziell erstellte Software verstanden.[1]

Die vorliegende Arbeit setzt sich mit Individual- und insbesondere mit Standard-Anwendungssoftware für den Personalbereich auseinander.

Da eine Standard-Anwendungssoftware in der Regel durch mehrere Anwender eingesetzt werden kann, ist sie im Vergleich zur Individual-Anwendungssoftware meist billiger. Die Standardisierung der Software ermöglicht zudem eine raschere Inbetriebnahme. Für den Anwender entsteht aber der Zwang, sich dem Standard der Anwendung mehr oder weniger anzupassen. Standard-Anwendungssoftware kann in der Regel nur durch die Auswahl einzelner Module, durch die Einstellung bestimmter Parameter[2] oder durch umfangreiche Programmanpassungen an die Anforderungen eines Anwenders angepasst werden.[3] Auf weitere Vor- und Nachteile von Standard-Anwendungssoftware wird in Kapitel 3.2.4 detaillierter eingegangen.

---

[1] *Vgl. Österle, 1990a, S. 14ff.; Böhm et al., 1996, S. 127; Barbitsch, 1996, S. 10; Schneider, 1997, S. 819*

[2] *Parameter können als Stellgrössen angesehen werden, durch deren Veränderung der Mensch das Verhalten eines Softwaresystems beeinflussen kann. Eine Standard-Anwendungssoftware kann durch die Einstellung der Parameter teilweise an die unternehmensindividuellen Bedürfnisse angepasst werden (sog. Customizing). Vgl. Mertens et al., 1991, S. 570ff.; Schneider, 1997, S. 173*

[3] *Vgl. Österle, 1990a, S. 14ff.; Becker et al., 1995, S. 65f. ; Schneider, 1997, S. 173 und S. 820*

2.5 Grossunternehmen

Da bei Personalinformationssystemen die Anzahl verwalteter Mitarbeiter als Grössenkriterium im Vordergrund steht, wird in dieser Arbeit die Anzahl Mitarbeiter auch für die Bildung von Unternehmensgrössen-Klassen verwendet. Dabei wird von den gewichteten Beständen ausgegangen.

In Unternehmen mit weniger als 500 Mitarbeitern kennt der Personalchef in der Regel alle Mitarbeiter mehr oder weniger. In solchen Unternehmen ist es deshalb grösstenteils nicht notwendig, beispielsweise die Personalplanung mit dem Computer zu unterstützen oder die Fähigkeiten der Mitarbeiter mit dem Computer zu verwalten. Deshalb werden in kleineren Unternehmen oft nur Lohn- und Gehaltsabrechnungsprogramme eingesetzt. Umfassende Personalinformationssysteme, die dispositive Aufgaben mindestens teilweise unterstützen, werden dagegen nicht zuletzt wegen ihres Umfangs und ihrer Komplexität vorwiegend in Unternehmen mit mehr als 500 Mitarbeitern verwendet.

Aufgrund dieser Überlegungen wird in dieser Arbeit unter einem Grossunternehmen eine Unternehmung[1] mit mehr als 500 Mitarbeitern verstanden.

2.6 Einführung

Unter Einführung wird im Rahmen dieser Arbeit der gesamte Prozess von der Idee, ein neues System einzusetzen, über die Realisierung bis zum produktiven Einsatz verstanden. Die Einführung umfasst daher nicht nur die Aktivitäten im Zusammenhang mit der Inbetriebnahme des neuen Systems, sondern beispielsweise auch die Erarbeitung des Projektantrags, die Projektorganisation, die Ist-Analyse und die Evaluation.[2] Detailliertere Hinweise sind in Kapitel 3.4 enthalten.

---

[1] *Unter einem Unternehmen oder einer Unternehmung wird in dieser Arbeit gemäss der Definition des Bundesamts für Statistik die kleinste juristisch selbständige Einheit verstanden. Im Rahmen dieser Arbeit werden zudem die Unternehmen und die öffentlichen Verwaltungen gleich behandelt. Wenn folglich von Unternehmen die Rede ist, sind darunter auch alle öffentlichen Verwaltungen subsumiert. Vgl. Bundesamt für Statistik, 1993, S. 5; Lüthi et al., 1996, S. 1*

[2] *Vgl. Barbitsch, 1996, S. 2ff.; Hamacher, Pape, 1991, S. 94ff.; Roos, 1993, S. 23ff.*

2.7 Verfahren

Aus der Zielsetzung geht hervor, dass es in dieser Arbeit unter anderem darum geht, ein Verfahren zur Einführung von Personalinformationssystemen in Grossunternehmen zu entwickeln (vgl. Kapitel 1.2). „Unter einem Verfahren wird dabei eine Abfolge von Regeln der Informationsbeschaffung und -verarbeitung verstanden, welche zur Bewältigung einer bestimmten Klasse von Problemen geeignet erscheint."[1] Ein Verfahren stellt demnach eine Methode dar, die verschiedene Handlungsregeln bzw. -anweisungen enthält und dadurch zur Lösung bestimmter Probleme beitragen kann.[2]

Für die Entwicklung und Einführung von Softwaresystemen werden in der entsprechenden Literatur verschiedene Vorgehensweisen vorgeschlagen (vgl. Kapitel 3.4). In diesem Zusammenhang wird oft von Vorgehensmodellen gesprochen. Unter einem Modell wird im allgemeinen ein gedankliches und vereinfachtes Abbild der Wirklichkeit verstanden. Es enthält in der Regel keine Handlungsregeln bzw. -anweisungen.[3] Im Rahmen der in dieser Arbeit zu entwickelnden Vorgehensweise sollen allerdings Handlungsregeln bzw. -anweisungen gegeben werden. Deshalb wird diese Vorgehensweise als Verfahren bezeichnet.

Verfahren können anhand der beiden folgenden Merkmale unterteilt werden:

- *Komplexitätsgrad:* Einfache Verfahren zeichnen sich dadurch aus, dass in einem Entscheidakt aus mehreren Alternativen eine gewählt wird. Komplexe Verfahren bestehen dagegen aus mehreren Einzelentscheidungen, die entweder parallel und/oder hierarchisch angeordnet sind. Tendenzmässig kann zudem gesagt werden, dass Wahlprobleme[4] durch einfache Verfahren gelöst werden können. Für die Lösung von Gestaltungsproblemen[5] werden dagegen in der Regel komplexe Verfahren benötigt.[6]

- *Lösungsqualität:* Zu den Verfahren, die eine optimale Lösung garantieren, können beispielsweise analytische Verfahren und numerisch-iterative Verfahren gezählt werden. Die Simulationsverfahren und die heuristischen Verfah-

---

[1] *Grünig, 1990, S. 38*

[2] *Vgl. Kühn, 1978, S. 46ff.; Schneider, 1997, S. 923*

[3] *Vgl. Kühn, 1978, S. 137ff.; Schneider, 1997, S. 947*

[4] *Ein Wahlproblem kann durch die Wahl einer der bekannten Alternativen gelöst werden. Vgl. Simon, 1966, S. 1ff.; Kühn, 1978, S. 135*

[5] *Bei einem Gestaltungsproblem müssen im Rahmen eines komplexen Such- und Entwicklungsprozesses zuerst schrittweise akzeptable Alternativen erarbeitet werden. Erst danach kann eine Alternative ausgewählt werden. Vgl. Simon, 1966, S. 1ff.; Kühn, 1978, S. 135*

[6] *Vgl. Grünig, 1990, S. 70*

ren können zu den Verfahren mit suboptimaler Lösung gezählt werden, da sie in der Regel eine suboptimale oder nur per Zufall eine optimale Lösung liefern.[1]

Die nach den beiden soeben beschriebenen Merkmalen unterschiedenen Verfahrenstypen sind nicht beliebig kombinierbar (vgl. Tabelle 2.2). Die Optimierungsverfahren setzen „well-defined problems"[2] und „well-structured problems"[3] voraus. Diese Voraussetzungen sind in Situationen, die mehrere Entscheidungen und daher ein komplexes Verfahren erfordern, nur mit sehr geringer Wahrscheinlichkeit erfüllt. Verfahren, welche eine optimale Lösung liefern, kommen deshalb in der Regel nur im Bereich der einfachen Verfahren vor.[4]

Tabelle 2.2: Zusammenhang zwischen den nach den Merkmalen Lösungsqualität und Komplexitätsgrad unterschiedenen Verfahren [5]

Lösungsqualität / Komplexitätsgrad	Verfahren mit optimaler Lösung	Verfahren mit suboptimaler Lösung
Einfache Verfahren	✓	✓
Komplexe Verfahren		✓

Detaillierte Hinweise über heuristische Verfahren sind in Kapitel 5.1 enthalten.

---

[1] *Vgl. Grünig, 1990, S. 70f.*

[2] *Ein Problem ist „well-defined", wenn operationale Entscheidungskriterien vorliegen, mit denen die zu prognostizierenden Konsequenzen der verschiedenen Lösungsalternativen „gemessen" und zudem eindeutige Präferenzenordnungen gebildet werden können. Eine detailliertere Umschreibung der „well-defined problems" ist bei Kühn zu finden. Vgl. Kühn, 1978, S. 160ff.*

[3] *Ein Problem ist „well-structured", wenn insbesondere ein Rechenverfahren (Algorithmus) bekannt ist, mit dem die Lösung ermittelt und in numerischen Ausdrücken angegeben werden kann. Die Ausführung dieses Algorithmus muss ausserdem praktisch machbar und zeitlich sowie wirtschaftlich sinnvoll sein. Eine detailliertere Umschreibung der „well-structured problems" ist bei Kühn zu finden. Vgl. Kühn, 1978, S. 162ff.*

[4] *Vgl. Grünig, 1990, S. 71f.; Kühn, 1978, S. 160ff.; Vogt, 1981, S. 42 sowie S. 147ff.*

[5] *Quelle: Grünig, 1990, S. 73*

3. Personalinformationssysteme

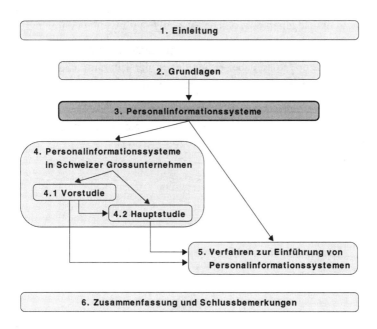

Abbildung 3.1: Positionierung des dritten Teils

Im dritten Teil wird auf der Basis des vorangehenden Teils unter Berücksichtigung der entsprechenden Literatur auf die Personalinformationssysteme als Führungs- und Verwaltungssysteme eingegangen.

Im *ersten Kapitel* wird das Personalmanagement, das durch ein Personalinformationssystem unterstützt werden kann, behandelt. Dabei werden hauptsächlich die historische Entwicklung, die Aufgaben, der EDV-Einsatz sowie die möglichen Entwicklungstendenzen in diesem Bereich beleuchtet.

Personalinformationssysteme stellen einen Teil der Informationssysteme von Unternehmen dar. Deshalb werden im *zweiten Kapitel* zuerst verschiedene Arten von Informationssystemen überblicksartig beschrieben. Danach wird auf mögliche Ursachen ihres Einsatzes eingegangen, bevor Individual- und Standard-Anwendungssoftware einander gegenübergestellt werden.

Im *dritten Kapitel* werden die Personalinformationssysteme charakterisiert. Insbesondere werden dabei die unterstützten Aufgaben, der grundsätzliche Aufbau, die wichtigsten Ziele, der Nutzen und die Kosten solcher Systeme sowie mögliche Entwicklungstendenzen aufgezeigt. Zudem werden die bedeutendsten Anforderungen, welche in der Regel an ein solches System gestellt werden, dargelegt.

Im *vierten Kapitel* wird die Einführung von Informationssystemen grundlegend betrachtet. Insbesondere werden dabei einige der in der Literatur enthaltenen und für diese Arbeit bedeutenden Vorgehensmethoden vorgestellt.

Im *fünften Kapitel* werden schliesslich noch einige besondere Problembereiche, welche bei der Einführung und beim Einsatz von Personalinformationssystemen beachtet werden sollten, aufgezeigt.

3.1 Personalmanagement

Da ein Personalinformationssystem verschiedene Aufgaben des Personalmanagements unterstützen kann, werden im folgenden in Ergänzung zu den Ausführungen in Kapitel 2.1 die wichtigsten Aspekte des Personalmanagements aufgezeigt.

3.1.1 Die historische Entwicklung zum Personalmanagement

Die Entwicklung der Personalarbeit im Unternehmen wurde und wird einerseits durch die Fortschritte im Bereich des Unternehmensmanagements und andererseits durch unternehmensexterne Einflussfaktoren wie gesellschaftlicher Wertewandel, demographischer, technologischer sowie rechtlich-politischer Wandel geprägt.[1] Die Entwicklung zeichnet sich insbesondere dadurch aus, dass neben der administrativen Personalarbeit die Bemühungen, die Mitarbeiter zu einem möglichst optimalen Leistungsbeitrag zu bewegen, immer bedeutender werden.[2]

Aufgrund der unterstützenden Funktion, die den Personalinformationssystemen zukommt, wirkte und wirkt sich die Entwicklung der Personalarbeit auch direkt auf die an diese Systeme gestellten Anforderungen aus.

Grundsätzlich können bei der Entwicklung der Personalarbeit fünf Phasen unterschieden werden. Diese Phasen und vor allem auch die Zeitangaben sind allerdings idealtypisch zu verstehen, da Mischformen möglich sind und einzelne Unternehmen allenfalls immer noch in einer früheren Phase verharren.[3]

- *Administrationsphase (bis ca. 1960)*
  Während dieser Phase stand der Produktionsfaktor menschliche Arbeit in der Regel in beinahe beliebiger Menge zur Verfügung. Der Einfluss der Arbeitnehmer und ihrer Interessenvertreter war deshalb relativ gering. Die Personalarbeit beschränkte sich gewöhnlich auf die Personalverwaltung.[4] Das heisst, dass administrative Tätigkeiten im Rahmen der Einstellung, Beschäftigung und Entlassung von Mitarbeitern im Vordergrund standen. Diese Arbeiten wurden normalerweise in verschiedenen Abteilungen nebenbei erledigt: Lohn- und Gehaltsabrechnung in der Buchhaltung, Vertragsabschlüsse

---

[1] *Vgl. Wunderer, Kuhn, 1992, S. 16; Scholz, 1994, S. 3ff.; Oechsler, 1996, S. 3*

[2] *Vgl. Kadow, 1986, S. 6f.*

[3] *Vgl. Wunderer, 1992, S. 148; Wunderer, Schlagenhaufer, 1994, S. 3ff.; Scholz, 1994, S. 22ff.; Oechsler, 1996, S. 3ff*

[4] *Vgl. Kadow, 1986, S. 4f.*

in der Rechtsabteilung, Personalauswahl und -beurteilung durch den zuständigen Meister.[1]

- *Institutionalisierungsphase (ab ca. 1960)*
Die Veränderung der Arbeitsmarktlage und die steigende Differenzierung der Berufsanforderungen führten dazu, dass für die Unternehmen vor allem die qualifizierte menschliche Arbeit zum Engpassfaktor wurde. Deshalb verbesserte sich die wirtschaftliche sowie rechtliche Stellung der Mitarbeiter und ihrer Vertreter, was bei den Unternehmen zu einer Vergrösserung der Personalaufwendungen führte.[2] Weil dadurch die Steigerung der Leistungsfähigkeit und Leistungsbereitschaft der Mitarbeiter immer wichtiger wurde, nahm die Bedeutung der Personalführung[3] zu. Die Personalarbeit wurde infolge dieser Faktoren wesentlich komplexer und verlangte umfassendere Kenntnisse und höhere Qualifikationen. Deswegen entstand das Personalwesen, in dem alle Funktionen, die das Personal betreffen und die bisher auf verschiedene Funktionsbereiche verteilt waren, zentralisiert wurden.[4] Dabei kam allerdings den administrativen Tätigkeiten immer noch die grösste Bedeutung zu.

- *Humanisierungsphase (ab ca. 1970)*
Die in der Institutionalisierungsphase beschriebenen Tendenzen verstärkten sich weiter. Gleichzeitig stiegen aber auch die Ansprüche der Mitarbeiter an den Arbeitsplatz, den Beruf und die Freizeit. Dies führte dazu, dass sich die Unternehmen vermehrt an die Wünsche der Mitarbeiter anpassen mussten. Infolgedessen wurden zum Beispiel die Arbeitsplätze, deren Umgebung und die Arbeitszeitmodelle humanisiert. Zudem erlangten kooperative Führungsstile, die Partizipation der Mitarbeiter, die Organisations- und Personalentwicklung sowie eine umfassende Personalbetreuung einen hohen Stellenwert. Die zunehmende Bedeutung der Personalabteilung drückte sich in der wachsenden Professionalisierung und in deren immer höheren Ansiedlung in der Unternehmenshierarchie aus.[5] Die Führungskräfte in der Linie wurden allerdings durch die zentralen Regelungen in ihrer Führungsaufgabe teilweise entmündigt.

---

[1] *Vgl. Bisani, 1986, S. 29*

[2] *Vgl. Kadow, 1986, S. 5f.*

[3] *Unter Personalführung wird in dieser Arbeit die zielgerichtete Beeinflussung von Einstellungen und Verhaltensweisen der Mitarbeiter durch den oder die Vorgesetzten verstanden. Vgl. Hentze, Brose, 1990, S. 23; Scholz, 1994, S. 399*

[4] *Vgl. Bisani, 1986, S. 29f.*

[5] *Vgl. Bisani, 1986, S. 30*

- *Ökonomisierungsphase (ab ca. 1980)*
  Die veränderten Rahmenbedingungen und das hohe Kostenniveau erforderten
  eine Anpassung der Organisation und des Personals unter der Berücksichtigung von Wirtschaftlichkeitskriterien. Dabei war die Flexibilisierung
  und Rationalisierung der Arbeit, die Bewertung der Arbeits- und Ent-
  wicklungspotentiale der Mitarbeiter und die Orientierung an einer Frei-
  setzungspolitik von Bedeutung. Die Personalfunktionen wurden entbürokrati-
  siert, betriebswirtschaftlich sinnvoller gestaltet und längerfristig konzipiert.
  Durch die Abgabe einzelner Personalfunktionen ans Linienmanagement oder
  an Personalreferenten setzte wieder eine Dezentralisation ein. Aufgrund des
  Kostendrucks wurden ausserdem freiwillige Personalleistungen abgebaut und
  im Bereich der Personalarbeit der Computer vermehrt eingesetzt.

- *Entre- und Intrapreneuring (ab ca. 1990)*
  Die Mitarbeiter werden zunehmend als wichtigste, wertvollste und sensitivste
  Unternehmensressource erkannt. Das Personalmanagement soll sie als Mit-
  unternehmer gewinnen, entwickeln und erhalten. Im Zentrum steht dabei das
  unternehmerische Mitwissen, Mitdenken, Mithandeln und Mitverantworten in
  allen wesentlichen Unternehmensentscheidungen. Die strategischen, konzep-
  tionellen und koordinierenden Personalaufgaben sowie die Entgeltabrechnung
  werden zentral direkt unterhalb eines Geschäftsleitungsmitglieds angesiedelt.
  Die operative Personalarbeit wird an die Führungskräfte in der Linie
  delegiert. Diese Führungskräfte, die zunehmend auch Kosten- oder Gewinn-
  verantwortung für ihre organisatorische Einheit tragen, können dadurch auch
  in bezug auf ihr Personal unternehmerisch handeln.

3.1.2 Aufgabenbereiche des Personalmanagements

Die Aufgaben des Personalmanagements können auf verschiedene Arten gegliedert werden. Als Beispiel kann die folgende funktionale Gliederung, welche die dispositiven Aufgaben[1] gegenüber den administrativen[2] stark in den Vordergrund rückt, angeführt werden:[3]

- *Personalbestandsanalyse:* Der aktuelle und der infolge von bereits feststehenden Veränderungen beeinflusste zukünftige Personalbestand wird in bezug auf Quantität und vor allem in bezug auf Qualität (z. B. vorhandene Qualifikationen) analysiert. Dies stellt eine wichtige Grundlage für die übrigen Aufgaben des Personalmanagements dar.

- *Personalbedarfsbestimmung:* Der zur Erreichung der Unternehmensziele notwendige Personalbedarf wird hinsichtlich Quantität, Qualität, Zeitpunkt, Einsatzdauer und Einsatzort ermittelt.

- *Personalbeschaffung:* Zur Beseitigung einer personellen Unterdeckung in quantitativer, qualitativer, zeitlicher oder örtlicher Hinsicht wird in der Planungsperiode Personal beschafft.

- *Personaleinsatz:* Die Mitarbeiter werden den zu erfüllenden Aufgaben bzw. den Arbeitsplätzen möglichst optimal zugeteilt. Dabei sind einerseits die Qualifikationen und Fähigkeiten der Mitarbeiter sowie die Anforderungen der Stellen zu berücksichtigen. Andererseits gilt es aber auch, die langfristigen Entwicklungen und die Humanisierungsaspekte zu beachten.

- *Personalentwicklung:* Die Anlagen und Fähigkeiten der Mitarbeiter werden individuell entwickelt und gefördert, damit die Mitarbeiter die gegenwärtigen sowie zukünftigen Anforderungen bewältigen können. Dabei werden vor allem die Erwartungen der Mitarbeiter sowie die Veränderungen der Arbeitsplätze und Tätigkeiten im Unternehmen berücksichtigt.

- *Personalführung:* Aufgrund der Definition auf Seite 28 (in der Fussnote) gehört die Personalführung zum Tätigkeitsgebiet jedes Vorgesetzten und ist daher zunächst losgelöst von der Personalabteilung zu sehen. Primär geht es

---

[1] *Als dispositive Aufgaben werden in dieser Arbeit Führungsaufgaben bezeichnet, deren Funktion die Leitung, Planung, Organisation und Überwachung des Betriebsprozesses ist (z. B. Personalplanung). Vgl. Wöhe, 1986, S. 83*

[2] *Als administrative Arbeiten werden Abrechnungs- und Verwaltungsaufgaben bezeichnet (z. B. Lohn- und Gehaltsabrechnung, Personaldatenverwaltung, Personalstatistik, Meldungswesen). Vgl. Mülder, 1984, S. 74 und S. 154f.; Seibt, 1990, S. 122f.*

[3] *Vgl. Scholz, 1994, S. 45ff.; Hentze, Metzner, 1994, S. 29f.; Hilb, 1991, S. 129ff.*
Eine andere Gliederung, welche auf diejenigen Aufgaben ausgerichtet ist, die primär durch Personalinformationssysteme unterstützt werden, ist in Kapitel 3.3.1 enthalten.

bei der Personalführung darum, das Verhältnis zwischen Vorgesetzten und Untergebenen im Hinblick auf eine weitgehende Integration von Unternehmens- und Individualzielen auszugestalten. Im Rahmen der kollektiven Personalführung sind aber beispielsweise auch Anreizsysteme auf der Basis von Erfolgsbeteiligungen, Arbeitszeit- und Pausenregelungen oder allgemeinen Führungsgrundsätzen zu erarbeiten.

- *Personalkostenmanagement:* Unter Personalkosten, die ein wesentliches Element der Gesamtkosten eines Unternehmens darstellen, sind alle tätigkeitsbezogenen Entgeltkomponenten und die Personalnebenkosten (z. B. gesetzliche oder freiwillige Leistungen) zu verstehen. Einerseits geht es darum, die Personalentlöhnung gerecht sowie leistungsabhängig auszugestalten und insbesondere operativ abzuwickeln. Andererseits sind aber auch verschiedene Personalkostenbudgets zu erstellen und diese durch Soll-Ist-Vergleiche und Abweichungsanalysen zu kontrollieren.

- *Personalfreistellung:* Zur Beseitigung einer personellen Überdeckung in quantitativer, qualitativer, zeitlicher oder örtlicher Hinsicht wird in der Planungsperiode Personal unter Beachtung sozialer Gesichtspunkte freigestellt.

Die obigen Aufgabenbereiche werden durch verschiedene Aufgabengebiete, die eine Querschnittsfunktion ausüben, integriert:[1]

- *Personalmarketing:* Darunter wird die bewusste und zielgerichtete Anwendung personalpolitischer Instrumente zur Schaffung einer positiven Einstellung bei gegenwärtigen und zukünftigen Mitarbeitern verstanden. Im Sinne einer Kundenorientierung sind insbesondere die Mechanismen und Aktionen der Personalbeschaffung, -entwicklung, -freisetzung und -führung auf die gegenwärtigen und zukünftigen Mitarbeiter auszurichten.

- *Personalcontrolling:* Dem Personalcontrolling kommt in bezug auf alle Aufgabenbereiche des Personalmanagements eine Planungs- und Steuerungsfunktion zu. Dadurch wird eine Ausrichtung dieser Aufgaben auf betriebswirtschaftliche und strategische Überlegungen ermöglicht. Dies geschieht insbesondere durch das Erarbeiten von Informationen über den Ist-Zustand und die Analyse der Abweichungen zu im voraus definierten Planwerten.

- *Personalinformationsmanagement:* Alle bisher geschilderten Aufgaben des Personalmanagements beruhen auf mitarbeiter- und/oder arbeitsplatzbezogenen Informationen. Diese Informationen haben eine zentrale Bedeutung, wenn es darum geht, die erwähnten Aufgaben optimal zu erfüllen. Durch das Personalinformationsmanagement sind die Informationsverarbeitungsprozesse

---

[1] *Vgl. Scholz, 1994, 599ff.; Hentze, Metzner, 1994, S. 29f.; Hilb, 1991, S. 129ff.*

des Personalbereichs effizient und effektiv zu planen, zu gestalten und zu kontrollieren. Das Personalinformationsmanagement impliziert insbesondere (aber nicht ausschliesslich) den Einsatz von computergestützten Komponenten.

Bei der Erfüllung der erwähnten Aufgaben ist stets darauf zu achten, dass neben den wirtschaftlichen Zielen des Unternehmens auch die Ziele der Organisationsmitglieder erreicht werden. Dies ist notwendig, weil auf der einen Seite ein Unternehmen seine Existenzberechtigung verliert, wenn es seine wirtschaftlichen Ziele (z. B. Aufrechterhaltung des finanziellen Gleichgewichts, Sicherung des Überlebens durch Gewinnerzielung) nicht erreicht. Auf der anderen Seite können die wirtschaftlichen Ziele langfristig allerdings nur erreicht werden, wenn das Unternehmen den Zielen und Ansprüchen seiner Mitarbeiter Rechnung trägt. Die Nichtbeachtung der Mitarbeitererwartungen kann nämlich zu einer sinkenden Produktivität, zu einer steigenden Fluktuationsrate und zu zunehmenden Schwierigkeiten bei der Personalbeschaffung führen.[1]

3.1.3 EDV-Unterstützung des Personalmanagements

Die im letzten Kapitel erwähnten Aufgabenbereiche des Personalmanagements zeichnen sich alle durch eine Fülle von Informationsgewinnungs-, -verarbeitungs- und -auswertungsvorgängen aus. Ausserdem herrschen relativ oft Routinetätigkeiten vor. Viele Aufgaben des Personalmanagements können daher durch EDV unterstützt werden.[2]

Die sich immer schneller verändernde ökonomische, technologische, soziokulturelle sowie rechtlich-politische Umwelt führt immer rascher zu veränderten oder neuen Anforderungen und Aufgaben sowie zu einem zunehmenden Kostendruck im Personalmanagement. Auch dies fördert eine immer grössere EDV-Durchdringung der Personalarbeit.[3]

---

[1] Vgl. Bisani, 1986, S. 26

[2] Vgl. Kadow, 1986, S. 1; Scholz, 1994, S. 685

[3] Vgl. Ackermann, 1989, S. 136f.; Seibt, 1990, S. 134; Scholz, 1990b, S. 78ff.; Scholz, 1994, S. 685

Zur Unterstützung der Aufgaben des Personalmanagements können verschiedene allgemeine Standardsoftware-Pakete eingesetzt werden:[1]

- *Textverarbeitungsprogramme:* Diese weit verbreiteten Informatikanwendungen können insbesondere durch vorgefertigte Textbausteine die Erstellung von Arbeitszeugnissen sowie Verträgen vereinfachen und die Korrespondenz mit Bewerbern erleichtern.

- *Tabellenkalkulationsprogramme:* Diese Programme erlauben es dem Benutzer, auf relativ einfache Art und Weise seine Anwendungen selbst zu programmieren. Vor allem die Personalplanung, die Berechnung bzw. Analyse von Kennzahlen sowie die Durchführung von Simulationen können dadurch unterstützt werden.[2]

- *Datenbanksysteme:* Ein solches Programm kann eine Fülle von Einzeldaten, an denen beispielsweise Selektions- oder Verknüpfungsoperationen durchzuführen sind, effizient verarbeiten. Dadurch können Bewerber, Adressen, Fähigkeiten der Mitarbeiter usw. bewirtschaftet werden. Infolge vieler dezentralen Datenbanken entsteht allerdings die Gefahr, dass Informationen mehrfach abgespeichert werden, was zu Widersprüchen führen kann.

- *Statistikprogramme:* Diese Programme eignen sich für die Analyse umfangreicher Datenmengen. Die Statistikprogramme stellen in der Regel komplexere Analysefunktionen und -methoden zur Verfügung als die Tabellenkalkulationsprogramme.

- *Grafikprogramme:* Durch grafische Darstellungen können zum Beispiel Auswertungen, Statistiken oder Kennzahlen einprägsam visualisiert werden. Tendenzen und wichtige Aussagen werden dadurch besser wahrgenommen, was die Entscheidungsfindung wirksam unterstützen kann.[3]

- *Kommunikationsprogramme:* Mail-Box-Systeme dienen der Kommunikation zwischen mehreren Systembenutzern. Die Datentransfer- und -konvertierungsprogramme ermöglichen und erleichtern die Datenübertragung zwischen verschiedenen Rechnern.

- *Integrierte Programme:* Sie entstanden durch die Zusammenfassung der wichtigsten Funktionen der zuvor genannten Standardsoftware-Typen. Dies erleichtert den Benutzern aufgrund der einheitlichen Benutzeroberfläche den Umgang mit dem System und reduziert zudem die Schnittstellenprobleme.[4]

---

[1] *Vgl. Scholz, 1994, S. 688ff.; Pfeiffer, 1995, S. 35ff.*

[2] *Vgl. Finzer, 1991a, S. 240*

[3] *Vgl. Finzer, 1991a, S. 240f.*

[4] *Vgl. Scholz, 1994, S. 693*

Als Ergänzung oder als Ersatz für die soeben beschriebenen allgemeinen
Standardsoftware-Typen existieren auch verschiedene individuelle und standardisierte Anwendungssysteme für den Personalbereich. Sie decken gezielt einzelne
oder mehrere Aufgaben des Personalmanagements ab (z. B. Lohn- und Gehaltsabrechnung, Zeitwirtschaft, Personalplanung).

Durch Personalinformationssysteme werden verschiedene Aufgaben des Personalmanagements integriert unterstützt (vgl. Kapitel 3.3.1). Personalinformationssysteme verfügen oft über Exportmöglichkeiten in einzelne der oben genannten
allgemeinen Standardsoftware-Typen, was die Weiterbearbeitung der Daten erleichtert. Infolge der steigenden Bedeutung der dispositiven Aufgaben im
Personalbereich (vgl. nächstes Kapitel) wird der Bedarf an Informations- und
Entscheidungsunterstützung immer grösser. Personalinformationssysteme können
diese wachsende Nachfrage mindestens teilweise abdecken. Zusätzliche Hilfestellungen erhofft man sich von den Expertensystemen (vgl. Kapitel 3.3.6.3).[1]

Der zunehmende Einsatz von Computern im Personalbereich sollte weniger als
eine Reduktion der Mitarbeiter auf „Nummern" gesehen werden als vielmehr
– aufgrund von möglichen Entlastungen – als Chance für eine vermehrte Berücksichtigung der menschlichen Aspekte.[2]

---

[1] *Vgl. Scholz, 1994, S. 696f.; Pfeiffer, 1995, S. 35ff.; Finzer, 1991a, S. 238*
[2] *Vgl. Scholz, 1994, S. 730*

3.1.4 Entwicklungstendenzen

Die Aufgabenabgrenzung zwischen der Fach- und der Personalabteilung wird sich in der Zukunft weiter verschieben: Immer mehr Aufgaben des Personalmanagements dürften von der zentralen Personalabteilung zum unmittelbaren Vorgesetzten verlagert werden.[1] Diese zunehmende Dezentralisation wird dazu führen, dass die Personalabteilung vermehrt zu einer koordinierenden Stelle wird, die der Geschäftsleitung und den Linienvorgesetzten mit Servicefunktionen beratend und unterstützend zur Seite steht. Weil die Bedeutung der Mitarbeiter in der Zukunft weiter steigen wird, dürfte sich der Einfluss des Leiters der Personalabteilung vor allem bei strategischen Fragen weiter vergrössern. Vom Personalverantwortlichen wird deshalb vermehrt generelles und betriebswirtschaftliches Wissen, das Denken in Zusammenhängen sowie ausgeprägte Kreativität und Teamfähigkeit verlangt werden.[2]

Der sich im allgemeinen verstärkende Konkurrenzkampf wird in den Unternehmen einen weiter steigenden Kostendruck verursachen. Dies dürfte dazu führen, dass sich im Personalbereich das unternehmerische Denken vermehrt verbreiten wird. Deshalb wird auch im Personalbereich der Profitcenter- oder Wertschöpfungscenter-Gedanke stark an Bedeutung gewinnen.[3] Aber auch die wachsende Internationalisierung in Politik und Wirtschaft stellt eine grosse Herausforderung an die Personalarbeit dar: Kenntnisse über die landesspezifischen Gegebenheiten und Einflussfaktoren sowie eine internationale Orientierung des Personalmanagements werden notwendig.[4]

Aufgrund des gesellschaftlichen Wertewandels sowie des demographischen, technologischen und rechtlich-politischen Wandels werden in Zukunft insbesondere die folgenden Aufgabenbereiche des Personalmanagements an Bedeutung gewinnen.[5]

---

[1] *Vgl. Schoch, Meyer, 1997, S. 12ff.; Price Waterhouse, 1991, S. 9*

[2] *Vgl. Olesch, 1997, S. 16; Schoch, Meyer, 1997, S. 12ff.; Wunderer, Kuhn, 1992, S. 126ff.*

[3] *Vgl. Olesch, 1997, S. 16; Schoch, Meyer, 1997, S. 15ff.; Wunderer, 1992, S. 148ff.*

[4] *Vgl. Olesch, 1997, S. 15f.; Schoch, Meyer, 1997, S. 15ff.; Schwitt, 1993, S. 17ff.*

[5] *Vgl. Schoch, Meyer, 1997, S. 15ff.; Wunderer, Kuhn, 1992, S. 64ff.*

3.1.4.1 Personalentwicklung

Hauptsächlich der technologische Wandel führt dazu, dass immer wieder neue Anforderungen entstehen und die Arbeit im allgemeinen vielfältiger und komplexer wird. Durch diese Entwicklung entstehen für den einzelnen Mitarbeiter neue Handlungsspielräume, umfassendere Aufgaben und attraktivere Arbeitsplätze. Dies kann allerdings zu steigender Verantwortung und zu zusätzlichen Belastungen führen. Obwohl zum Beispiel in der Schweiz der Bildungsstand kontinuierlich verbessert wird, müssen die Anlagen und Fähigkeiten der Mitarbeiter ständig durch verschiedene unternehmensinterne Massnahmen individuell entwickelt und gefördert werden.[1] Nur so können die Mitarbeiter die gegenwärtigen und vor allem die zukünftigen Anforderungen bewältigen.

In der Zukunft wird den Kommunikations-, Kooperations- und Problemlösungsfähigkeiten der Mitarbeiter eine Schlüsselstellung zukommen. Neben der Vermittlung von Wissen und Können gilt es deshalb, insbesondere diese Fähigkeiten zu fördern. Dabei dürften vorwiegend arbeitsplatznahe oder -bezogene Entwicklungsmassnahmen (Projektarbeit, gelenkte Erfahrungsvermittlung, Coaching usw.) eingesetzt werden. Die Durchführung von Entwicklungsmassnahmen, die Definition und Kontrolle der entsprechenden Ziele sowie das Management des Wissens werden künftig zentrale Aufgaben der Personalarbeit darstellen.[2]

3.1.4.2 Personalführung

Um die Unternehmensziele erreichen zu können, genügt es oft nicht mehr, bloss die quantitativ, qualitativ, zeitlich und örtlich korrekte Deckung des Personalbedarfs anzustreben. Eine immer grössere Bedeutung kommt der Motivation der Mitarbeiter und deren Identifikation mit dem Unternehmen zu. Ein Unternehmen sollte sich deshalb an den Erwartungen der Mitarbeiter orientieren. Bedingt durch den gesellschaftlichen Wertewandel erwarten die Mitarbeiter von ihrer Arbeit künftig vor allem mehr Sinn und Freude sowie mehr Selbständigkeit und Eigenverantwortung. Als Folge davon wird beispielsweise der kooperative Führungsstil gegenüber dem autoritären stark an Bedeutung gewinnen. Darüber hinaus wird künftig eine transparente leistungsabhängige Entlöhnung und das ökologische Verhalten des Unternehmens einen immer grösseren Einfluss auf die Motivation und Identifikation der Mitarbeiter haben.[3]

---

[1] *Vgl. Olesch, 1997, S. 16; Wunderer, Kuhn, 1992, S. 138*
[2] *Vgl. Schoch, Meyer, 1997, S. 15ff.; Wunderer, Kuhn, 1992, S. 67ff.*
[3] *Vgl. Olesch, 1997, S. 16ff.; Schoch, Meyer, 1997, S. 25; Wunderer, Kuhn, 1992, S. 139*

Einerseits führt der technologische Wandel zu steigenden Anlageinvestitionen, welche die Unternehmen dazu zwingen können, die Nutzungszeiten dieser Betriebsmittel zu erhöhen. Andererseits erwarten die Mitarbeiter aufgrund des gesellschaftlichen Wertewandels immer grössere Flexibilität. Diesen beiden, einander gegenläufigen Trends kann ein Unternehmen künftig nur durch zeitliche Flexibilisierung (Teamregelungen, Teilzeitarbeit, Langzeiturlaub usw.) und durch räumliche Arbeitsflexibilisierung (z. B. Teleheimarbeit, Satellitenbüros) gerecht werden.[1]

Gerade in bezug auf die zeitliche Arbeitsflexibilisierung könnte allerdings die reale Entwicklung beträchtlich von den Wünschen der Mitarbeiter abweichen. Dies birgt die Gefahr in sich, dass infolge von Unzufriedenheit die Leistungen der eigentlich qualifizierten und motivierten Mitarbeiter suboptimal ausfallen. In organisatorischer Hinsicht wird der technologische und gesellschaftliche Wandel ausserdem zu einer Reduzierung der Hierarchiestufen und zu verstärkter Team- und Projektarbeit führen.[2]

3.1.4.3 Personalmarketing

Dem Personalmarketing – im Sinne einer konsequenten Ausrichtung der Personalarbeit auf ihre Kunden, nämlich die aktuellen und zukünftigen Mitarbeiter – kommt in der Zukunft eine immer grössere Bedeutung zu. Nur durch eine solche Ausrichtung wird es gelingen, das Unternehmen weiterhin mit qualifizierten und motivierten Mitarbeitern zu versorgen.[3] Deshalb sind die in den beiden letzten Kapiteln gemachten Ausführungen über die Personalentwicklung und die Personalführung von grosser Relevanz.

Aber auch im Bereich der Personalbeschaffung spielt das Personalmarketing eine immer wichtigere Rolle: Die Deckung des quantitativen und qualitativen Personalbedarfs ist eng mit der demographischen Entwicklung verbunden. Vor allem im Bereich der qualifizierten Mitarbeiter wird es immer wieder zu Engpässen kommen. Diese sollten die Unternehmen nicht als ein unabwendbares Schicksal ansehen. Vielmehr sollten sie versuchen, die Attraktivität des Unternehmens für potentielle Mitarbeiter durch ein gezieltes Personalmarketing ständig zu steigern.[4]

---

[1] *Vgl. Olesch, 1997, S. 132ff.; Wunderer, Kuhn, 1992, S. 139f.*
[2] *Vgl. Olesch, 1997, S. 15f.; Wunderer, Kuhn, 1992, S. 140*
[3] *Vgl. Schoch, Meyer, 1997, S. 25; Olesch, 1997, S. 16; Wunderer, Kuhn, 1992, S. 100ff.*
[4] *Vgl. Schoch, Meyer, 1997, S. 25; Olesch, 1997, S. 43ff.; Wunderer, Kuhn, 1992, S. 137f.*

3.1.4.4 Personalcontrolling

Aufgrund des erwähnten Wandels wird innerhalb der Personalarbeit der Stellenwert von strategischen Überlegungen sowie das Gewicht von Effizienz- und Effektivitätsüberlegungen weiter steigen. Gleichzeitig wird auch das Bedürfnis nach besseren und vor allem frühzeitigeren Informationen über die Entwicklungen im Personalbereich weiter zunehmen. Dies dürfte zu einer immer grösser werdenden Bedeutung des Personalcontrollings führen. Folglich sind vermehrt detaillierte Ziele zu formulieren, konkrete Planwerte festzulegen, Informationen über die Ist-Situation zu ermitteln und aufzubereiten sowie die Abweichungen von den Planwerten zu analysieren. Dadurch sollen die notwendigen Massnahmen rechtzeitig eingeleitet werden können.[1]

3.1.4.5 Personalinformationsmanagement

Infolge der zunehmenden Bedeutung der zuvor erwähnten Aufgabenbereiche wird auch das Personalinformationsmanagement, das sich um die datenmässigen Grundlagen dieser Aufgabenbereiche kümmert, immer wichtiger. Insbesondere die zunehmende Dezentralisation im Personalbereich dürfte den Bedarf an einer einheitlichen, klar strukturierten und für die Berechtigten gut zugänglichen Datenbasis erhöhen.

Der immer schnellere Wandel und das zunehmende Bedürfnis nach Informationen dürfte dazu führen, dass die verschiedenen Aufgaben des Personalmanagements immer seltener durch isolierte EDV-Systeme unterstützt werden. Der integrierte Einsatz der Datenverarbeitung ist notwendig, da erst dadurch eine problembezogene, rasche sowie effiziente Aggregation, Selektion und Verarbeitung der Daten möglich ist. Umfassende Personalinformationssysteme stellen folglich eine bedeutende und immer wichtiger werdende Grundlage eines zeitgemässen Personalinformationsmanagements dar.[2]

Gleichzeitig wird aber auch die datenmässige Integration des Personalbereichs in das Gesamtunternehmen vermehrt an Bedeutung gewinnen. Nur so ist es schlussendlich möglich, die vom Management geforderten umfassenden und konsolidierten Informationen effizient bereitzustellen. Dabei sind allerdings auch Datenschutzaspekte zu berücksichtigen, weshalb es wichtig ist, dass die Informationen bereits im Personalinformationssystem konsolidiert werden können.

---

[1] *Vgl. Schoch, Meyer, 1997, S. 25; Scholz, 1994, S. 644ff.*
[2] *Vgl. Olesch, 1997, S. 16; Scholz, 1994, S. 680ff.*

3.2 Informationssysteme

Personalinformationssysteme stellen einen Teil der Informationssysteme von Unternehmen dar. Deshalb wird im folgenden in Ergänzung zum Kapitel 2.2 auf computerunterstützte Informationssysteme eingegangen.

3.2.1 Informationssystem-Arten

Einerseits können Informationssysteme nach den durch das System unterstützten Funktionsbereichen eines Unternehmens (z. B. Beschaffung, Produktion, Absatz, Personal, Rechnungswesen) unterschieden werden.[1]

Andererseits können Informationssysteme nach der Art des betriebswirtschaftlichen Informatikeinsatzes in Administrations-, Dispositions-, Berichts- und Kontroll- sowie Managementinformationssysteme unterteilt werden.[2]

- Im Rahmen von *Administrationssystemen* werden die Rechner zur Verarbeitung von einfachen, klar strukturierten Massenvorgängen eingesetzt. Die *Dispositionssysteme* steuern kurzfristige, gut strukturierte Abläufe und Vorgänge innerhalb des Betriebs (z. B. Bestellabwicklung). Wegen der schwierigen Abgrenzung können die Administrations- und Dispositionssysteme zu den operativen Systemen zusammengefasst werden. Aufgrund der sehr unterschiedlichen Anforderungen werden diese operativen Systeme in der Praxis oft gemäss den Funktionsbereichen eines Unternehmens unterteilt.[3]

- Durch die *Berichts- und Kontrollsysteme* werden einerseits auf der Basis der operativen Systeme Berichte über die Ist-Situation erstellt. Andererseits werden durch die Vergleiche mit Planwerten mögliche Abweichungen festgestellt, dokumentiert und analysiert. Dadurch werden die Grundlagen für allfällige Korrekturmassnahmen geschaffen. Durch zusätzliche Informationsverdichtungen und durch den Einbezug von Informationen aus externen Quellen können zudem weitergehende Analysen erstellt werden. Die Berichts- und Kontrollsysteme werden entweder innerhalb einzelner Funktionsbereiche eingesetzt oder als übergreifendes System betrieben.[4]

- *Managementinformationssysteme* können als Systeme zur Bereitstellung von Führungsinformationen bezeichnet werden. Sie werden primär zur Unterstützung langfristiger und schlecht strukturierter Aufgaben eingesetzt und

---

[1] *Vgl. Scheer, 1995, S. 4ff.; Hoffmann, 1984, S. 8*

[2] *Vgl. Scheer, 1995, S. 4ff.; Hoffmann, 1984, S. 8f.; Pfeiffer, 1995, S. 40f.*

[3] *Vgl. Scheer, 1995, S. 4ff.; Hoffmann, 1984, S. 8f.; Böhm et al., 1996, S. 55ff.*

[4] *Vgl. Scheer, 1995, S. 4ff.; Hoffmann, 1984, S. 8f.; Böhm et al., 1996, S. 55ff.*

unterstützen insbesondere die Planung und Entscheidungsfindung. Diese Systeme sammeln, verarbeiten, konsolidieren und verbreiten Informationen aus untergeordneten Systemen des Unternehmens und aus externen Quellen. Managementinformationssysteme[1] bilden aufgrund des hohen Verdichtungs-grades der Informationen die oberste Stufe der Informationssysteme eines Unternehmens. Sie werden oft auch als „Executive Information Systems" (EIS) bezeichnet.[2]

Umfassende und moderne Personalinformationssysteme stellen einerseits denjeni-gen Teil der Informationssysteme von Unternehmen dar, welcher im Funktionsbe-reich Personal eingesetzt wird. Andererseits verkörpern sie auch eine vertikale Integration aller personalspezifischen Aufgaben, weil sie verschiedenartigste Per-sonalaufgaben von der operativen Ebene bis zur Planungs- und Entscheidungs-ebene unterstützen:[3] Neben der Personalverwaltung sowie der Lohn- und Gehalts-abrechnung auf der operativen Ebene umfasst ein Personalinformationssystem auch ein Berichtswesen, das den Vergleich mit Planwerten erlaubt. Des weiteren unterstützt ein solches System beispielsweise auch die Personalplanung. Überdies können durch individuelle Auswertungen Informationen einfach und flexibel ge-sucht sowie analysiert werden. Zusammen mit Simulationsmöglichkeiten ist es dadurch möglich, Entscheide im Personalbereich zu unterstützen. Ein Personal-informationssystem kann, es muss aber nicht, ein Subsystem eines Management-informationssystems sein.[4]

---

[1] *Unter einem Managementinformationssystem wird teilweise auch ein Totalansatz verstanden, der das ganze Unternehmen abzubilden versucht. Bei der Realisation dieser umfassenden Informa-tionssysteme traten jedoch grosse Probleme auf. Deshalb ging man dazu über, sich auf die Unterstützung einzelner Teilgebiete zu konzentrieren. Vgl. Vogel, Wagner, 1993, S. 26*

[2] *Vgl. Scheer, 1995, S. 4ff.; Schneider, 1997, S. 517; Hoffmann, 1984, S. 8f.; Böhm et al., 1996, S. 55ff.*

[3] *Vgl. Scheer, 1995, S. 479ff.; Domsch, Schneble, 1995, 450f.*

[4] *Vgl. Hentze, Metzner, 1995, S. 343ff.; Domsch, Schneble, 1995, 450f.*

3.2.2 Historische Entwicklung des Informatikeinsatzes

Die historische Entwicklung des Informatikeinsatzes in Unternehmen äussert sich durch eine zunehmende Unterstützung der folgenden Aufgaben:

- Administrative Aufgaben sind in der Regel gut strukturiert, zeichnen sich häufig durch grosse Datenmengen aus und treten in periodischen Abständen in ähnlicher Form immer wieder auf.[1] Wegen dieser Charakteristiken wurden in einer ersten Phase primär diese Arbeiten durch den Einsatz eines Rechners unterstützt. Innerhalb des Personalbereichs kann die Lohn- und Gehaltsabrechnung als Beispiel für eine administrative Aufgabe, die bereits früh durch EDV unterstützt wurde, genannt werden.[2]

- Infolge der laufenden Weiterentwicklung konnte der Einsatz des Computers zunehmend auf weniger strukturierte Aufgaben mit geringerem Datenaufkommen ausgeweitet werden. Auch dispositive Aufgaben wurden immer häufiger durch Computersysteme unterstützt.[3] Im Bereich der Personalarbeit gelangt der Rechner beispielsweise bei der Personalplanung und -entwicklung immer öfter zum Einsatz.

Auf den Nutzen der EDV-Unterstützung administrativer und dispositiver Aufgaben wird in Kapitel 3.3.4 detailliert eingegangen.

Im Laufe der Zeit kann auch eine Veränderung bei der eingesetzten Hard- und Software festgestellt werden. Diese Entwicklung soll anhand der Personalinformationssysteme aufgezeigt werden:[4]

- In einer ersten Phase wurden auf *Grossrechnern* vorwiegend *Batch-Systeme*[5] eingesetzt. Die Lohn- und Gehaltsabrechnung kann sehr gut durch ein Batch-System unterstützt werden, da nach der Erfassung der notwendigen Informationen die Berechnungen ohne Einwirkung des Benutzers (z. B. über Nacht) ablaufen können.

- In einer zweiten Phase ergaben sich durch die auf *Grossrechnern* eingesetzten *Online-Systeme* zusätzliche Einsatzmöglichkeiten. Durch diese Systeme konnte

---

[1] *Vgl. Finzer, 1991a, S. 238; Tanner, 1991, S. 15*

[2] *Vgl. Mülder, 1984, S. 154ff., sowie 1994, S. 158; Tanner, 1991, S. 15ff.*

[3] *Vgl. Mülder, 1994, S. 158; Tanner, 1991, S. 34*

[4] *Vgl. Galeos, 1991, S. 2ff.; Scholz, 1994, S. 686ff.; Mülder, 1994, S. 157f.; Hoffmann, 1984, S. 2*

[5] *Bei der Batch- oder Stapelverarbeitung muss ein Auftrag vollständig definiert sein, bevor das System mit der Bearbeitung des Auftrags beginnen kann. Die vollständig definierten Aufträge werden vom System in einem "Stapel" gesammelt und dann ohne Einwirkungsmöglichkeiten des Benutzers nacheinander abgearbeitet. Vgl. Hansen, 1996, S. 867f.; Schneider, 1997, S. 821*

gleichzeitig ein breiteres Spektrum der Benutzeranforderungen abgedeckt werden. Dies war möglich, weil bei Online-Systemen der Benutzer mit dem Computer in ununterbrochenem Dialog steht.[1] Da zudem sämtliche Eingaben sofort verarbeitet werden, können alle Benutzer jederzeit auf aktuelle Daten zugreifen. Aus den Lohn- und Gehaltsabrechnungssystemen auf den Gross-rechnern der Grossunternehmen entstanden folglich die ersten, sehr einfachen Personalinformationssysteme.

- Durch die Einführung von *PCs* in einer dritten Phase wurden weitere Verbesserungen möglich. Vor allem die neuen Benutzeroberflächen steigerten die Akzeptanz gegenüber dem Computer. Parallel dazu nahmen aber auch die Ansprüche der Benutzer in bezug auf Komfort und Flexibilität weiter zu. Des weiteren wurden die Bedürfnisse nach Simulationen, Vergleichen, Trendbe-rechnungen usw. geweckt. In den Grossunternehmen wurden die PCs als Ergänzung zu den Online-Systemen der Grossrechner eingesetzt. Für kleinere Unternehmen entstanden auf der Basis von PCs zuerst Lohn- und Gehalts-abrechnungssysteme und später Personalinformationssysteme. Ausserdem entstanden auf den PCs spezielle Programme zur gezielten Unterstützung einzelner Personalaufgaben (z. B. Zeiterfassung, Personalbeurteilung).

- Der Einsatz von *Client-Server-Systemen* in einer vierten Phase half, noch leistungsfähigere Systeme zu erstellen und einen noch grösseren Teil der Benutzeranforderungen abzudecken. Das Client-Server-Prinzip ermöglicht es, von einem PC (Client) in einer sehr effizienten und arbeitsteiligen Form über ein Netzwerk beispielsweise auf die Datenbestände eines Servers (z. B. Gross-rechner) zuzugreifen. Dabei erhält der Client an der Stelle von ganzen Dateien nur die abgefragten Daten, die danach in der gewohnten PC-Umgebung weiterbearbeitet werden können. Indem die rechenintensiven Aufgaben (z. B. Lohn- und Gehaltsabrechnung, Suchvorgänge) auf einem leistungsfähigen Server konzentriert werden, kann der dadurch entlastete Client rasch auf Benutzeranforderungen reagieren.[2]

Das Client-Server-Prinzip sowie immer leistungsfähiger werdende Hard- und Software ermöglichen, dass einerseits die bisherigen PC-Lösungen nach einer Modifikation in zunehmend grösseren Unternehmen eingesetzt werden

---

[1] *Die heute vorherrschende Online- oder Dialogverarbeitung erlaubt es, die Aufträge unter ständiger Kommunikation zwischen dem Benutzer und dem EDV-System schrittweise abzuarbeiten. Vgl. Hansen, 1996, S. 869; Schneider, 1997, S. 240*

[2] *Vgl. Schneider, 1997, S. 147f.; Scholz, 1994, 687f.*

können.[1] Andererseits ist es aber auch vermehrt möglich, modifizierte Grossrechnerlösungen in kleineren Unternehmen zu verwenden.[2]

Infolge dieser Entwicklung können heute in an sich gleich grossen Unternehmen verschiedenartigste Personalinformationssysteme auf unterschiedlichen Hardware-Plattformen angetroffen werden.

Durch die soeben aufgezeigte Entwicklung wurde es möglich und zur Verbesserung der Akzeptanz notwendig, dass die in den Unternehmen eingesetzten Informationssysteme die Benutzeranforderungen immer besser erfüllten. Die Abbildung 3.2 stellt diese Entwicklung tendenzmässig dar. Weil aber gleichzeitig die Benutzeranforderungen ständig wuchsen, wurde der Trend zu immer komplexeren Systemen noch zusätzlich verstärkt.

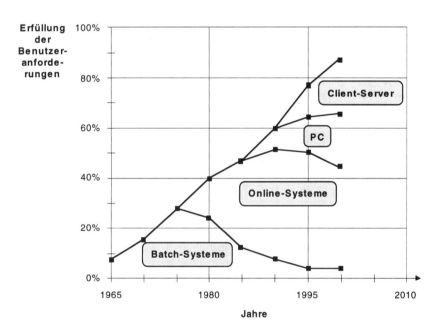

Abbildung 3.2: Historische Entwicklung des Informatikeinsatzes [3]

---

[1] *Z. B. das Produkt Abacus der Firma Abacus Research AG*

[2] *Z. B. das Produkt R/3 HR der Firma SAP AG*

[3] *In Anlehnung an: Galeos, 1991, S. 5*

3.2.3 Ursachen für den Einsatz von Informationssystemen

Verschiedene Ursachen führen dazu, dass die Informationsverarbeitungsprozesse in einem Unternehmen einheitlich strukturiert und mit einem Rechner unterstützt werden. Zwei grundsätzliche Aspekte sollen im folgenden in Ergänzung zu den in Kapitel 3.1.3 bereits erwähnten Gründen genauer betrachtet werden.

3.2.3.1 Diskrepanz zwischen verschiedenen Informationsarten

In Abbildung 3.3 werden die in einem Unternehmen vorhandenen, die nachgefragten und die notwendigen Informationen dargestellt. Die drei exzentrischen Kreise symbolisieren, dass diese Informationsarten in der Regel nicht identisch sind. Beispielsweise sind aufgrund des ständigen Wandels oft nicht alle Informationen, welche für Entscheidungen notwendig wären, verfügbar. Die Entscheidungen müssen folglich unter unvollständiger Information gefällt werden. Infolge der drei nicht deckungsgleichen Informationsarten ergeben sich die in Abbildung 3.3 beschriebenen Schnittmengen.[1]

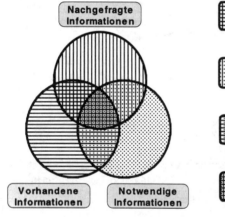

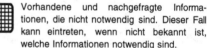
Vorhandene und nachgefragte Informationen, die nicht notwendig sind. Dieser Fall kann eintreten, wenn nicht bekannt ist, welche Informationen notwendig sind.

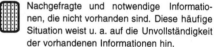
Nachgefragte und notwendige Informationen, die nicht vorhanden sind. Diese häufige Situation weist u. a. auf die Unvollständigkeit der vorhandenen Informationen hin.

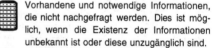
Vorhandene und notwendige Informationen, die nicht nachgefragt werden. Dies ist möglich, wenn die Existenz der Informationen unbekannt ist oder diese unzugänglich sind.

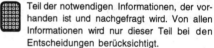
Teil der notwendigen Informationen, der vorhanden ist und nachgefragt wird. Von allen Informationen wird nur dieser Teil bei den Entscheidungen berücksichtigt.

Abbildung 3.3: Informationsarten und ihre Schnittmengen[2]

---

[1] *Vgl. Galeos, 1991, S. 35ff.*
[2] *Quelle: Galeos, 1991, S. 36*

Mit einem Informationssystem wird versucht, die drei differierenden Informationsarten besser aufeinander abzustimmen. Dies soll zu einem besseren Informationsstand und zu einer besseren Informationsnutzung führen. Dadurch können die notwendigen Entscheidungen auf der Basis besserer, umfangreicherer und aktuellerer Informationen gefällt werden.[1] Ein Informationssystem ermöglicht zum Beispiel, dass:

- alle vorhandenen Informationen für alle Benutzer zugänglich sind und dadurch auch eher nachgefragt werden
- die Menge der vorhandenen Informationen durch eine gezielte Informationsbeschaffung in Richtung der Menge der notwendigen Informationen vergrössert werden kann
- durch eine gezielte Selektion der gewünschten Informationen keine entscheidungshemmende Informationsüberversorgung eintreten kann
- durch das automatisierte Suchen in einer einheitlich strukturierten Datenbasis Zeit bei der Informationsbeschaffung eingespart werden kann.

3.2.3.2 Diskrepanz zwischen benötigter und verfügbarer Reaktionszeit

In Abbildung 3.4 wird gezeigt, dass das Management in einem Spannungsverhältnis zwischen benötigter und verfügbarer Reaktionszeit steht, das mit den Jahren immer grösser wird. Einerseits steigt die benötigte Reaktionszeit wegen der zunehmenden Komplexität und der gegenseitigen Abhängigkeit der Probleme. Andererseits steht aufgrund der allgemein steigenden Dynamik der Umweltveränderungen immer weniger Zeit zur Verfügung, um auf ein konkretes Problem zu reagieren. Durch dieses eskalierende Spannungsverhältnis entsteht ein immer grösser werdender Druck, die wachsende Informationsmenge immer rascher und kostengünstiger zu verarbeiten. Mit dem Einsatz von Informationssystemen wird versucht, diesem Druck zu begegnen.[2] Allerdings wird durch den allgemeinen Einsatz von EDV die diesen Druck verursachende Dynamik weiter verstärkt.

---

[1] *Vgl. Galeos, 1991, S. 37; Hoffmann, 1984, S. 13*
[2] *Vgl. Galeos, 1991, S. 7f.*

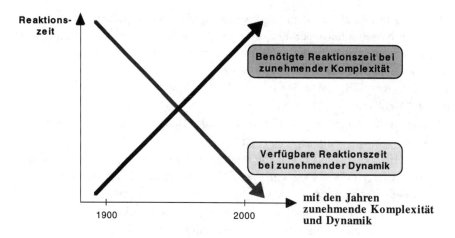

Abbildung 3.4: Spannungsverhältnis zwischen verschiedenen Reaktionszeiten [1]

Aufgrund der soeben dargestellten Aspekte kann festgehalten werden, dass der Einsatz von Informationssystemen im wesentlichen die folgenden Vorteile aufweist:[2]

- Qualitative Vorteile:
  - Verbesserte Informationsqualität
  - Einheitliche, klar strukturierte Datenbasis
  - Erhöhung der Entscheidungssicherheit
  - Erhöhung der Flexibilität
- Quantitative Vorteile:
  - Zeitersparnis
  - Abnahme des Papieraufwands
  - Entlastung des Personals von Routinetätigkeiten

---

[1] *Quelle: Bleicher, 1990, S. 153*

[2] *Vgl. Vogel, Wagner, 1993, S. 31; Hoffmann, 1984, S. 14*

3.2.4 Individual- versus Standard-Anwendungssoftware

In Kapitel 2.4 wurde bereits festgehalten, dass Standard-Anwendungssoftware auf Allgemeingültigkeit und mehrfache Nutzung ausgelegt ist. Solche Programme werden daher in der Regel nur für Anwendungsgebiete geschrieben, in denen es viele Anwender gibt und eine Vereinheitlichung der Funktionen und Abläufe möglich ist oder bereits stattgefunden hat (z. B. durch gesetzlichen Zwang). Hindernisse wie unterschiedliche Sprachen, Zeichensätze, Währungen, rechtliche Grundlagen und Gewohnheiten können dazu führen, dass eine Standard-Anwendungssoftware nur in einem bestimmten Land und/oder in einer bestimmten Branche benutzt wird.[1]

Der Einsatz von Standard-Anwendungssoftware hat gegenüber demjenigen von individueller Anwendungssoftware im wesentlichen die folgenden Vorteile:[2]

• *Wirtschaftlichkeit:* Die Kosten (Lizenzen, Einführung usw.) sind viel tiefer, weil beispielsweise die Entwicklungskosten auf mehrere Anwender verteilt werden können.

• *Softwarequalität:* Obwohl nicht immer die neusten Technologien verwendet werden, ist die Qualität in der Regel sehr gut, da bei der Entwicklung umfassendes Know-how zur Verfügung steht. Wenn die Software zudem bereits bei anderen Kunden installiert ist, handelt es sich um eine erprobte Lösung. Die grosse Benutzerfreundlichkeit, die gute Dokumentation und die professionelle Einführungsschulung einer Standardsoftware steigern im allgemeinen deren Akzeptanz bei den Benutzern.

• *Zeit- und Personaleinsparung:* Da die Anwendung in der Regel bis auf einzelne Anpassungen bereits entwickelt ist und der Anbieter umfangreiche Dienstleistungen anbietet, ist eine Einführung in kürzerer Zeit und mit weniger Personal möglich. Dadurch werden Ressourcen für die Entwicklung von sogenannten strategischen EDV-Applikationen freigesetzt (vgl. Seite 49).

• *Organisatorische Lösung:* Hinter einer Standard-Anwendungssoftware steht in der Regel eine organisatorische Lösung. Der Anwender kann daher vom organisatorischen und betriebswirtschaftlichen Know-how eines Anbieters profitieren. In einem bestimmten Rahmen entsteht allerdings der Zwang zu einer Anpassung an diese Lösung.

---

[1] *Vgl. Liebetrau, Becker, 1992, S. 59; Becker et al., 1995, S. 66*

[2] *Vgl. Liebetrau, Becker, 1992, S. 59; Barbitsch, 1996, S. 13ff.; Becker et al., 1995, S. 250; Schilling, 1991, S. 54; Böhm et al., 1996, S. 129ff.*

- *Wartung und Weiterentwicklung:* Diese Aufgaben werden in der Regel durch den Anbieter wahrgenommen. Es muss daher kein eigenes Entwicklungsteam aufgebaut werden.

- *Kontinuität:* Setzt das Unternehmen eine weit verbreitete Lösung ein, so ist es nicht von ein paar wenigen Entwicklern abhängig.

- *Standard-Anwendungssoftware-Familien:* Eine solche Familie besteht aus verschiedenen Teilen, welche die Bedürfnisse unterschiedlicher Unternehmensbereiche abdecken. Dadurch stellt beispielsweise die Integration und der Informationsaustausch zwischen den Anwendungsbereichen im Vergleich zu zahlreichen Einzellösungen ein kleineres Problem dar. Infolge der Einheitlichkeit können sich auch bei der Schulung, beim Betrieb und Unterhalt sowie bei der Weiterentwicklung Vorteile ergeben.

Als Nachteile einer Standard-Anwendungssoftware gegenüber einer Individual-Anwendungssoftware können genannt werden:[1]

- *Keine „100%-Lösung":* Eine Standard-Anwendungssoftware kann in der Regel nicht alle unternehmensspezifischen Anforderungen vollständig abdecken.

- *Anpassungsprobleme:* Beim Anwender entsteht der Zwang, sich mehr oder weniger dem Standard anzupassen. Durch die Parametersteuerung[2] und den modularen Aufbau moderner Programme sind bestimmte Anpassungen an die unternehmensspezifischen Gegebenheiten und jederzeitige Abänderungen möglich. Weitergehende Anpassungen sind jedoch oft sehr teuer, gefährden das Gesamtsystem und erschweren die späteren Release-Wechsel. Deshalb können tiefgreifende organisatorische Eingriffe im Unternehmen zuweilen unausweichlich sein.

- *Abhängigkeit vom Anbieter:* Der Anwender gerät in die Abhängigkeit des Anbieters, da er in der Regel bloss kleinere Anpassungen und Änderungen selbst durchführen kann. Zudem hat er meistens nur einen beschränkten Einfluss auf die Weiterentwicklung der Software. Demgegenüber nimmt aber die Abhängigkeit von den eigenen Informatikmitarbeitern ab.

---

[1] *Vgl. Österle, 1990a, S. 21ff.; Liebetrau, Becker, 1992, S. 59; Barbitsch, 1996, S. 15ff.; Böhm et al., 1996, S. 129ff.*

[2] *Moderne Standard-Anwendungssoftware kann durch die Einstellung von Parametern in den vorgegebenen Programmtabellen teilweise an die speziellen Anforderungen und Bedürfnisse eines Unternehmens angepasst werden (sog. Customizing). Unter einem Parameter wird dabei eine Stellgrösse verstanden, mit der das Systemverhalten beeinflusst werden kann. Vgl. Wenzel, 1995a, S. 32; Schneider, 1997, S. 173*

- *Integration:* Durch den Einsatz unterschiedlicher Standardsoftware-Pakete in verschiedenen Unternehmensbereichen können Insellösungen entstehen, die nicht zusammenpassen oder komplizierte Schnittstellen erfordern. Von Beginn weg ist daher auf ein einheitliches Datenmodell für das ganze Unternehmen zu achten.

- *Höhere Hardware-Anforderungen:* Vorhandene Funktionen, welche der Anwender nicht benötigt, müssen in der Regel trotzdem installiert werden und führen dadurch zu einem höheren Hardware-Ressourcenbedarf. Diese Funktionen können jedoch unter Umständen zur Abdeckung zukünftiger Anforderungen genutzt werden.

- *Neue Hardware:* Falls die Standard-Anwendungssoftware auf der vorhandenen Hardware nicht eingesetzt werden kann, muss neue Hardware installiert werden. Moderne Standard-Anwendungssoftware ist allerdings oft auf verschiedenen Plattformen einsetzbar.

- *Zwang zu Release-Wechseln:* Unter Umständen entsteht periodisch ein Zwang, auf einen neueren Release zu wechseln, damit beispielsweise bestimmte neue Funktionen zur Verfügung stehen oder weiterhin die Wartung gewährleistet wird.

- *Aufwendiges Auswahlverfahren:* Das Auswahlverfahren kann aufgrund mangelnder Markttransparenz aufwendig und komplex sein. Auch bei der Entwicklung von Individual-Anwendungssoftware sind jedoch Auswahlentscheide notwendig (z. B. einzusetzende Techniken, Datenbank).

- *Motivationsverlust in der Informatikabteilung*, weil keine eigene Entwicklung mehr notwendig ist.

- *Verlust von Wettbewerbsvorteilen* (siehe folgende Ausführungen)

Fortschrittliche Unternehmen setzen Informatik nicht nur zu Rationalisierungszwecken ein, sondern auch, um sich Wettbewerbsvorteile zu verschaffen. Beispielsweise kann sich ein Unternehmen durch den gezielten EDV-Einsatz die folgenden Vorteile verschaffen:[1]

- EDV-gestützte Produktinnovationen und Zusatzdienste
- verbesserter Kundendienst
- kürzere Reaktionszeiten (Lieferzeiten, Service, Angebotstermine)
- grössere Zuverlässigkeit (Termintreue, Qualität, Verfügbarkeit).

Durch den Einsatz von Standard-Anwendungssoftware können solche Wettbewerbsvorteile verloren gehen, oder deren Realisierung kann verunmöglicht wer-

---

[1] *Vgl. Becker et al., 1995, S. 491ff.; Österle, 1990a, S. 28f.; Liebetrau, Becker, 1992, S. 61*

den. Der Einsatz einer individuellen Anwendungssoftware verursacht allerdings im Vergleich zum Einsatz standardisierter Anwendungssoftware oft einen viel grösseren Ressourcenbedarf. Im allgemeinen bringt daher eine Eigenentwicklung auf dem Gebiet existierender und qualitativ guter Standard-Anwendungssoftware keine Wettbewerbsvorteile, sondern eher Wettbewerbsnachteile.[1]

Indem insbesondere für Verwaltungsaufgaben Standard-Anwendungssoftware eingesetzt wird, können die unternehmenseigenen Entwicklungsressourcen auf die sogenannten strategischen EDV-Applikationen konzentriert werden. Dies bedeutet den gezielten Einsatz von Individual-Anwendungssoftware im Bereich der Produkte, Leistungen und des Auftretens des Unternehmens gegenüber seinen Kunden. Dadurch kann sich das betreffende Unternehmen in den entscheidenden Bereichen von der Konkurrenz abheben und sich somit nachhaltige Wettbewerbsvorteile verschaffen.[2]

Trotz den bestechenden Vorteilen von Standard-Anwendungssoftware sind die aufgeführten Nachteile zu beachten und ernst zu nehmen. Eine sorgfältige, durchdachte und strukturierte Einführung von Standard-Anwendungssoftware hilft, verschiedene Nachteile zu vermindern oder aufzuheben und gleichzeitig die potentiellen Vorteile wirksam werden zu lassen.[3]

Die Einführung einer Standard-Anwendungssoftware ist auch als Chance zu sehen, die bestehende Organisation zu überdenken, anzupassen und insgesamt zu optimieren. Der Anstoss bzw. der Druck zu einer solchen Reorganisation ist infolge der aufgezeigten Vor- und Nachteile in der Regel bei einer Standard-Anwendungssoftware wesentlich grösser als bei einer Individual-Anwendungssoftware. Bei der letzteren läuft deshalb die Einführung relativ oft auf eine „Zementierung" der bestehenden Organisation hinaus.[4]

Für die Personalarbeit stehen mittlerweile zahlreiche, sehr gute Standard-Anwendungspakete zur Verfügung. Nur in sehr wenigen Unternehmen zählen diese Pakete zu den strategischen EDV-Applikationen. In der heutigen Zeit dürfte sich daher im Personalbereich in den meisten Fällen der Einsatz von Standard-Anwendungssoftware aufdrängen. Ob dies wirklich zutrifft, wird unter anderem mit den im vierten Teil beschriebenen empirischen Erhebungen untersucht.

---

[1] *Vgl. Österle, 1990a, S. 28f.; Becker et al., 1995, S. 65; Liebetrau, Becker, 1992, S. 61; Barbitsch, 1996, S. 14ff.*

[2] *Vgl. Adler, 1990, S. 162ff.; Liebetrau, Becker, 1992, S. 61; Barbitsch, 1996, S. 14ff.*

[3] *Vgl. Barbitsch, 1996, S. 17*

[4] *Vgl. Barbitsch, 1996, S. 16*

3.3 Charakterisierung der Personalinformationssysteme

In Ergänzung zum Kapitel 2.3 wird im folgenden detaillierter auf Personalinformationssysteme eingegangen. Insbesondere werden die unterstützten Aufgaben, der grundsätzliche Aufbau, die wichtigsten Ziele, der Nutzen und die Kosten solcher Systeme sowie mögliche Entwicklungstendenzen aufgezeigt. Zudem werden die bedeutendsten Anforderungen, welche in der Regel an ein solches System gestellt werden, erläutert.

3.3.1 Durch Personalinformationssysteme unterstützte Aufgaben

Ein Personalinformationssystem unterstützt verschiedene Aufgaben des Personalbereichs, damit diese effizienter und/oder qualitativ besser erledigt werden können.[1] Im wesentlichen kann ein solches System in bezug auf die folgenden Aufgabenarten Hilfestellungen anbieten:[2]

- *Administrative Aufgaben:* Auszuführende Arbeiten wie laufende Verwaltungsarbeiten, Zeiterfassung und -bewertung, Lohn- und Gehaltsabrechnung, Einstellungs- und Entlassungsverfahren und Terminüberwachung
- *Dispositive Aufgaben:* Führungsaufgaben wie Personalplanungsaufgaben, marktgerechte Lohn- und Gehaltspolitik, Förderungsprogramme, Ausbildungs- und Trainingsmassnahmen, Erfolgskontrolle und Auseinandersetzung mit der Forderung nach Humanisierung der Arbeit
- *Informative Aufgaben:* Befriedigung verschiedenartigster Informationsbedürfnisse durch das Erstellen von Auswertungen beispielsweise über einzelne Mitarbeiter oder über bestimmte Mitarbeitergruppen
- *Statistische Aufgaben:* Erstellen von Statistiken verschiedenster Art (z. B. Personalstatistiken, Lohn- und Gehaltsstatistiken, Arbeitsplatzstatistiken)
- *Finanzwirtschaftliche Aufgaben:* Durchführung von Personalaufwandsplanungen, Personalbudgetkontrollen, Trend- und Simulationsrechnungen usw.
- *Gesetzliche Aufgaben:* Erfüllung der gesetzlichen Auflagen u. a. gegenüber den statistischen Ämtern, Sozialversicherungen und Behörden
- *Gesellschaftspolitische Aufgaben:* Insbesondere gesellschaftsbezogene Rechnungslegung (z. B. Sozialbilanzen).

---

[1] *Vgl. Hentze, Heinecke, 1989, S. 62*

[2] *Vgl. Hentschel, 1979, S. 446f.*

Die durch Personalinformationssysteme unterstützten Aufgaben lassen sich auch
funktional in die in Abbildung 3.5 dargestellten Aufgabenbereiche gliedern.[1]

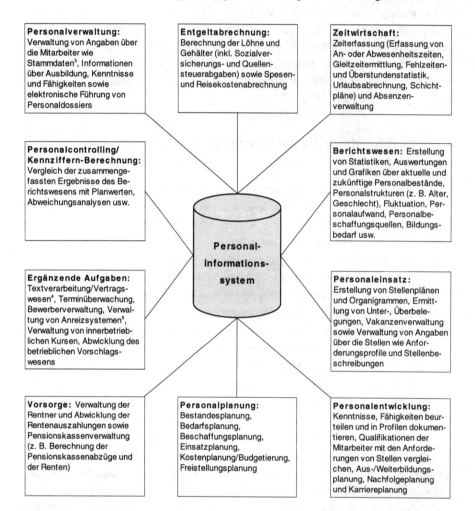

Personalverwaltung:
Verwaltung von Angaben über
die Mitarbeiter wie
Stammdaten[3], Informationen
über Ausbildung, Kenntnisse
und Fähigkeiten sowie
elektronische Führung von
Personaldossiers

Entgeltabrechnung:
Berechnung der Löhne und
Gehälter (inkl. Sozialver-
sicherungs- und Quellen-
steuerabgaben) sowie Spesen-
und Reisekostenabrechnung

Zeitwirtschaft:
Zeiterfassung (Erfassung von
An- oder Abwesenheitszeiten,
Gleitzeitermittlung, Fehlzeiten-
und Überstundenstatistik,
Urlaubsabrechnung, Schicht-
pläne) und Absenzen-
verwaltung

**Personalcontrolling/
Kennziffern-Berechnung:**
Vergleich der zusammenge-
fassten Ergebnisse des Be-
richtswesens mit Planwerten,
Abweichungsanalysen usw.

Berichtswesen: Erstellung
von Statistiken, Auswertungen
und Grafiken über aktuelle und
zukünftige Personalbestände,
Personalstrukturen (z. B. Alter,
Geschlecht), Fluktuation, Per-
sonalaufwand, Personalbe-
schaffungsquellen, Bildungs-
bedarf usw.

**Personal-
informations-
system**

Ergänzende Aufgaben:
Textverarbeitung/Vertrags-
wesen[4], Terminüberwachung,
Bewerberverwaltung, Verwaltung von Anreizsystemen[5],
Verwaltung von innerbetrieblichen Kursen, Abwicklung des
betrieblichen Vorschlags-
wesens

Personaleinsatz:
Erstellung von Stellenplänen
und Organigrammen, Ermitt-
lung von Unter-, Überbele-
gungen, Vakanzenverwaltung
sowie Verwaltung von Angaben
über die Stellen wie Anfor-
derungsprofile und Stellenbeschreibungen

Vorsorge: Verwaltung der
Rentner und Abwicklung der
Rentenauszahlungen sowie
Pensionskassenverwaltung
(z. B. Berechnung der
Pensionskassenabzüge und
der Renten)

Personalplanung:
Bestandesplanung,
Bedarfsplanung,
Beschaffungsplanung,
Einsatzplanung,
Kostenplanung/Budgetierung,
Freistellungsplanung

Personalentwicklung:
Kenntnisse, Fähigkeiten beurteilen und in Profilen dokumentieren, Qualifikationen der
Mitarbeiter mit den Anforderungen von Stellen vergleichen, Aus-/Weiterbildungs-
planung, Nachfolgeplanung
und Karriereplanung

Abbildung 3.5: Durch Personalinformationssysteme unterstützte Aufgabenbereiche[2]

[1] *Diese Einteilung wurde bei den im vierten Teil beschriebenen empirischen Studien verwendet.*

[2] *Vgl. Hentze, Metzner, 1995, S. 349; Pfeiffer, 1995, S. 260; Mülder, 1984, S. 62ff., sowie
1994, S. 157ff.; Kilian, 1981, S. 41ff.; Domsch, 1980, S. 22*

[3] *Stammdaten sind zustandsorientierte Daten (z. B. Personalien). Vgl. Schneider, 1997, S. 819*

[4] *Z. B. Zeugnis- und Vertragserstellung sowie Korrespondenz mit Mitarbeitern und Bewerbern*

[5] *Z. B. Cafeteria-Systeme, Leistungsprämien, Erfolgsbeteiligungen*

3.3.2 Grundaufbau von Personalinformationssystemen

Um die im letzten Kapitel aufgezeigten Aufgaben unterstützen zu können, sollte ein Personalinformationssystem im wesentlichen die in Abbildung 3.6 dargestellten Komponenten aufweisen.[1]

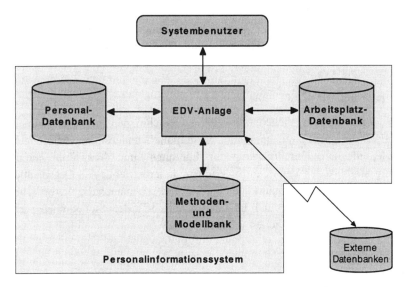

Abbildung 3.6: Grundaufbau von Personalinformationssystemen [2]

3.3.2.1 Personal-Datenbank

Sie speichert systematisch die quantitativ, qualitativ, geographisch und zeitlich differenzierten Merkmale des Personals, die zur Durchführung der Führungs- und Verwaltungsaufgaben notwendig sind. Dabei ist insbesondere von Bedeutung, dass die Daten bezüglich der Vergangenheit, der Gegenwart und der Zukunft vorliegen. Zu den wichtigsten Angaben über den einzelnen Mitarbeiter gehören:[3]

- Personendaten (z. B. Name, Adresse, Geburtstag, Geschlecht, Staatsangehörigkeit, Familienstand)
- Entgeltdaten (z. B. Lohnstufe, Lohnart, Zulagen, Auszahlungsangaben)

---

[1] *Vgl. Domsch, 1980, S. 24ff.; Domsch, Schneble, 1995, S. 453ff.*

[2] *In Anlehnung an: Domsch, 1980, S. 24ff.; Domsch, Schneble, 1995, S. 453ff.*

[3] *Vgl. Scholz, 1994, S. 711; Domsch, Schneble, 1995, S. 454*

- Innerbetriebliche Verwaltungsdaten (Bewerbungs-, Einstellungsdaten, Vertragsdaten, Tätigkeitsschlüssel, Arbeitseinsatzangaben, Arbeitszeitkonto usw.)
- Versicherungs- und Steuerdaten (u. a. Angaben über Versicherungen und Quellensteuerpflichtigkeit)
- Dispositionsdaten (bisheriger, gegenwärtiger und zukünftiger Einsatzort, Einsatzzeiten usw.)
- Daten über Kenntnisse, Fähigkeiten und Leistungsbereitschaft (Angaben über Aus- und Weiterbildung, Berufserfahrung, Qualifikationen, Gesundheit usw.).

3.3.2.2 Arbeitsplatz-Datenbank

Über die Arbeitsplätze, -stellen oder Einsatzbereiche speichert diese Datenbank systematisch die quantitativ, qualitativ, geographisch und zeitlich differenzierten Merkmale, die zur Durchführung der Führungs- und Verwaltungsaufgaben notwendig sind. Neben den Identifizierungs-, innerbetrieblichen Organisations-, Dispositions- sowie Abrechnungsdaten der Stellen können auch die Anforderungen an Kenntnisse, Fähigkeiten und Leistungsbereitschaft der Stelleninhaber sowie Stellenbeschreibungen gespeichert werden.[1]

3.3.2.3 Methoden- und Modellbank

Sie enthält eine Sammlung von Methoden, Verfahren und Modellen für Berechnungen (z. B. Lohn- und Gehaltsabrechnung), Auswertungen, Statistiken, Planungsvorgänge usw. Dadurch können die im System gespeicherten einzelnen Personen- und Arbeitsplatzdaten in den vom Benutzer gewünschten Zustand transformiert oder neue Daten erzeugt werden.[2]

3.3.2.4 Externe Datenbanken

Durch den Zugriff auf systemexterne Datenbanken (z. B. andere Datenbanken im Unternehmen, unternehmensexterne Datenbanken) ist es beispielsweise bei Analysen möglich, zusätzliches Zahlenmaterial zu berücksichtigen. Aber auch der Export von Daten zum Beispiel in eine Datenbank der Konzernzentrale wird dadurch stark erleichtert.[3]

---

[1] Vgl. Domsch, 1980, S. 27ff.; Domsch, Schneble, 1995, S. 453
[2] Vgl. Domsch, 1980, S. 29f.; Domsch, Schneble, 1995, S. 453ff.
[3] Vgl. Scholz, 1994, S. 684f.; Maier, 1996, S. 69f.

3.3.2.5 EDV-Anlage

Sie ermöglicht das Zusammenwirken der übrigen Komponenten und die Kommunikation mit dem Benutzer. In der Regel werden auf einem zentralen Grossrechner oder Server die Daten verwaltet sowie die notwendigen Berechnungen und Verarbeitungsprozeduren durchgeführt. Der Benutzer interagiert dann via ein Netzwerk und verschiedene Ein- und Ausgabemöglichkeiten (z. B. Terminal oder PC als Client) mit der zentralen EDV-Anlage. Der Einsatz eines benutzerfreundlichen und flexiblen PCs ermöglicht unter anderem die lokale Abspeicherung, Weiterbearbeitung und Analyse von abgefragten Daten.[1]

Bei den in der Praxis eingesetzten Personalinformationssystemen ist besonders zwischen den Komponenten Personal-, Arbeitsplatzdatenbank und Methoden-/ Modellbank oft keine klare Abgrenzung möglich, da:[2]

- in der Regel ein Datenbankverwaltungssystem eingesetzt wird, das die gesamten Datenbestände verwaltet
- bei der modularen Konzeption solcher Systeme die Methoden und Modelle den einzelnen Modulen angegliedert werden müssen. Dieser modulare Aufbau ermöglicht eine schrittweise Einführung, was von vielen Anwendern aus Akzeptanz- und Effizienzgründen verlangt wird.

3.3.3 Ziele des Personalinformationssystem-Einsatzes

Kilian untersuchte 1976 bis 1978 im Rahmen einer Befragung von 220 deutschen Grossunternehmen unter anderem auch die mit dem Einsatz eines Personalinformationssystems verfolgten Ziele. Aufgrund der Angaben der Personalabteilungen entstand die folgende Rangfolge:[3]

1. Rationalisierung des Arbeitsablaufs im Personalbereich
2. Verbesserung der Entscheidungsgrundlagen für den Personalleiter (bezüglich Aktualität, schnellerer Verfügbarkeit, Vollständigkeit)
3. Verbesserung einzelner Personalfunktionen bzw. ihrer Planung
4. Transparenz und Systematik im Personalbereich
5. Entlastung von Routinearbeiten, wodurch in der Personalabteilung ein Personalabbau und eine Konzentration auf Personalbetreuung und -planung möglich wird.

---

[1] Vgl. Scholz, 1994, S. 686f.; Domsch, Schneble, 1995, S. 455

[2] Vgl. Hentze, Heinecke, 1989, S. 61

[3] Vgl. Kilian, 1981, S. 13 und S. 38ff.

Mülder befragte 1981 und 1982 im Rahmen einer explorierenden Studie in 20
Grossunternehmen die vier in Tabelle 3.1 aufgeführten Mitarbeitergruppen. Dabei
untersuchte er unter anderem, welche Ziele mit der Einführung eines Personalinformationssystems erreicht werden sollen.[1]

Tabelle 3.1: Ziele des Personalinformationssystem-Einsatzes [2]

Was sollte mit der Einführung des Personal-informationssystems hauptsächlich erreicht werden; welche Ziele wurden verfolgt?	Beantwortet durch			
	Management des Perso-nalwesens	Datenver-arbeitungs-spezialisten	Personal-sachbe-arbeiter	Arbeit-nehmer-vertreter
Verbesserung der Informationsbasis für (dispositive) personalwirtschaftliche Aufgaben	19.8%	22.7%	23.7%	28.9%
Personal- und Verwaltungskostensenkung	17.8%	18.2%	27.1%	22.2%
Anpassung an neue EDV-technische Entwicklungen	20.8%	19.3%	10.2%	11.1%
Mehr Transparenz und Systematik im Personalbereich	12.9%	12.5%	11.9%	6.7%
Qualifizierte Unterstützung einzelner personalwirtschaftlicher Funktionen	11.9%	6.8%	9.0%	13.3%
Erweiterungs-/Ausbaufähigkeit in bezug auf zukünftige Entwicklungen	8.9%	10.2%	4.0%	–
Verbesserung der Arbeitssituation für Personalsachbearbeiter	5.9%	6.8%	8.5%	6.7%
Bessere Betreuung der Mitarbeiter	2.0%	3.4%	5.6%	11.1%
Gesamtzahl der Einzelnennungen	101 = 100%	88 = 100%	177=100%	45 = 100%

Die in Tabelle 3.1 dargestellten Ziele entsprechen grundsätzlich den Ergebnissen
von Kilian. Auffallend ist, dass bezüglich der angestrebten Ziele zwischen den verschiedenen Gruppen keine signifikanten Meinungsdifferenzen feststellbar sind.

---

[1] *Vgl. Mülder, 1984, S. 119ff.*
[2] *Quelle: Mülder, 1984, S. 145*

Im wesentlichen kann die Erreichung der folgenden Ziele durch den Einsatz eines Personalinformationssystems unterstützt werden:[1] [2]

- *Verbesserung der Informationsbasis* (z. B. durch Verwaltung umfassenderer Informationen oder durch aktuellere Informationen infolge Online-Betrieb)
- *Verbesserte Verfügbarkeit der Informationen* (z. B. durch einfachere Abfragemöglichkeiten und kürzere Antwortzeiten)
- *Verbesserte Integration verschiedener Anwendungssysteme* (z. B. infolge der Ablösung mehrerer isolierter Systeme durch ein umfassendes oder bessere Verknüpfung mit anderen Systemen durch standardisierte Schnittstellen)
- *Erhöhung der Transparenz und der Systematik im Personalbereich* (z. B. durch einheitlichere und standardisierte Abläufe, klarere Strukturen sowie verständlichere Darstellungen)
- *Vergrösserung der Effizienz im Personalbereich* (z. B. durch kürzere Reaktionszeiten, optimierten Personal- und Mitteleinsatz sowie bessere Kapazitätsauslastung)
- *Senkung der Personal- und Verwaltungskosten im Personalbereich* (u. a. durch Abbau von Personal-, Material- und Infrastrukturkosten und durch Vermeidung zukünftiger Kosten (z. B. durch die Bewältigung eines grösseren Arbeitsvolumens oder neuer Aufgaben ohne zusätzliches Personal))
- *Erhöhung der Anpassungsfähigkeit bezüglich EDV-technischer Entwicklungen* (z. B. durch die Verwendung relationaler Datenbanken)
- *Erhöhung der Anpassungsfähigkeit* bezüglich *neuer Anforderungen* (z. B. einfache Anpassung an gesetzliche Änderungen oder an neue Aufgaben durch komfortable Parametersteuerungen und erweiterbare Datenbanken)
- *Verbesserte Unterstützung der verschiedenen Personalaufgaben* (z. B. durch den Einsatz von besseren Methoden und Simulationsrechnungen sowie infolge der breiteren Informationsbasis und der höheren Aktualität der Daten)
- *Verbesserte allgemeine Arbeitssituation im Personalbereich* (z. B. erhöhte Arbeitszufriedenheit durch attraktivere Arbeitsinhalte sowie benutzerfreundlicheres System; dadurch Senkung der Personalfluktuation, Vermeidung von Gesundheitsschäden und Unfallgefahren)
- *Verbesserte Betreuung der Mitarbeiter des Unternehmens* (z. B. durch Entlastung des Personalbereichs von Routinetätigkeiten oder aufgrund grösserer Auskunftsbereitschaft, höherer Transparenz und besserer Verständlichkeit der Abrechnungen und Belege).

---

[1] *Vgl. Mülder, 1984, S. 52ff. sowie S. 145ff.; Pfeiffer, 1995, S. 256; Schreiber, 1994, S. 48ff.; Becker et al., 1995, S. 213f.*

[2] *Diese Einteilung wurde bei den im vierten Teil beschriebenen empirischen Studien verwendet.*

3.3.4 Nutzen eines Personalinformationssystems

Der Nutzen eines EDV-Systems kann in folgende Kategorien unterteilt werden:[1]

- *Objektiv feststellbarer, quantitativer Nutzen:* Er ist direkt monetär bewertbar und entsteht durch die:
  - Einsparung von Kosten (z. B. Reduktion der Ausgaben für Personal, Wartung, Miete, Material, Überzeit und Fehlerquote)
  - Vermeidung von zukünftigen Kosten (z. B. trotz höherem Arbeitsvolumen kein zusätzliches Personal notwendig, bessere Nutzung knapp werdender Ressourcen, gezieltere Überwachungen und Kontrollen, frühere Erkennung von Entwicklungen)
  - Erhöhung der Einnahmen (z. B. indem die Produktivität durch Verkürzung der Durchlaufzeiten erhöht wird[2]).

- *Subjektiv feststellbarer, qualitativer Nutzen:* Er ist nur indirekt und schwer monetär bewertbar. Er entsteht beispielsweise durch zusätzliche und bessere Informationen, kürzere Reaktionszeiten, bessere Kostenkontrollen, höheren Servicegrad, attraktivere Arbeitsplätze, mehr Zeit für Kreativität, verbesserte Ergonomie an Geräten und Software, bessere Arbeitsmoral, besseres Firmenimage und kleinere Personalfluktuation.

Wie in Kapitel 3.2.2 ausgeführt wurde, können administrative Aufgaben sehr gut durch Rechner unterstützt werden, was in der Regel zu grossen Personal- und Kosteneinsparungen führt. Durch diesen objektiv feststellbaren, quantitativen Nutzen lässt sich der Einsatz eines solchen EDV-Systems normalerweise gut vertreten und mit Zahlen begründen.[3]

Dispositive und daher schwach strukturierte Aufgaben können dagegen oft nur in sehr engen Grenzen durch EDV unterstützt werden. Durch EDV-Systeme kann beispielsweise die Informationsbasis dieser Planungs- und Entscheidungsprozesse verbessert werden. Die EDV-Unterstützung von dispositiven Aufgaben bringt daher unmittelbar meist nur kleine quantitativ messbare Vorteile. Der Nutzen liegt eher im subjektiv feststellbaren, qualitativen Bereich bzw. in der Möglichkeit, neue Anforderungen abdecken zu können.[4] Der Einsatz von solchen EDV-Systemen kann daher in der Regel schlecht durch Zahlen gerechtfertigt werden.

---

[1] Vgl. *Becker et al., 1995, S. 352ff.; Schweiz. Vereinigung für Datenverarbeitung, 1985, S. 39f.*

[2] Auf Wettbewerbsvorteile, die durch den strategischen EDV-Einsatz entstehen und zu erhöhten Einnahmen führen können, wurde in Kapitel 3.2.4 bereits eingegangen.

[3] Vgl. *Tanner, 1991, S. 15ff.*

[4] Vgl. *Tanner, 1991, S. 15ff.*

Innerhalb eines Unternehmens profitieren viele verschiedene Personen auf sehr unterschiedliche Art und Weise vom Einsatz eines Personalinformationssystems. Deshalb werden im folgenden für verschiedene Personengruppen einzelne Nutzenelemente eines solchen Systems aufgezeigt:[1]

- *Führungskräfte*
  Die Mitarbeiter mit ihrem Know-how werden in einem Unternehmen immer mehr zum entscheidenden Erfolgsfaktor.[2] Infolge dieses Bedeutungszuwachses ist es für die Führungskräfte wichtig, über ein umfassendes Instrument zu verfügen, welches das Treffen von personalspezifischen Entscheidungen unterstützt und zudem zu Qualitäts- und Effizienzsteigerungen beiträgt. Infolge der Informationsüberflutung des Managements sollte dieses Instrument ausserdem die Informationen bedarfsgerecht aufbereiten. Ein Personalinformationssystem stellt ein solches Instrument dar, das schnell und jederzeit

  - aktuelle, qualitativ gute und einheitlich strukturierte Informationen über jeden einzelnen Mitarbeiter oder bestimmte Mitarbeitergruppen liefern kann.
  - aktuelle, aussagekräftige Kennzahlen, Reports und Übersichten über den Personalbereich liefern kann (z. B. für eine wirksame Kostenkontrolle).
  - Simulationen und Optimierungen durchführen kann, um z. B. die personalwirtschaftlichen Auswirkungen von Entscheidungen zu bestimmen.
  - unter Berücksichtigung externer Datenquellen in bezug auf den Personalbereich detaillierte Analysen und Vergleiche erstellen kann.

  Ein Personalinformationssystem ermöglicht insbesondere ein effizientes Verwalten und Suchen von Informationen über die Mitarbeiter sowie eine verbesserte Mitarbeiterbetreuung. Durch die verbesserte Informationsqualität sowie die Simulationsmöglichkeiten kann zudem die Entscheidungssicherheit erhöht werden. Gleichzeitig können aber auch im Personalbereich die Kosten reduziert oder zukünftige Kosten vermieden werden. Ausserdem ermöglicht das System eine flexible Anpassung an neue Anforderungen.[3]

- *Personalsachbearbeiter*
  Die Arbeit im Personalbereich wird durch ein Personalinformationssystem bedeutend einfacher und attraktiver.
  - Vor allem die Personalverwaltung sowie die Lohn- und Gehaltsabrechnung werden durch die verschiedenen Merkmale eines modernen und benutzerfreundlichen Systems erleichtert.

---

[1] *Vgl. Domsch, 1980, S. 21ff.; Domsch, Schneble, 1995, S. 460; Seibt, 1990, S. 131f.*

[2] *Vgl. Scholz, 1989, S. 416; Staehle, 1991, S. 720; Wohlgemuth, 1990b, S. 84*

[3] *Vgl. Vogel, Wagner, 1993, S. 31; Seibt, 1990, S. 131*

- Durch die Entlastung von zeitaufwendigen Routinetätigkeiten können sich die Mitarbeiter des Personalbereichs auf die wesentlichen Aufgaben konzentrieren. Dadurch werden die Tätigkeiten im Personalbereich aufgewertet und die Gestaltung von attraktiveren Arbeitsplätzen, die nicht nur Bildschirmarbeit beinhalten, ist möglich.[1]
- Alle Benutzer können im Rahmen des Datenschutzes schnell auf aktuelle und qualitativ gute Informationen zugreifen.
- Alle für die Aufgaben des Personalbereichs notwendigen Funktionen sind unter einer einheitlichen Benutzeroberfläche integriert, wodurch die oft problembeladenen Schnittstellen reduziert werden können.
- Die Einheitlichkeit sowie Transparenz wird erhöht, und die Abläufe werden vereinfacht.
- Auf neue Anforderungen kann flexibel reagiert werden.
- Die Auswertungen und Statistiken können gemäss den individuellen Bedürfnissen ohne spezielle Programmierkenntnisse auf einfache Weise erstellt werden.
- Durch die zentrale Verwaltung der Daten kann Redundanz[2] und damit Dateninkonsistenz vermieden werden.

- *Andere organisatorische Einheiten*
  Andere Abteilungen und Einheiten (Organisationsabteilung, Planungsstäbe, Revisionsstelle usw.) können zur Erfüllung ihrer Planungs-, Entscheidungs-, Durchführungs- sowie Kontrollaufgaben im Rahmen des Datenschutzes auf die für sie relevanten Personen- und Arbeitsplatzdaten im Personalinformationssystem direkt zugreifen.[3] Zudem erleichtern die Standardschnittstellen die Datenübernahme in andere Systeme.

- *Arbeitnehmer*
  Das Personalinformationssystem sorgt dafür, dass der Lohn des Arbeitnehmers pünktlich und richtig überwiesen wird. Überdies stellt das System zum Beispiel sicher, dass die ablaufende Arbeitsbewilligung oder das bevorstehende Dienstjubiläum nicht vergessen wird. Durch ein Personalinformationssystem können zudem allfällige Anfragen schnell und zielgerichtet beantwortet werden. Vermehrt können die Mitarbeiter auch die im Personalinformationssystem über sie gespeicherten Daten direkt einsehen und einzelne Mutationen (z. B. Adressänderungen) selbst erledigen.

---

[1] *Vgl. Tanner, 1991, S. 34*

[2] *Redundanz ergibt sich durch die mehrfache Speicherung derselben Datenwerte. Vgl. Hansen, 1996, S. 942; Schneider, 1997, S. 713f.*

[3] *Vgl. Domsch, 1980, S. 21*

Ausserdem erleichtern moderne Personalinformationssysteme beispielsweise die Einführung neuer Arbeitszeitmodelle und einer transparenten, leistungsabhängigen Entlöhnung. Die Personalinformationssysteme bilden zudem eine wichtige Basis für objektivere Qualifikations- und Leistungsbeurteilungen und erhöhen damit die Chance für eine Gleichbehandlung aller Mitarbeiter. Gleichzeitig kann durch den Einsatz eines solchen Systems auch gezielter auf die individuellen Bedürfnisse jedes Mitarbeiters eingegangen werden (z. B. in bezug auf Entwicklungsmassnahmen).[1]

- *Arbeitnehmervertreter*
  Arbeitnehmervertreter können im Rahmen des Datenschutzes die für sie wesentlichen Informationen direkt im System abrufen. Sie verfügen dadurch über denselben Informationsstand wie das Management.

Auch ausserhalb eines Unternehmens gibt es verschiedene Institutionen, welche aufgrund von Gesetzen, Verordnungen oder freiwilliger Vermittlung verschiedenste Informationen aus einem Personalinformationssystem erhalten. Diese Informationen werden regelmässig oder nur gelegentlich entweder pro Mitarbeiter oder in verdichteter Form (z. B. Kennzahlen, Statistiken, Auswertungen) weitergeleitet. Als Beispiele für ausserbetriebliche Empfänger können Kapital- und Kreditgeber, Verbände, Aus- und Weiterbildungsinstitute, Versicherungen sowie Behörden genannt werden.[2]

3.3.5 Kosten eines Personalinformationssystems

Da die Kosten eines Personalinformationssystems in der Regel von der jeweiligen Einsatzsituation abhängen, können sie nur für einen konkreten Einsatzfall bestimmt werden. Doch selbst dann kann die Bestimmung noch Schwierigkeiten bereiten, da ein solches System meist über einen längeren Zeitraum verteilt in verschiedenen Etappen eingeführt wird. Dennoch ist es wichtig, die Kostenentwicklung unter Kontrolle zu behalten, weil durch den EDV-Einsatz problemlos eine gewaltige Kostenlawine ausgelöst werden kann. Dies ist aufgrund der raschen Entwicklung der Informatik und der dadurch bedingten Kurzlebigkeit der Produkte sowie infolge eines gewissen Prestigedenkens, immer mit dem Neusten arbeiten zu müssen, leicht möglich.[3]

---

[1] *Vgl. Seibt, 1990, S. 132; Maier, 1996, S. 81ff.*
[2] *Vgl. Domsch, 1980, S. 21ff.*
[3] *Vgl. Tanner, 1991, S. 34*

Der folgende Überblick soll die wichtigsten Kostenarten aufzeigen, die durch den Einsatz eines Personalinformationssystems anfallen können. Während der Einführungsphase können die folgenden *einmaligen Kosten* entstehen:[1]

- Informationskosten für die Analyse des Hard- und Softwaremarkts
- Beratungs-, Planungs- und sonstige Dienstleistungskosten
- Kosten für Hard- und Software und sonstiges Material
- Anpassungskosten für die notwendigen Modifikationen an der Software und der Organisation
- Schulungskosten für die Ausbildung der Systembenutzer
- Raumkosten (Neu- oder Umbauten, technische Installationen, Einrichtungen)
- Kosten für Installationen, Systemintegration, Datenersterfassung, Test- sowie Parallelläufe mit dem alten System
- Personalkosten für die Einführung.

Während der Betriebsphase können die folgenden *laufenden Kosten* anfallen:[2]

- Kosten für Hard- und Software (Miete oder Abschreibungen, Versicherungen)
- Personalkosten für die Sicherstellung des Betriebs
- Kosten für allfällige externe Dienstleistungen
- Materialkosten für Verbrauchsmaterial (inkl. Entsorgung)
- Raumkosten, Sicherheits- und Bewachungskosten
- Datenübertragungskosten
- Kosten für die Wartung und Fehlerbehebung (bei Hard- und Software)
- Programmerweiterungskosten für Weiterentwicklungen und Ergänzungen.

3.3.6 Entwicklungstendenzen

Die Entwicklungstendenzen des EDV-Einsatzes im Personalbereich und damit auch diejenigen des Personalinformationssystem-Einsatzes werden aus folgenden Richtungen beeinflusst:

- *Entwicklungstendenzen im Personalmanagement* (z. B. zunehmende Dezentralisation, steigende Bedeutung der dispositiven Aufgaben, Profitcenter-Gedanke) (Vgl. Kapitel 3.1.4)

---

[1] *Vgl. Becker et al., 1995, S. 347f.; Vatteroth, 1991, S. 16*
[2] *Vgl. Becker et al., 1995, S. 348ff.; Vatteroth, 1991, S. 16*

- *Entwicklungstendenzen der Informatik* (immer leistungsfähiger werdende, zusätzliche Aufgaben integrierende und benutzerfreundlichere Systeme, Client-Server-Systeme, Expertensysteme usw.)
- *Ökonomische, sozio-kulturelle und rechtlich-politische Entwicklungstendenzen* (z. B. zunehmender Konkurrenz- und Kostendruck, neue Erwartungen der Mitarbeiter, neue rechtliche Regelungen).

Im folgenden werden einzelne Tendenzen detaillierter aufgezeigt.

3.3.6.1 Weg vom Papier

Diese oft schlagwortartig verwendete und schon lange vorhergesagte Folge des EDV-Einsatzes trat bisher nur in den seltensten Fällen ein. Vor allem die neueste Preisentwicklung im Bereich der elektronischen Speicherung und Verwaltung von Dokumenten lässt in dieser Richtung allerdings wieder Hoffnungen aufkeimen. Man muss sich dabei jedoch bewusst sein, dass das Einlesen von Papierdokumenten mit einem grossen Aufwand verbunden ist.

Personalinformationssysteme unterstützen die Tendenz „weg vom Papier" folgendermassen:[1]

- Durch den Einsatz umfassender Personalinformationssysteme ergibt sich die Möglichkeit, die Informationen dezentral (z. B. direkt in der betreffenden Abteilung) zu erfassen und abzurufen (vgl. nächstes Kapitel). Dadurch entfallen aufwendige Meldungen, Anfragen und Rückfragen an die zentrale Personalabteilung. Diese Dezentralisation hat somit zur Folge, dass nicht nur der Papierverbrauch eingeschränkt, sondern vor allem auch Zeit eingespart werden kann. Zudem wird die Aktualität der Informationen im System erhöht. Die weitestgehende Dezentralisation ist erreicht, wenn der einzelne Mitarbeiter die über ihn gespeicherten Daten direkt an seinem Bildschirm kontrollieren und bestimmte Mutationen (z. B. Adressänderungen) selbst erledigen kann.
- Die elektronische Speicherung von Personaldossiers ermöglicht einerseits eine Reduktion des Platzbedarfs und durch den Einsatz geeigneter Werkzeuge ein rascheres Auffinden gesuchter Dokumente. Andererseits können dadurch elektronische Kopien direkt über das unternehmensinterne E-Mail-System verschlüsselt versandt werden. Beispielsweise ist es möglich, Bewerbungsdossiers ohne grossen Aufwand an verschiedene Führungskräfte gleichzeitig zu versenden.

---

[1] *Vgl. Tanner, 1991, S. 18*

- Durch die Anbindung an das Internet können elektronisch übermittelte Bewerbungen direkt übernommen und weiterbearbeitet werden. Auch die Kommunikation mit den Bewerbern kann über dieses Medium auf einfache Weise abgewickelt werden.

3.3.6.2 Direktzugriff und Auswertungsmöglichkeiten

Die zunehmende Dezentralisation im Personalbereich verlangt zum Beispiel, dass verschiedene Führungskräfte und organisatorische Einheiten im Rahmen des Datenschutzes auf die Informationen der zentralen Personalabteilung direkt zugreifen und eigene Auswertungen erstellen können. Dies führt zu einer erhöhten Unabhängigkeit und Flexibilität der interessierten Kreise. Allerdings ist dabei die Koordination im Unternehmen umfassend zu klären. Zudem sind die Zugriffsrechte detailliert zu regeln, und auch ausserhalb des Personalinformationssystems sind geeignete Datenschutzmassnahmen durchzusetzen. Durch diese direkten Zugriffsmöglichkeiten auf eine zentrale Datenbank soll unter anderem erreicht werden, dass die gleichen Daten nicht mehrfach erhoben und an verschiedenen Stellen im Unternehmen gespeichert werden.[1]

Die soeben beschriebenen Vorteile der Direktzugriffsmöglichkeit entstehen allerdings nur, wenn die interessierten Kreise ihre individuellen Auswertungen auch selbst erstellen können. Weil sie die dazu notwendigen Auswertungswerkzeuge in der Regel sehr unregelmässig verwenden, ergeben sich dadurch sehr hohe Anforderungen an die Benutzerfreundlichkeit dieser Werkzeuge. Diese Anforderungen werden selbst durch PC-gestützte Auswertungswerkzeuge erst teilweise erfüllt. Bei Personalinformationssystemen auf Grossrechnern sollte es möglich sein, direkt von einem PC aus auf die aktuellen Daten im Grossrechner zuzugreifen. Danach können diese Daten in den verschiedenen PC-Programmen weiterverarbeitet werden.[2]

Zunehmend wird auch verlangt, dass über einen EDV-Anschluss Heimarbeit ermöglicht wird. Dazu sind einerseits die technischen Ausrüstungen notwendig, und andererseits muss das betreffende System auch ausserhalb der Arbeitszeiten zur Verfügung stehen. Dies ist vor allem bei Systemen auf Grossrechnern nicht immer problemlos realisierbar. Zudem stellen solche EDV-Anschlüsse in der Regel ein grosses Problem für den Datenschutz und die Datensicherheit dar.[3]

---

[1] *Vgl. Tanner, 1991, S. 19*
[2] *Vgl. Tanner, 1991, S. 19*
[3] *Vgl. Tanner, 1991, S. 19*

3.3.6.3 Expertensysteme

Expertensysteme unterscheiden sich von konventioneller Software durch die Fähigkeit, Probleme und Aufgaben zu bewältigen, die ein hohes menschliches Fachwissen erfordern. Solche wissensbasierte Systeme erlauben die Verarbeitung von intuitiven Fakten, die nicht quantifiziert werden können. Das durch diese Verarbeitung erarbeitete Wissen kann festgehalten und wiederum weiterverwendet werden.[1] Expertensysteme können daher besonders bei schwach strukturierten Entscheidungsprozessen Hilfestellungen bieten. Da die Systeme zum Ziel haben, langfristig die Kompetenz eines einzelnen Experten zu übertreffen, können sie in eng abgegrenzten Aufgabenbereichen den menschlichen Experten unter Umständen ersetzen.[2]

Im Personalbereich können Expertensysteme als Ergänzung zu Personalinformationssystemen zur Unterstützung von dispositiven Aufgaben eingesetzt werden. Die Beratungs- und Problemlösungsfunktionen dieser Systeme sollen dabei eine qualitative Verbesserung der personalwirtschaftlichen Entscheidungen ermöglichen.[3] Obwohl verschiedentlich in absehbarer Zeit der Durchbruch dieser Einsatzmöglichkeit erwartet wird, stehen die Chancen dazu aus verschiedenen Gründen immer noch schlecht:[4]

- Der Aufbau einer umfassenden Wissensbasis stellt oft ein schwieriges, langwieriges und teures Unterfangen dar. Der Engpass liegt meist beim Wissenstransfer vom Experten zum Rechner. Viele mit Fachkompetenz ausgestattete Personen verarbeiten ihr Wissen so intuitiv, dass sie weder ihre Entscheidungen erklären bzw. begründen noch ihr Wissen weitergeben können.[5]

- Ein grundsätzliches Problem von Expertensystemen im Personalbereich besteht darin, dass eine Entscheidung von sehr vielen und wechselnden Informationen abhängig ist. Es ist aber unmöglich, alle diese eventuellen, von der konkreten Entscheidungssituation abhängigen Einflussfaktoren zu erfassen und zu berücksichtigen. Demnach können die Entscheidungen eines Expertensystems in der Regel nur suboptimal ausfallen.[6]

---

[1] *Vgl. Heinecke, 1992, S. 284f.*

[2] *Vgl. Finzer, 1991a, S. 241; Schneider, 1997, S. 304*

[3] *Vgl. Finzer, 1991a, S. 241; Scholz, 1994, S. 693ff.; Schneider, 1997, S. 304*

[4] *Vgl. Heinecke, 1992, S. 285; Scholz, 1994, S. 693ff.; Schneider, 1997, S. 304*

[5] *Vgl. Heinecke, 1992, S. 285f.; Schneider, 1997, S. 304*

[6] *Vgl. Finzer, 1991a, S. 242*

- Ein weiteres Problem liegt darin, dass gerade bei Entscheidungen im Personalbereich unter anderem unternehmensspezifisches Wissen berücksichtigt
  werden muss. Ein Expertensystem kann daher nicht wie ein Personalinformationssystem in der Form eines kompletten Softwarepakets erworben werden.
  Die Wissensbasis muss vielmehr spezifisch für das Unternehmen mühsam
  (vgl. oben) erarbeitet werden. Wenn man berücksichtigt, dass ein solches
  System dann nur für sehr enge Aufgabenbereiche im Personalbereich eingesetzt werden kann, so ist es fraglich, ob sich dieser Aufwand lohnt.[1]

3.3.7 Anforderungen und Beurteilungskriterien

Die im folgenden beschriebenen Leistungs- und Qualitätsmerkmale stellen einerseits die wichtigsten Kategorien der Anforderungen[2] an ein Personalinformationssystem dar. Andererseits verkörpern sie auch die zentralen Kriterien für die
Beurteilung solcher Systeme, weshalb sie auch im Rahmen der im vierten Teil
vorgestellten Befragungen verwendet werden. Gleichzeitig konkretisieren diese
Merkmale auch die Ziele, die mit dem Einsatz eines Personalinformationssystems
verfolgt werden können (vgl. Kapitel 3.3.3).[3]

Die folgenden Ausführungen beschränken sich auf die Darstellung der wichtigsten
Kategorien. Die Konkretisierung und insbesondere auch die Gewichtung dieser
Kategorien ist stark von der unternehmensspezifischen Situation abhängig.

3.3.7.1 Vorbemerkungen zur Softwarequalität

Unter Qualität wird die Eigenschaft eines Produkts verstanden, die Anforderungen
des Kunden zu erfüllen. Eine hohe Qualität liegt demnach vor, wenn diese Anforderungen weitgehend erfüllt werden, andernfalls spricht man von tiefer Qualität.[4]

Die Qualität einer Software hängt folglich von deren Eignung für eine konkrete
Einsatzsituation ab. Die im folgenden beschriebenen Anforderungen bzw. Beurteilungskriterien stellen in diesem Sinne auch Qualitätsmerkmale dar. Diese
verschiedenen Merkmale beeinflussen sich gegenseitig positiv oder negativ oder
verhalten sich zueinander neutral.[5]

---

[1] Vgl. Heinecke, 1992, S. 285ff.

[2] Anforderungen sind Aussagen über zu erbringende Leistungen. Vgl. Schneider, 1997, S. 33

[3] Vgl. Schreiber, 1994, S. 52ff.; Vatteroth, 1991, S. 11ff.; Böhm et al., 1996, S. 334

[4] Vgl. Böhm et al., 1996, S. 451ff.; Becker et al., 1995, S. 237; Schneider, 1997, S. 690

[5] Vgl. Böhm et al., 1996, S. 451ff.; Becker et al., 1995, S. 237; Schneider, 1997, S. 690

3.3.7.2 Funktionen (Umfang und Qualität)

Ein Personalinformationssystem soll die Benutzer von Routineaufgaben entlasten und alle anderen Aufgaben im Personalbereich sinnvoll unterstützen. Ein solches System stellt daher eine Applikation dar, die in verschiedene Teilapplikationen, Aufgabenbereiche, Teilaufgabenbereiche usw. unterteilt werden kann. In jedem dieser Bereiche müssen die Funktionen ausreichend und den Kundenanforderungen entsprechend vorhanden sein, um die an die Applikation gestellten Aufgaben und Nutzenerwartungen erfüllen zu können (vgl. Kapitel 3.3.1 und 3.3.4).[1] Moderne Personalinformationssysteme weisen insbesondere einen modularen Aufbau und damit eine modulare Gliederung der Funktionen auf, wodurch unter anderem die schrittweise Einführung erleichtert wird.

Es sollte darauf geachtet werden, dass nur die effektiv benötigten Funktionen im System enthalten sind. Vorhandene, aber nicht benötigte Funktionen erhöhen die Komplexität des Systems und erschweren dadurch den Überblick, führen zu zusätzlichen Kosten und verlangsamen unter Umständen andere Funktionen.[2] Diese überflüssigen Funktionen können daher die Effizienz (vgl. Kapitel 3.3.7.8) eines Personalinformationssystems stark beeinträchtigen.

Bei einem Personalinformationssystem kommt vor allem den Abfrage- und Auswertungsfunktionen eine sehr grosse Bedeutung zu (vgl. Kapitel 3.3.6.2). Auch komplexe Abfragen sollten auf einfache und benutzerfreundliche Art und Weise ausgeführt werden können. Die Auswertungen sollten gut lesbar sein, einen verständlichen Aufbau haben und adäquate Verdichtungsstufen aufweisen.

3.3.7.3 Integration

Einerseits können umfassende Personalinformationssysteme verschiedene Aufgabenbereiche des Personalmanagements integrieren. Andererseits kann ein Personalinformationssystem selbst ein Teil eines Gesamtsystems sein, das verschiedene Unternehmensbereiche integriert. Diese Integrationen ermöglichen, dass die Daten nur einmal erfasst und an einem Ort gepflegt werden müssen. Die einheitliche Benutzeroberfläche, der schnellere Datenfluss, die Verfügbarkeit aktuellerer und konsistenterer Daten, die Synergien durch die Verknüpfung der verschiedenen Aufgabenbereiche sowie durch die Verwendung einheitlicher Hard- und Software sind weitere Vorteile integrierter Systeme.[3]

---

[1] *Vgl. Schreiber, 1994, S. 56ff.; Danzer, 1990, S. 10ff.; Mülder, 1994, S. 158*

[2] *Vgl. Böhm et al., 1996, S. 452*

[3] *Vgl. Mülder, 1994, S. 158f.; Böhm et al., 1996, S. 73ff.*

3.3.7.4 Schnittstellen

Das Personalinformationssystem sollte mit anderen Systemen des Personalbereichs oder mit Systemen der übrigen Unternehmensbereiche (z. B. Finanzbereich) über genormte Schnittstellen verknüpft werden können. Zudem sollte ein Datenbankverwaltungssystem eingesetzt werden, das auch für andere Anwendungen bereits verwendet wird oder zumindest geeignet ist.[1]

Von besonderer Bedeutung sind auch die Schnittstellen zu den im Unternehmen eingesetzten Büroanwendungen (z. B. Textverarbeitungs- und Tabellenkalkulationsprogramme). Einfache Exportmöglichkeiten erleichtern die tägliche Arbeit ausserordentlich.

3.3.7.5 Datenschutz

In einem Personalinformationssystem werden personenbezogene und die Privatsphäre der Mitarbeiter betreffende Daten gespeichert und verarbeitet. Diese Daten müssen im Interesse der Betroffenen und aufgrund gesetzlicher Vorschriften durch verschiedene Massnahmen gegen unbefugtes Lesen, Weitergeben und Verändern geschützt werden.[2]

Wenn neben der Personalabteilung noch andere Abteilungen Zugriff auf das System haben, sind die Zugriffsrechte besonders klar zu regeln und auf das Notwendigste zu beschränken. Sinnvollerweise können die Berechtigungen sowohl in bezug auf einzelne Datenarten als auch für einzelne Funktionen vergeben werden.[3] Auch auf der Ebene des Betriebssystems und der eingesetzten Datenbank sind die Zugriffsmöglichkeiten auf die Daten zu beschränken. Detailliertere Angaben zum Datenschutz sind in Kapitel 3.5.3 enthalten.

3.3.7.6 Datensicherheit

Im Interesse des Anwenders sollten insbesondere die Daten eines Personalinformationssystems durch verschiedene Massnahmen gegen Verlust oder Verfälschung durch technische bzw. menschliche Fehler, unberechtigte Eingriffe, böswillige Zerstörungen oder Katastrophen geschützt werden.[4] Um einen möglichst störungsfreien Ablauf der EDV-Prozesse zu ermöglichen, sollten auch die

---

[1] Vgl. Vatteroth, 1991, S. 15f.; Böhm et al., 1996, S. 523ff.

[2] Vgl. Schreiber, 1994, S. 62f.

[3] Vgl. Mülder, 1994, S. 158

[4] Vgl. Schreiber, 1994, S. 62ff.; Scholz, 1994, S. 699

Programme und die Hardware gesichert werden.[1] Detailliertere Angaben zur Datensicherheit sind in Kapitel 3.5.4 enthalten.

3.3.7.7 Benutzerfreundlichkeit

Die Handhabung und Benutzung des Systems muss einfach, einheitlich und für verschiedene Benutzergruppen (von der Hilfskraft im Personalbereich bis zum Manager) leicht erlernbar sein. Es muss verhindert werden, dass der Benutzer bei der Erledigung seiner Aufgaben durch die Systemeigenschaften unnötig belastet oder behindert und dadurch seine Motivation herabgesetzt wird.[2]

Die Ergonomie hat zum Ziel, das Zusammenwirken von Mensch und Maschine optimal zu gestalten. Dabei ist es notwendig, dass eine Anpassung der Maschine an die Arbeitsgewohnheiten des Menschen und insbesondere eine menschengerechte Dialogkonzeption angestrebt wird.[3] Dies wird immer wichtiger, weil nur so die Akzeptanz gegenüber dem EDV-System erhöht, die Einschulungszeit gesenkt sowie die Effizienz und die Qualität der Arbeit gesteigert werden kann.[4]

Ein in diesem Sinne benutzerfreundliches EDV-System zeichnet sich unter anderem durch folgende Eigenschaften aus:[5]

- Grafische Oberfläche mit Window-Technik, Icons und Pull-Down-Menus
- Einfache, transparente und einheitliche Handhabung, gut strukturierter Systemaufbau sowie übersichtlich präsentierte und aufgabengerechte Funktionen (Der Benutzer kann dadurch intuitiv mit dem System arbeiten und sich problemlos darin zurechtfinden.)
- Konsistentes und stets durchschaubares Systemverhalten (Das System muss mit einer Rückmeldung auf jede Aktion des Benutzers reagieren.)
- Jederzeitige Selbsterklärungsfähigkeit des Systems (kontextsensitives Hilfesystem)
- Bei fehlerhaften Eingaben verständliche Fehlermeldungen im Klartext und mit Korrekturhinweisen (auf Anforderung), möglichst geringe Überraschungseffekte und keine fatalen Folgen

---

[1] *Vgl. Schneider, 1997, S. 208f.*

[2] *Vgl. Schweiz. Vereinigung für Datenverarbeitung, 1985, S. 113f.; Böhm et al., 1996, S. 217; Balzert, 1982, S. 12; Schneider, 1997, S. 99*

[3] *Vgl. Schweiz. Vereinigung für Datenverarbeitung, 1985, S. 113f.*

[4] *Vgl. Hansen, 1996, S. 186f.*

[5] *Vgl. Hansen, 1996, S. 186f.; Böhm et al., 1996, S. 218ff.; Schneider, 1997, S. 99*

- Undo-Funktion (Die zuletzt getätigten Aktionen können wieder rückgängig gemacht werden.)
- Grösstmögliche Flexibilität in der Systemsteuerung und in der Anpassung der Dialoge an den Benutzer (Sowohl Anfänger als auch tägliche Benutzer müssen effizient mit dem System arbeiten können.)
- Minimale und für ähnliche Funktionen vereinheitlichte Benutzereingaben mit sinnvollen Defaultwerten (d. h. Standardannahmen bei Unterlassungen)
- Kurze Antwortzeiten (d. h. nicht die Aufgabenerfüllung verzögernd).

3.3.7.8 Effizienz

Ein Softwaresystem wird als effizient bezeichnet, wenn es sorgfältig und sparsam mit den Systemressourcen umgeht. Dies bedeutet, dass der Bedarf an Hardware-ressourcen und die Verarbeitungs- sowie Antwortzeiten möglichst klein sein sollten. Diese Merkmale können als Indikator für die Effizienz benutzt werden.[1]

Der sparsame Umgang mit Hardwareressourcen ist nach wie vor wichtig. Angesichts des fortschreitenden Preiszerfalls im Hardwarebereich treten allerdings kurze Verarbeitungs- und Antwortzeiten immer mehr in den Vordergrund. Den Verarbeitungs- und Antwortzeiten kommt auch in bezug auf die Benutzer-freundlichkeit und im Zusammenhang mit einer effizienten Aufgabenerfüllung eine grosse Bedeutung zu.[2]

Das effizienteste Personalinformationssystem nützt allerdings nichts, wenn die durch das System vorgegebenen Arbeitsabläufe nicht mit der Realität überein-stimmen und dadurch sämtliche Vorteile zunichte gemacht werden.

3.3.7.9 Zuverlässigkeit und Systemverfügbarkeit

Die mittlere betriebsfähige Zeit zwischen ungewollten Unterbrüchen sollte so gross wie möglich sein, damit das Personalinformationssystem die ihm über-tragenen Aufgaben möglichst jederzeit korrekt ausführen kann. Das Ziel ist die Vermeidung der enormen Schäden, welche durch die Ausfälle des Systems ver-ursacht werden. Ausserdem erhöht ein zuverlässiges System das Vertrauen der Benutzer ins System. Dies kann durch den Einsatz erprobter, fehlerfreier Soft-ware, durch regelmässige Wartung sowie durch die Verhinderung unerwarteter

---

[1] *Vgl. Schreiber, 1994, S. 60; Balzert, 1982, S. 12; Schreiber, 1997, S. 270; Böhm et al., 1996, S. 454; Becker et al., 1995, S. 239*

[2] *Vgl. Schreiber, 1994, S. 60; Böhm et al., 1996, S. 454*

Situationen und extremer Belastungen durch die Umgebung erreicht werden. Um die beiden letzteren Punkte erfüllen zu können, ist es beispielsweise wichtig, dass das System fehlerhafte Bedienung erkennen und in einer definierten, vernünftigen Weise behandeln kann, ohne die Funktionsweise des Systems zu beeinträchtigen.[1]

3.3.7.10 Anpassungsfähigkeit

Das Personalinformationssystem sollte eine grosse Adaptabilität besitzen, es muss also leicht an wechselnde Anforderungen und neue Aufgabenkonstellationen angepasst werden können.[2] Eine in diesem Sinne anpassungsfähige und daher flexible Applikation erleichtert die Durchführung von Änderungen und Erweiterungen. Dadurch können Anpassungen an die individuellen Bedürfnisse des Anwenders, an neue Gegebenheiten, die sich zum Beispiel durch veränderte rechtliche Bestimmungen ergeben können, sowie an zukünftige Entwicklungen und Aufgaben schnell und leicht realisiert werden. Ausserdem werden dadurch Wartungsaufgaben und Fehlerbehebungen vereinfacht.[3]

Aufgrund der immer rascheren allgemeinen Entwicklung dürfte die Anpassungsfähigkeit zunehmend an Bedeutung gewinnen. Es ist daher immer wichtiger, dass EDV-Systeme beispielsweise über eine strukturierte und übersichtliche Gliederung, eine umfangreiche Parametersteuerung, ausführliche und vollständige Dokumentationen sowie über einfach gestaltete und überblickbare Module verfügen. Dadurch können die nötigen Anpassungen und Fehlerbehebungen rasch und ohne übermässige Kostenfolgen durchgeführt werden.[4]

3.3.7.11 Systemunabhängigkeit

Die Applikation sollte sich durch möglichst kleine Anforderungen an potentielle Systemplattformen (Hardware, Systemsoftware, Netzwerke usw.) auszeichnen und dadurch ohne grossen Aufwand auf verschiedenen Plattformen eingesetzt werden können (sog. Portabilität).[5]

---

[1] *Vgl. Schneider, 1997, S. 729f., S. 924 und S. 995f.; Balzert, 1982, S. 12; Böhm et al., 1996, S. 454f.; Schreiber, 1994, S. 60*

[2] *Vgl. Vatteroth, 1991, S. 15; Becker et al., 1995, S. 239; Schneider, 1997, S. 37*

[3] *Vgl. Schreiber, 1994, S. 63f.; Becker et al., 1995, S. 239; Schneider, 1997, S. 37*

[4] *Vgl. Böhm et al., 1996, S. 455; Mülder, 1994, S. 160; Balzert, 1982, S. 11f.; Schreiber, 1994, S. 63f.*

[5] *Vgl. Vatteroth, 1991, S. 15f.; Balzert, 1982, S. 12; Böhm et al., 1996, S. 455f.; Schneider, 1997, S. 640*

Eine in diesem Sinne systemunabhängige Lösung erlaubt eine problemlose Integration in die bestehende oder zukünftige Informatikumgebung eines Unternehmens. Dadurch können die Investitionen in Software und Daten beispielsweise auch bei einem Hardwarewechsel über längere Zeit genutzt werden.

3.3.7.12 Dokumentation und Hilfesystem

Um ein Softwaresystem nutzbringend einsetzen und warten zu können, sind Dokumentationen notwendig. Diese Dokumentationen sagen viel über den Reifegrad sowie die Sorgfalt bei der Erstellung einer Software aus.[1]

In der Benutzerdokumentation resp. im Hilfesystem müssen so viele Informationen und Hilfestellungen enthalten sein, dass der Benutzer einwandfrei mit der Applikation umgehen und sie entsprechend seinen Anforderungen einsetzen kann.[2] In der Benutzerdokumentation soll insbesondere ein umfangreiches Stichwortverzeichnis das Auffinden von Informationen erleichtern. Zunehmend wird die Benutzerdokumentation als Online-Hilfe direkt in die Software integriert. Dadurch ist sie leichter aktualisierbar und jederzeit für alle Benutzer verfügbar. Zudem besteht die Möglichkeit, dem Benutzer in bezug auf sein aktuelles Problem direkte Hilfestellungen anzubieten.

Die Produktdokumentation beschreibt hingegen die Ablauf- und Datenstrukturen eines Programms. Die Wartung sowie allfällige Programmänderungen und Erweiterungen sollen dadurch erleichtert werden.[3]

3.3.7.13 Unterstützungsleistungen

Der Anwender ist in der Regel auf eine langfristige Unterstützung durch den Anbieter angewiesen. Zum Beispiel werden durch das sich schnell verändernde Sozial-, Arbeits- und Tarifrecht ständig Programmanpassungen und -änderungen notwendig. Diese Unterstützung kann der Anwender aber nur von einem seriösen, fachlich kompetenten und finanziell gesunden Verkäufer erwarten. Bei der Auswahl des Anbieters sind daher Angaben über die Marktstellung, Standorte, Know-how, Referenzen, angebotene Dienstleistungen, Garantien, Besitzverhältnisse usw. zu berücksichtigen.[4]

---

[1] Vgl. Schweiz. Vereinigung für Datenverarbeitung, 1985, S. 117f.; Schneider, 1997, S. 252
[2] Vgl. Schweiz. Vereinigung für Datenverarbeitung, 1985, S. 117f.; Schneider, 1997, S. 252
[3] Vgl. Schneider, 1997, S. 252f.
[4] Vgl. Schreiber, 1994, S. 76ff.

Ein Anbieter kann die Einführung und den Einsatz eines neuen Systems insbesondere durch folgende Leistungen unterstützen:[1]

- Analysen und Beratungen verschiedenster Art
- Mitwirkung in der Projektorganisation und -planung
- Installation des Systems
- Systemanpassungen an die individuellen Bedürfnisse des Anwenders
- Schulung der zukünftigen Systembenutzer
- Support (z. B. Hot-Line, Pikettdienst)
- Wartung
- Weiterentwicklung.

3.3.7.14 Kosten

Die zuvor beschriebenen Merkmale sollten immer vor dem Hintergrund der damit verbundenen Kosten betrachtet werden. Ein direkter Vergleich kann allerdings mit Problemen verbunden sein (vgl. Kapitel 3.5.5). In bezug auf die Kosten ist nämlich einerseits darauf zu achten, dass stets alle verschiedenen Kostenelemente (vgl. Kapitel 3.3.5) berücksichtigt werden. Andererseits ist zu berücksichtigen, dass die Kosten sehr stark durch die konkrete Einsatzsituation beeinflusst werden.

---

[1] *Vgl. Schreiber, 1994, S. 78*

3.4 Einführung von Informationssystemen

Da Personalinformationssysteme einen Teil der Informationssysteme eines Unternehmens darstellen, wird im folgenden die Einführung von Informationssystemen zunächst grundlegend betrachtet. Anschliessend werden in Kapitel 3.5 verschiedene Problembereiche, die insbesondere bei der Einführung und beim Einsatz eines Personalinformationssystems auftreten können, aufgezeigt.

Unter Einführung wird im Rahmen dieser Arbeit der gesamte Prozess von der Idee, ein neues System einzusetzen, über die Realisierung bis zum produktiven Einsatz verstanden (vgl. Kapitel 2.6).

Bei der Einführung eines Informationssystems sind primär zwei Situationen denkbar:[1]

- Im Rahmen einer Erst-Einführung werden bisher ohne EDV-Unterstützung ausgeführte Arbeiten durch das neue System unterstützt.

- Im Rahmen einer Umstellung wird ein bisheriges EDV-System durch ein neues ersetzt. Allenfalls werden durch das neue System zusätzliche Tätigkeiten unterstützt.

Da bei diesen beiden Konstellationen die bei der Einführung zu lösenden Probleme im wesentlichen sehr ähnlich sind, können grösstenteils dieselben Vorgehensweisen eingesetzt werden. Im konkreten Anwendungsfall sind allerdings Anpassungen an die spezifische Situation notwendig.[2]

Tendenzmässig können folgende Einführungsarten unterschieden werden:[3]

- *Technikzentrierte Einführung:* Die Einführung eines Systems wird primär als ein technisches Problem (Programmierung, Austestung, Schaffung der Hardwareinfrastruktur usw.) angesehen. Dadurch können allerdings Differenzen zur bestehenden Organisation und vor allem ablehnende Haltungen der Mitarbeiter entstehen. Dies führt entweder zu grossen Effizienzverlusten oder kann die Einführung sogar zum Scheitern verurteilen.

- *Technikzentrierte Einführung mit Begleitmassnahmen:* Bei der Einführung steht das Lösen von technischen Problemen im Vordergrund. Um die erwartete Effizienz und Qualität des neuen Systems erreichen zu können, werden allerdings zusätzlich Begleitmassnahmen ergriffen. Dadurch wird einerseits die bestehende Organisation an die neuen Verhältnisse angepasst, und anderer-

---

[1] Vgl. *Hildebrand, Szidzek, 1995, S. 42; Becker et al., 1995, S. 191ff.*

[2] Vgl. *Hildebrand, Szidzek, 1995, S. 42; Becker et al., 1995, S. 191ff.*

[3] Vgl. *Hamacher, Pape, 1991, S. 94ff.; Roos, 1993, S. 24ff.; Ulich, 1993, S. 31; Krüger, 1990, S. 282f.*

seits wird beispielsweise durch Mitarbeiterbesprechungen versucht, mögliche ablehnende Haltungen der Mitarbeiter zu verhindern.

- *Technik-, organisations- und mitarbeiterbezogene Einführung:* Die Einführung wird als eine Veränderung eines sozio-technischen Systems verstanden, bei der die technischen, organisatorischen und sozialen Elemente gleichberechtigt zusammenwirken müssen. Dabei ist es wichtig, dass an der Stelle von Begleitmassnahmen, die erst kurz vor der Inbetriebnahme ergriffen werden, während jeder Phase der Einführung die organisatorischen und sozialen Aspekte eingehend berücksichtigt werden. Dies ist in der Regel nur durch eine umfassende und in jeder Phase stattfindende Beteiligung der Mitarbeiter möglich.

Die frühzeitige und aktive Einbindung der Mitarbeiter trägt unter anderem zu deren Motivation im Umgang mit dem neuen System bei. Aus dem übermächtigen und unüberschaubaren System, dem man ausgeliefert ist, wird dadurch ein Werkzeug, das die tägliche Arbeit unterstützt. Gleichzeitig kann durch die Beteiligung das Know-how der Mitarbeiter direkt ins Projekt einfliessen und sichergestellt werden, dass das System den unternehmensspezifischen Anforderungen entspricht. Ausserdem werden durch die Einbindung der Mitarbeiter organisatorische Probleme und Akzeptanzprobleme in der Regel früh erkannt, wodurch sie rechtzeitig angegangen werden können.[1] Detailliertere Hinweise zur Steigerung der Akzeptanz sind in Kapitel 3.5.1 enthalten.

Vor allem im Zusammenhang mit der Entwicklung von Softwaresystemen werden in der Literatur verschiedene Vorgehensmodelle vorgeschlagen. Diese Modelle ermöglichen durch eine zeitliche und inhaltliche Strukturierung des Entwicklungsprozesses insbesondere eine klare und systematische Vorgehensweise.[2]

Im folgenden werden einzelne Vorgehensmodelle, die in bezug auf das im fünften Teil vorgestellte Verfahren von besonderem Interesse sind, kurz vorgestellt. Für einen umfassenden Überblick über die in der Literatur bekannten Modelle wird auf die weiterführende Literatur verwiesen.[3]

---

[1] *Vgl. Hamacher, Pape, 1991, S. 100f.*

[2] *Vgl. Wallmüller, 1990, S. 83f.*

[3] *Vgl. Böhm, Wenger, 1996, S. 1ff.; Böhm et al., 1996, S. 96ff.; Hesse et al., 1992, S. 33ff.; Koslowski, 1988, S. 128ff.; Wallmüller, 1990, S. 80ff.*

3.4.1 Allgemeine Phasenmodelle

3.4.1.1 Wasserfall-Modell gemäss B.W. Boehm

Im Wasserfall-Modell wird der Software-Lebenszyklus nach zeitlichen und inhaltlichen Gesichtspunkten in verschiedene Phasen unterteilt, die ähnlich einem Wasserfall aufeinander folgen (vgl. Abbildung 3.7). Erst nach Überprüfung der Ergebnisse einer Phase wird jeweils mit der nächsten begonnen. Aus der Sicht einer Phase werden von der Vorgängerphase Teilergebnisse oder Informationen übernommen, weiterbearbeitet und nach einer Überprüfung an die nachfolgende Phase weitergegeben.[1] Der Entwicklungsprozess wird durch die Aufteilung in Phasen mit dazugehörigen Zwischenprodukten überschaubarer und besser plan- sowie kontrollierbar.[2]

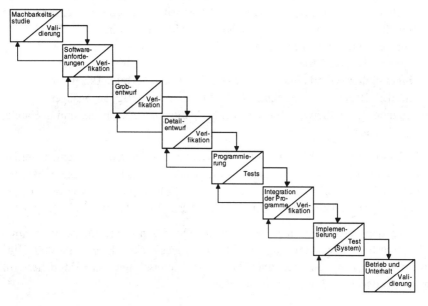

Abbildung 3.7: Das Wasserfall-Modell[3]

---

[1] *Vgl. Boehm, 1981, S. 35ff.; Böhm, Wenger, 1996, S. 10; Hesse et al., 1992, S. 33f.*

[2] *Vgl. Koslowski, 1988, S. 128f.*

[3] *Quelle: Boehm, 1981, S. 36*

Im klassischen Wasserfall-Modell werden die Phasen sequentiell abgearbeitet. Rückkoppelungen sind nicht vorgesehen. Weil dies in der Praxis unrealistisch ist, wurde im Rahmen einer Erweiterung des Modells die Rückkehr zur vorangehenden Phase ermöglicht (vgl. Abbildung 3.7).[1]

Die Erarbeitung von Alternativen im Rahmen der Lösungssuche ist im Wasserfall-Modell nicht explizit enthalten: Sobald eine funktionstüchtige Lösung gefunden wird, wird die Suche in der Regel abgebrochen und mit der Abarbeitung der nächsten Phase begonnen. Unter Umständen wird dadurch eine wesentlich bessere Variante nicht berücksichtigt.[2]

3.4.1.2 Vorgehensmodell gemäss Systems-Engineering

Dieses Vorgehensmodell beruht auf den folgenden Grundgedanken[3]:

- *Vorgehensprinzip „vom Groben zum Detail" (Top down):* Dabei geht es darum, das Betrachtungsfeld zunächst weit zu fassen, grob zu strukturieren und gegen seine Umwelt abzugrenzen. Danach soll das Betrachtungsfeld schrittweise eingeengt werden, wodurch der Detaillierungs- und Konkretisierungsgrad steigt. Bei der Lösungssuche dient die übergeordnete Ebene jeweils als Orientierungshilfe.
- *Prinzip der Variantenbildung:* Statt sich mit der erstbesten Lösung zufrieden zu geben, soll auf jeder Stufe (gemäss dem Vorgehensprinzip „vom Groben zum Detail") ein möglichst umfassender Überblick über die Lösungsmöglichkeiten erarbeitet werden. Unter Beachtung der möglichen Konsequenzen ist die geeignetste Lösung zu wählen, bevor auf der nächst tieferen Stufe weitergearbeitet wird.
- *Prinzip der Phasengliederung:* Dieses Prinzip „ ... bietet einen nach zeitlichen Gesichtspunkten gegliederten Raster an, der helfen soll, den Werdegang einer Lösung in überschaubare Teiletappen zu gliedern."[4] Das phasenweise Vorgehen mit vordefinierten Marschhalten soll die Komplexität einer Projektabwicklung reduzieren und dadurch insbesondere die Planung erleichtern (vgl. Abbildung 3.8).

---

[1] *Vgl. Boehm, 1981, S. 35ff.; Böhm, Wenger, 1996, S. 10*

[2] *Vgl. Böhm, Wenger, 1996, S. 10; Haberfellner et al., 1994, S. 168ff.*

[3] *Vgl. Haberfellner et al., 1994, S. 29ff.*

[4] *Haberfellner et al., 1994, S. 47*

- *Problemlösungszyklus:* Er stellt ein universelles Denkschema dar, das bei der Lösung verschiedenartigster Probleme[1] angewendet werden kann. Die in Abbildung 3.8 rechts aufgeführten Phasen können allenfalls auf die Schritte Zielsuche, Lösungssuche und Auswahl reduziert werden. Bei Bedarf können die einzelnen Schritte mehrfach durchlaufen werden. Der Problemlösungszyklus kann in jeder Phase eines Projekts zur Anwendung kommen. Grosse Bedeutung kommt ihm in den Phasen Vorstudie, Hauptstudie und Detailstudie zu.

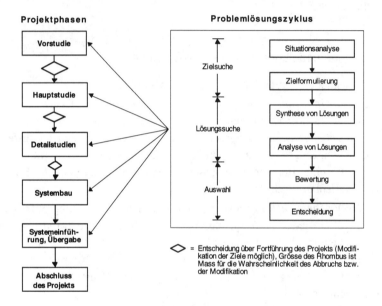

Abbildung 3.8: Vorgehensmodell gemäss Systems-Engineering[2]

Das Vorgehensmodell gemäss Systems-Engineering stellt einen allgemeinen Leitfaden bzw. einen formellen Rahmen für die Bewältigung von Projekten jeglicher Art dar. Je nach konkreter Situation sind allerdings Anpassungen notwendig (z. B. Umbenennung der Phasen, Reduktion der Anzahl Phasen). Auch die parallele Abarbeitung einzelner Phasen oder die Integration des Prototypings (vgl. Kapitel 3.4.2) sind möglich.[3]

---

[1] *Unter einem Problem wird dabei eine Differenz zwischen Ist und Soll verstanden. Vgl. Haberfellner et al., 1994, S. 50*

[2] *Quelle: Haberfellner et al., 1994, S. 38 sowie S. 59*

[3] *Vgl. Haberfellner et al., 1994, S. 60ff.*

3.4.1.3 Beurteilung der Phasenmodelle

Durch das phasenweise Vorgehen können sich folgende Vorteile ergeben:[1]

- Die Komplexität von Projekten wird reduziert.
- Der Überblick kann besser gewahrt und Zusammenhänge können einfacher erkannt werden.
- Das Vorgehen ist besser plan-, kontrollier- und steuerbar.
- Benutzer und/oder Auftraggeber müssen nach jeder Phase Stellung beziehen. Sie können dadurch die Entwicklung beeinflussen.
- Das Risiko einer Fehlentwicklung wird reduziert.

Gleichzeitig können sich durch das phasenweise Vorgehen auch verschiedene Nachteile ergeben:[2]

- Durch die Trennung zwischen der Anwender- und der Entwicklerwelt können grosse Kommunikationsschwierigkeiten entstehen.
- Die Mitwirkung von Benutzern bei der Entwicklung erfordert ein hohes Mass an abstraktem Vorstellungsvermögen und wird dadurch erschwert.
- Die Anforderungen an ein komplexes System stehen selten von Anfang an fest und verändern sich mit der Zeit. Die Erhebung dieser Anforderungen ist zudem nicht immer einfach.
- Die vielen Phasen und der Formalismus führen zu einer langen Zeitspanne, bis ein lauffähiges Programm entsteht. Der Auftraggeber kann dadurch ungeduldig werden.
- Technische Fragen stehen im Vordergrund. Organisatorische und menschliche Aspekte werden zuwenig berücksichtigt.
- Detailwünsche können verloren gehen, und Probleme können zu Unrecht bagatellisiert werden.
- Die Beurteilung der abstrakten Phasenergebnisse ist für die Benutzer und den Auftraggeber oft nur begrenzt möglich.

Zu den Phasenmodellen an sich muss noch gesagt werden, dass in der Praxis die Abgrenzung zwischen den Phasen nicht immer einfach ist.[3] Neben dem Zurückkehren zur vorangehenden Phase kann es in der Realität allenfalls auch notwendig werden, die Ergebnisse einer weiter zurückliegenden Phase zu überarbeiten.[4]

---

[1] *Vgl. Böhm et al., 1996, S. 96ff.; Becker et al., 1995, S. 197f.; Koslowski, 1988, S. 129f.*

[2] *Vgl. Böhm et al., 1996, S. 97ff.; Hesse et al., 1992, S. 63ff.; Koslowski, 1988, S. 128ff.; Becker et al., 1995, S. 251ff.; Wallmüller, 1990, S. 5f.*

[3] *Vgl. Böhm et al., 1996, S. 106; Becker et al., 1995, S. 252*

[4] *Vgl. Hesse et al., 1992, S. 63*

Aufgrund der dargestellten Vorteile eignen sich die Phasenmodelle insbesondere als Management-Hilfen.[1] Die Phasenmodelle erschweren allerdings die Benutzerbeteiligung, was die Konstruktion von funktionsgerechten, angemessenen und von allen Beteiligten akzeptierten Systemen hemmt.[2]

3.4.2 Prototyping: Verfahren zur zyklischen Systementwicklung

3.4.2.1 Grundgedanken und Formen des Prototypings

Das Prototyping versucht, einzelnen Nachteilen der Phasenmodelle entgegenzuwirken. Die Grundidee des Prototypings ist es, so früh wie möglich eine erste vereinfachte Version (Prototyp) zu erstellen. Diese wird dann durch die Benutzer und/oder Auftraggeber sowie Entwickler bewertet. Die Ergebnisse bilden die Grundlage für den nächsten Zyklus, in dem ein neuer Prototyp erstellt wird. Durch die frühzeitige Rückkoppelung soll verhindert werden, dass in die falsche Richtung entwickelt wird und dadurch Ressourcen unnötig verbraucht werden.[3]

Durch die Existenz eines konkreten, begrenzt lauffähigen Prototyps wird die Kommunikation zwischen den Entwicklern und den beteiligten Benutzern bzw. dem Auftraggeber erheblich vereinfacht. Ausserdem wird durch den Prototyp die Beurteilung der Zwischenergebnisse beachtlich erleichtert. Der zyklische Ablauf der Schritte Prototypen-Auswahl, Prototypen-Implementierung und Prototypen-Bewertung ermöglicht es, dass sich verändernde bzw. neu auftretende Anforderungen fortlaufend berücksichtigt werden können.[4]

Folgende Prototyping-Arten können unterschieden werden:[5]

- Exploratives Prototyping: Noch nicht vollständig bekannte Anforderungen werden zusammen mit den Benutzern anhand der Prototypen erarbeitet. Die Funktionen und die Benutzeroberfläche stehen dabei im Vordergrund.
- Experimentelles Prototyping: In Versuchen (Prototypen) werden in bezug auf die Anforderungen Lösungsmöglichkeiten untersucht, verglichen und bewertet.

---

[1] Vgl. Hesse et al., 1992, S. 75

[2] Vgl. Koslowski, 1988, S. 188ff.

[3] Vgl. Böhm et al., 1996, S. 105ff.; Hesse et al., 1992, S. 65ff.; Wallmüller, 1990, S. 80

[4] Vgl. Hesse et al., 1992, S. 65ff.; Koslowski, 1988, S. 150ff.

[5] Vgl. Böhm et al., 1996, S. 114ff.; Hesse et al., 1992, S. 65ff.; Koslowski, 1988, S. 168ff.; Wallmüller, 1990, S. 80ff.

- Evolutionäres Prototyping: Ein Prototyp wird schrittweise zum einsatzbereiten System entwickelt und dann bei Bedarf noch weiterentwickelt. Sich ändernde Anforderungen werden dabei fortlaufend berücksichtigt.

Grundsätzlich kann das explorative und das experimentelle Prototyping sehr gut mit einem Phasenmodell kombiniert werden. Beim an sich schon schwer kontrollierbaren evolutionären Prototyping ist dies allerdings nicht möglich.[1]

3.4.2.2 Beurteilung des Prototypings

Zu den wichtigsten Vorteilen des Prototypings zählen:[2]

- Der Prototyp erleichtert die Kommunikation zwischen den Benutzern und den Entwicklern sowie die direkte Beteiligung der Benutzer.
- Detaillierte und fundierte Anforderungen infolge direkter Benutzerbeteiligung
- Weniger Anforderungs- und Entwurfsfehler durch frühzeitige Erprobung
- Hohe Benutzerakzeptanz wegen direkter Benutzerbeteiligung
- Der Prototyp gibt in einer frühen Phase einen Eindruck vom zukünftigen System.

Folgende Nachteile können beim Einsatz des Prototypings auftreten:[3]

- Prototypen-Entwicklung verschlingt gegenüber der eigentlichen Entwicklung zu viele Ressourcen.
- Gefährliche Fehleinschätzungen sind möglich, da ein Prototyp Arbeit vortäuscht, die noch nicht geleistet wurde.
- Die Grenzen zwischen dem Prototyp und dem eigentlichen Produkt verschwimmen, was zu einer unsystematischen Entwicklung führen kann.
- Der Prototyp wird ungewollt zu einem dauernden Provisorium oder einem Flickwerk.
- Die Planung sowie das Projektmanagement sind aufwendig und anspruchsvoll (insbesondere beim evolutionären Prototyping).

Das zyklische Vorgehen des Prototypings ermöglicht eine weitgehende Berücksichtigung der Interessen, Bedürfnisse und Anforderungen der Benutzer und Betroffenen des Systems. Dadurch ist es im Vergleich zu den Phasenmodellen eher

---

[1] *Vgl. Böhm et al., 1996, S. 107ff.; Koslowski, 1988, S. 168ff.; Becker et al., 1995, S. 257; Wallmüller, 1990, S. 80ff.*

[2] *Vgl. Hesse et al., 1992, S. 67; Wallmüller, 1990, S. 80ff.*

[3] *Vgl. Hesse et al., 1992, S. 67; Böhm et al., 1996, S. 107ff.; Wallmüller, 1990, S. 80ff.*

möglich, ein funktionsgerechtes, angemessenes und von allen akzeptiertes System zu konstruieren.[1] Es besteht allerdings eine gewisse Gefahr, dass durch das Prototyping der Überblick über die Gesamtzusammenhänge verloren gehen.

3.4.3 Das SAP R/3 Vorgehensmodell

Insbesondere durch die Anbieter von Standard-Anwendungssoftware und durch Unternehmensberater wurden verschiedene Vorgehensmodelle zur Einführung von Standard-Anwendungssoftware erarbeitet. Stellvertretend für diese Modelle soll hier auf das SAP R/3 Vorgehensmodell näher eingegangen werden.

3.4.3.1 Die wesentlichen Aspekte des SAP R/3 Vorgehensmodells

Das SAP R/3 Vorgehensmodell wurde durch die deutsche SAP AG, Anbieterin der integrierten betriebswirtschaftlichen Standard-Informationssysteme R/2 und R/3, gemeinsam mit Unternehmensberatern entwickelt. Die oberste Ebene des Modells besteht aus vier Phasen, die in Abbildung 3.9 dargestellt sind. Die verschiedenen relativ allgemeinen Abschnitte des Vorgehensmodells werden im Rahmen eines Einführungsleitfadens durch konkrete Arbeitsschritte spezifiziert.[2]

Durch das SAP R/3 Vorgehensmodell sollen insbesondere

- modulübergreifende Grundinformationen, die für eine R/3-Einführung benötigt werden, und
- Planungsgrundlagen für das Einführungsprojekt sowie für die notwendige Beratungsunterstützung angeboten werden.[3]

---

[1] Vgl. *Koslowski, 1988, S. 191ff.*
[2] Vgl. *Wenzel, 1995a, S. 41f.; Barbitsch, 1996, S. 50*
[3] Vgl. *Wenzel, 1995a, S. 36; Barbitsch, 1996, S. 51*

Abbildung 3.9: Phasen des SAP R/3 Vorgehensmodells mit ihren Ergebnissen[1]

Die einzelnen Phasen enthalten im wesentlichen die folgenden Aktivitäten:[2]

- *Organisation und Konzeption:* In dieser Phase geht es zuerst darum, eine Anforderungsanalyse zu erstellen, die Projektarbeit zu organisieren und die Projektstandards zu definieren. Danach gilt es, einen Terminplan zu erstellen, das System zu installieren, die ersten Schulungen zu planen und durchzuführen sowie sich in die SAP-Funktionen einzuarbeiten. Schliesslich müssen noch die Funktionen ausgewählt, die Abläufe und Zuständigkeiten festgelegt, die Schnittstellen entworfen und die Systeminfrastruktur geplant werden. Die Phase endet mit der Qualitätsprüfung des Sollkonzepts.

- *Detaillierung und Realisierung:* In dieser Phase ist zuerst das Sollkonzept zu verfeinern. Anschliessend gilt es, das SAP-System zu parametrisieren. Dabei geht es insbesondere darum, die Organisationsstruktur sowie die Abläufe abzubilden, die Funktionen, Daten und Felder festzulegen sowie die Formulare, das Berichtswesen und die Berechtigungen zu definieren. Zudem müssen allfällige Schnittstellen erstellt werden. Als Resultat entsteht ein vollständig dokumentierter Prototyp, der ausgiebig zu testen und einer umfassenden Qualitätskontrolle zu unterziehen ist.

- *Produktionsvorbereitung:* In dieser Phase wird ein System vorbereitet, das direkt in den Echtbetrieb (sog. Produktion) übernommen werden kann. Im wesentlichen geht es einerseits darum, die Produktivsetzung zu planen und die

---

[1] *Quelle: Barbitsch, 1996, S. 50*

[2] *Vgl. Wenzel, 1995a, S. 37ff.; Barbitsch, 1996, S. 51ff.*

technischen Systeme darauf vorzubereiten. Andererseits ist aber auch die Anwenderdokumentation zu erstellen sowie die Schulung der Anwender vorzubereiten und durchzuführen. Allenfalls müssen auch noch bestehende Daten ins neue System übernommen und manuelle Eingaben oder Korrekturen durchgeführt werden. Am Ende ist das eingerichtete Produktionssystem ausgiebig zu testen und einer umfassenden Qualitätskontrolle zu unterziehen.

• *Produktionsanlauf:* Diese Phase beginnt mit der Inbetriebnahme des Produktionssystems. Allfällige Fehler sind umgehend zu korrigieren. Ausserdem ist das neue System so lange technisch und organisatorisch zu optimieren, bis ein stabiler Produktionsbetrieb erreicht wird.

3.4.3.2 Beurteilung des SAP R/3 Vorgehensmodells

Das SAP R/3 Vorgehensmodell stellt eine Kombination eines Phasenmodells und des explorativen Prototypings dar. Auf die Vorteile und Nachteile dieser Ansätze wurde in den vorangehenden Kapiteln bereits eingegangen. Durch die Kombination der beiden Ansätze werden die Nachteile des einen Ansatzes mindestens teilweise durch die Vorteile des anderen kompensiert.[1]

Insgesamt gibt das SAP R/3 Vorgehensmodell einen guten Überblick über die Aufgaben, die bei der Einführung eines R/3 Systems anfallen. Das Vorgehensmodell ist im Gegensatz zum Einführungsleitfaden so allgemein gehalten, dass es auch bei der Einführung anderer Systeme angewendet werden kann.[2]

Das SAP R/3 Vorgehensmodell geht aufgrund seiner Zielsetzung davon aus, dass der Entscheid zugunsten von R/3 bereits gefallen ist. Der Prozess bis zu diesem Entscheid wird daher durch dieses Modell nicht unterstützt.

Ausserdem wird durch das SAP R/3 Vorgehensmodell die bestehende Organisation nicht in Frage gestellt. Das Modell regt auch nicht zur Erstellung einer optimalen Sollorganisation an. Es existiert daher die Gefahr, dass Schwächen der bestehenden Organisation nicht erkannt, in das neue System übernommen und dadurch „zementiert" werden.[3]

---

[1] *Beispielsweise führt ein Phasenmodell aufgrund der verschiedenen Phasen zu einer langen Zeitspanne, bis ein lauffähiges Programm entsteht. Bei den Phasenmodellen sollten ausserdem die an der Entwicklung beteiligten Benutzer über ein gutes abstraktes Denkvermögen verfügen, was die Mitwirkung der Benutzer erschwert. Das Prototyping führt hingegen rasch zu einem konkreten Prototyp, der die Mitbeteiligung der Benutzer erleichtert.*

[2] *Vgl. Barbitsch, 1996, S. 56f.*

[3] *Vgl. Barbitsch, 1996, S. 56f.*

3.5 Auswahl besonderer Problembereiche

Die folgenden Ausführungen zeigen einige besondere Problembereiche auf, die bei der Einführung und beim Einsatz eines Personalinformationssystems beachtet werden sollten.

3.5.1 Akzeptanz

Im Zusammenhang mit Technik kann unter Akzeptanz die positive Einstellung von Personen zu dieser Technik und die aufgabenbezogene Nutzung der durch diese Technik zur Verfügung gestellten Funktionen verstanden werden. Die Akzeptanz weist demnach eine Einstellungsdimension und eine Verhaltensdimension auf.[1]

Im Rahmen der Einführung und des Einsatzes neuer Techniken in einem Unternehmen ist eine möglichst optimale Akzeptanz anzustreben. Nur diese optimale Akzeptanz ermöglicht es, die Effizienz- und Qualitätsziele der neuen Technik zu erreichen. Einerseits führt eine extrem hohe Akzeptanz dazu, dass die Mitarbeiter der Neuerung zu unkritisch und zu euphorisch gegenüberstehen und dadurch mögliche Gefahren und Risiken nicht erkennen. Andererseits kann eine zu geringe Akzeptanz zur Folge haben, dass die Mitarbeiter die Neuerung ablehnen und durch aktiven oder passiven Widerstand die Einführung behindern oder sogar verhindern.[2]

Dieser Widerstand ist als eine natürliche Reaktion der Menschen auf Neuerungen zu verstehen. Die Sicherheit als eines der elementaren Bedürfnisse der Menschen entsteht nämlich durch Kontinuität und Berechenbarkeit. Gerade diese beiden Aspekte und damit auch die Sicherheit werden aber durch Neuerungen in Frage gestellt. Widerstände gehören folglich zu jeder Neuerung. Damit die Ziele der Neuerung erreicht werden, sollte jedoch nicht nur eine Minimierung der Widerstände, sondern eine optimale Akzeptanz angestrebt werden. Dies zu erreichen ist schwierig und muss dementsprechend vorsichtig und langfristig angegangen werden. Entscheidend ist beispielsweise, ob der ebenfalls jedem Menschen innewohnende Erneuerungsantrieb, der im Vergleich zum Sicherheitsbedürfnis schwächer ausgeprägt ist, geweckt werden kann.[3]

Damit eine hohe Akzeptanz erreicht werden kann, ist es in einem ersten Schritt wichtig, deren Einflussfaktoren zu kennen. Beispielsweise nennen Helmreich und

---

[1] *Vgl. Helmreich, Allerbeck, 1991, S. 3; Müller-Böling, Müller, 1986, S. 25ff.*

[2] *Vgl. Scholz, 1994, S. 41ff.; Neumeier, 1991, S. 156; Krüger, 1990, S. 277ff.*

[3] *Vgl. Becker et al., 1995, S. 415f.; Helmreich, Allerbeck, 1991, S. 3ff.*

Allerbeck aufgrund zahlreicher Studien die in Abbildung 3.10 dargestellten
Faktoren. Der Mensch, die Technik und die Aufgabe stehen dabei untereinander
und mit dem gesamten organisatorischen Umfeld in einer Wechselbeziehung.[1]

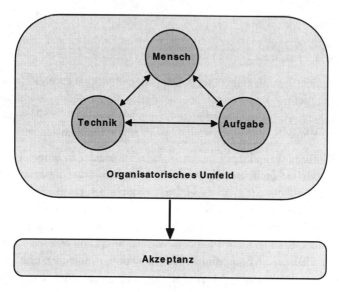

Abbildung 3.10: Einflussfaktoren der Akzeptanz [2]

Aufgrund dieser verschiedenen Einflussfaktoren und ihrer Wechselbeziehungen
dürfte eine kurze Schulung im Rahmen der Inbetriebnahme einer neuen Technik
nicht ausreichen, um eine genügend hohe Akzeptanz zu erlangen. Vielmehr muss
die Akzeptanz bereits bei der Evaluation, beim Entwurf, bei der Entwicklung
sowie beim späteren Einsatz der neuen Technik ständig ein wichtiges Ziel sein.
Eine hohe Akzeptanz und damit die Effizienz- und Qualitätsziele einer neuen
Technik können schlussendlich nur erreicht werden, wenn während der ganzen
Einführung und auch beim Einsatz versucht wird, die Menschen, die Technik, die
Aufgabe und das gesamte organisatorische Umfeld bestmöglich aufeinander abzu-
stimmen.[3]

---

[1] *Vgl. Helmreich, Allerbeck, 1991, S. 3f.*

[2] *Quelle: Helmreich, Allerbeck, 1991, S. 4*

[3] *Vgl. Helmreich, Allerbeck, 1991, S. 3ff.*

Die vorangehenden Überlegungen über die Einflussfaktoren der Akzeptanz entsprechen weitgehend dem MTO[1]-Gedanken: „Er geht davon aus, dass Mensch, Technik und Organisation nicht je für sich isoliert behandelt werden dürfen, sondern ein integratives Konzept verfolgt werden sollte."[2] Der Einsatz der Technik, die Gestaltung der Organisation und die Entwicklung der Mitarbeiterqualifikationen müssen demnach gemeinsam optimiert werden.[3]

Damit nicht nur in Technik investiert wird, postuliert MTO die folgenden Grundsätze:[4]

- Die Qualifizierung der Mitarbeiter muss als strategische Investition verstanden werden.

- Die Einführung einer neuen Technik muss als Chance zur Neugestaltung der Organisations- und Arbeitsstrukturen begriffen werden.

- Die Einführung einer neuen Technik ermöglicht die funktionale Integration von Aufgaben sowie die Arbeit in Gruppen mit weitgehender Selbstregulation. Dies führt zu ganzheitlicheren und damit sinnvolleren Aufgaben für den Mitarbeiter und zu einem höheren Mass an Selbstbestimmung. Dadurch entstehen gleichzeitig flachere Hierarchien.

Gemäss Scholz müssen die folgenden Punkte bei der Einführung eines Personalinformationssystems beachtet werden, damit es akzeptiert wird:[5]

- Ein *Problemdruck* muss vorhanden sein: Die Existenz gewisser Probleme äussert sich nicht zwingend in der Form einer Forderung nach einem Personalinformationssystem. Oft weisen bloss gewisse Symptome auf existierende Probleme im Bereich des Personalmanagements hin (z. B. Überlastung der Personalabteilung, „überraschende" Entwicklungen im Bereich des Personalbestands, erhöhte Fluktuations- und Absenzenraten).

- Die *Methodeneignung* muss gegeben sein: Das Personalinformationssystem und insbesondere die darin enthaltenen Methoden müssen geeignet sein, den festgestellten Problemdruck zu beseitigen. Für die Akzeptanz ist weniger die objektive Eignung als vielmehr das subjektive Gefühl der Betroffenen ausschlaggebend.

---

[1] *Abkürzung für: Mensch, Technik, Organisation*

[2] *Lüthi, 1995, S. 144*

[3] *Vgl. Ulich, 1993, S. 36; Lüthi, 1995, S. 144*

[4] *Vgl. Lüthi, 1995, S. 144ff.; Ulich, 1993, S. 36ff.*

[5] *Vgl. Scholz, 1994, S. 720ff.*

- *Promotoren* müssen vorhanden sein: Ein Machtpromotor des Personalbereichs und allenfalls ein externer Fachpromotor haben für eine effiziente
  und effektive Einführung zu sorgen.

- *Kompetenzangst* muss beseitigt werden: Die subjektive Angst vor einer
  Einengung des Entscheidungsspielraums, vor dem Zwang, Informationen und
  damit Sachkompetenz abgeben zu müssen, vor den zu hohen Anforderungen
  des neuen Systems und vor den neuen Aufgaben können eine Einführung zum
  Scheitern verurteilen. Diese Kompetenzängste müssen deshalb beseitigt
  werden. Dies kann beispielsweise durch eine Rücksichtnahme auf die Benutzerinteressen und durch einen Abbau von Hemmschwellen im Umgang mit
  der neuen Technik geschehen.

In einem Personalinformationssystem werden in der Regel Daten über sämtliche
Mitarbeiter eines Unternehmens gespeichert. Im Gegensatz zu den Computersystemen anderer Unternehmensbereiche gehören deshalb beim Einsatz eines Personalinformationssystems alle Mitarbeiter zu den Betroffenen[1]. Zudem verfügen
umfassende Personalinformationssysteme über unterschiedlichste Benutzergruppen
(z. B. Personalsachbearbeiter, Personalchef, Linienvorgesetzte). Dadurch müssen
solche Systeme den Interessen, Ansprüchen und Zielen verschiedenster Mitarbeitergruppen eines Unternehmens gerecht werden.[2]

Wegen der grossen Zahl von beteiligten und betroffenen Mitarbeitern besteht im
Rahmen der Einführung eines Personalinformationssystems die Gefahr, dass gegenseitiges Misstrauen, Spannungen oder sogar Konflikte entstehen.[3] Die diesen
Konstellationen zugrundeliegenden Interessen- und Zielkonflikte können in der
Regel nicht gelöst, sondern nur durch Kompromisse und gegenseitiges Verständnis
gemildert werden.[4] Deshalb ist ein offener und sachlicher Dialog und die
Erhöhung der Betroffenen- und Benutzerakzeptanz von grosser Bedeutung. Auf
die Akzeptanz der Arbeitnehmer als Betroffene und der Benutzer wird im folgenden genauer eingegangen.

---

[1] *Unter Betroffenen werden in dieser Arbeit gemäss Datenschutzgesetz alle Personen verstanden,
von denen Daten bearbeitet werden. Vgl. Art. 3b DSG*

[2] *Vgl. Mülder, 1984, S. 14 und S. 145; Domsch, Schneble, 1995, S. 459f.*

[3] *Vgl. Hentze, Heinecke, 1989, S. 62f.*

[4] *Vgl. Seibt, 1990, S. 134*

3.5.1.1 Akzeptanz der Arbeitnehmer

Die Arbeitnehmer empfinden ein Personalinformationssystem oft als eine Überwachung durch den Computer. Insbesondere weil durch den Computer die gespeicherten Daten beinahe beliebig sortiert, ausgewählt und miteinander verknüpft werden können. Dadurch ist es einerseits möglich, durch Verknüpfungen neue Informationen zu erzeugen. Andererseits droht durch die Speicherung und Verarbeitung von Daten ein Kontextverlust, was zu Fehlbeurteilungen und Diskriminierungen führen kann. Ausserdem fürchten sich die Arbeitnehmer davor, dass Entscheidungen bloss aufgrund der gespeicherten Daten, die nur ein unvollständiges Bild der betreffenden Person wiedergeben, gefällt werden.[1]

Die Arbeitnehmer stehen folglich einem Personalinformationssystem nicht selten skeptisch oder sogar ablehnend gegenüber. Um Widerstand gegen das neue Personalinformationssystem zu verhindern, ist es deshalb wichtig, dass auch unter den Arbeitnehmern eine gewisse Akzeptanz angestrebt wird. Dabei ist vor allem die Einstellungsakzeptanz von Bedeutung, da die Arbeitnehmer das Personalinformationssystem in der Regel nicht selbst benutzen (vgl. Kapitel 3.5.1).

Im Rahmen einer offenen und sachlichen Diskussion gilt es, einerseits die legitimen Interessen der Arbeitnehmer an der Wahrung ihrer Intim- und Privatsphäre ernst zu nehmen. Andererseits sind auch die Interessen des Arbeitgebers, die Ziele und der Nutzen des Personalinformationssystems sowie die zu speichernden Daten aufzuzeigen. Dabei ist insbesondere darauf hinzuweisen, dass das System ein Hilfsmittel und Werkzeug für die Personalarbeit darstellt und die Entscheide stets durch die Mitarbeiter des Personalbereichs und nicht durch die „Maschine" gefällt werden. Zudem ist darauf hinzuweisen, dass gerade im Personalbereich, in dem sich Fehlentscheidungen unmittelbar auf jeden einzelnen Mitarbeiter auswirken, zusätzliche Informationen zu verbesserten Entscheidungsgrundlagen führen.[2]

Ausserdem sollten einzelne Vertreter der Arbeitnehmer direkt in die Einführung des Personalinformationssystems involviert werden. Dadurch können die durch die Datenverarbeitung Betroffenen zu Beteiligten gemacht werden. Dies führt zu einem grösseren Verständnis sowie zu mehr Transparenz, was die Ängste abbauen hilft.[3]

In bezug auf die Akzeptanz der Arbeitnehmer kommt den Aspekten Datenschutz und Datensicherheit eine grosse Bedeutung zu. In den Kapiteln 3.5.3 und 3.5.4

---

[1] *Vgl. Bacher, 1990, S. 3ff.; Maier, 1996, S. 91ff.*

[2] *Vgl. Hentze, Heinecke, 1989, S. 62; Domsch, Schneble, 1995, S. 459f.; Bacher, 1990, S. 9; Maier, 1996, S. 218f.*

[3] *Vgl. Seibt, 1990, S. 134*

sind dazu detaillierte Ausführungen enthalten. Ausserdem sind in dem im fünften Teil vorgestellten Verfahren Hinweise auf Massnahmen zur Steigerung der Arbeitnehmer-Akzeptanz enthalten.

3.5.1.2 Akzeptanz der Benutzer

Die Akzeptanz der Benutzer ist für den erfolgreichen Einsatz eines Personalinformationssystems von noch entscheidenderer Bedeutung als die Akzeptanz der Arbeitnehmer. Bei der Benutzerakzeptanz ist sowohl die Einstellungsdimension als auch die Verhaltensdimension von Bedeutung: Die Benutzer sollten nicht nur eine positive Einstellung zum System haben, sondern es auch tatsächlich benutzen und produktiv einsetzen (vgl. Kapitel 3.5.1).

Um eine hohe Benutzerakzeptanz und damit die Effizienz- und Qualitätsziele eines Personalinformationssystems erreichen zu können, ist es beispielsweise bereits ab der ersten Phase einer Einführung wichtig, dass:[1]

* der Einsatz der Technik, die Gestaltung der Organisation und die Entwicklung der Mitarbeiterqualifikationen aufeinander abgestimmt werden.
* die Benutzer frühzeitig und offen über die anstehenden Änderungen informiert werden.
* auf die Benutzer eingegangen wird, ihre Probleme und Ängste offen diskutiert sowie ihre Bedürfnisse und Anforderungen berücksichtigt werden.
* eine aktive und nicht vorgetäuschte Beteiligung der Benutzer stattfindet, damit sie sich schrittweise auf die Neuerungen einstellen und diese somit aktiv mittragen können.
* das System benutzerfreundlich gestaltet wird (vgl. Kapitel 3.3.7.7). Insbesondere für das Management ist eine umfassende und leicht verständliche Benutzerführung wichtig.
* die Benutzer rechtzeitig und umfassend durch Schulungen auf die Neuerungen vorbereitet werden und nach der Inbetriebnahme weiter unterstützt werden.

Diese Massnahmen sind in der Regel zeitaufwendig und ziehen eine Einführung in die Länge. Werden diese Aktivitäten allerdings vernachlässigt, um das Projekt rascher abwickeln zu können, so können nach der Einführung durch Fehler und Widerstände viel grössere Folgekosten entstehen.

In dem im fünften Teil vorgestellten Verfahren sind weitere Hinweise zur Erhöhung der Benutzerakzeptanz enthalten.

---

[1] *Vgl. Müller-Böling, Müller, 1986, S. 115ff.; Helmreich, Allerbeck, 1991, S. 3ff.; Becker et al., 1995, 412ff.; Ulich, 1993, S. 36; Lüthi, 1995, S. 144; Bacher, 1990, S. 69ff.*

3.5.2 Rechtliche Bestimmungen

Die Aufgaben im Personalbereich und damit auch die Personalinformationssysteme werden durch verschiedene rechtliche Bestimmungen (z. B. Arbeits-, Sozialversicherungs-, Steuerrecht, Gesamtarbeitsverträge) beeinflusst sowie geprägt. Da diese Bestimmungen von Staat zu Staat variieren können, ist bei einer Einführung eines Personalinformationssystems sicherzustellen, dass dieses System die jeweiligen landesspezifischen rechtlichen Bestimmungen erfüllt. In der Schweiz müssen beispielsweise die geforderten Sozialabgabe-Berechnungen durchgeführt werden können.

Eine detaillierte Behandlung der für die Personalarbeit relevanten rechtlichen Bestimmungen würde den Rahmen dieser Arbeit sprengen. Den Bestimmungen des Datenschutzes und der Datensicherheit kommt allerdings insbesondere in bezug auf die Einführung und den Einsatz von Personalinformationssystemen eine grosse Bedeutung zu. Deshalb werden im folgenden die zentralen Aspekte dieser Bereiche aufgezeigt.

3.5.3 Datenschutz

Unter Datenschutz können alle Vorkehrungen zum Schutz von Personen vor unerwünschten Formen und Folgen der Datenverarbeitung verstanden werden. Diese
unerwünschten Formen und Folgen können beispielsweise verhindert werden,
indem man die Daten gegen unerlaubtes Lesen, Weitergeben oder Verändern
schützt.[1]

3.5.3.1 Ausgangslage

Jede Person hat einerseits aufgrund der Art. 27ff. ZGB das Recht auf den Schutz
ihrer Persönlichkeit. Im Rahmen des Datenschutzes steht dabei der Schutz der
Privatsphäre und insbesondere das Recht auf ein Privatleben im Vordergrund.
Andererseits hat jede Person auch ein Recht auf eine informationelle Selbstbestimmung. Das heisst, dass jede Person, sofern die Rechtsordnung nichts anderes
vorsieht, selbst über die Preisgabe und Verwendung ihrer persönlichen Daten
bestimmen kann. Dieses Recht beruht auf dem ungeschriebenen Verfassungsrecht
der persönlichen Freiheit.[2]

Den individuellen Interessen jeder Person stehen allerdings die Interessen der Gesellschaft bzw. deren Institutionen (z. B. öffentliche Verwaltungen, Unternehmen)
gegenüber. Unternehmen müssen beispielsweise Daten über ihre Mitarbeiter bearbeiten[3], um:[4]

- Grundlagen für personelle Entscheide (z. B. Einstellung, Beförderung) zu
  haben
- Grundlagen für die Lohnfestsetzung zu haben
- bestimmte Massnahmen (z. B. Entlassung) begründen zu können
- Zeugnisse erstellen und Referenzauskünfte geben zu können
- die gesetzlichen Pflichten (z. B. Sozialversicherungs-, Steuerrecht) erfüllen
  zu können.

Aufgrund der raschen Fortschritte bei den Computer- und Kommunikations-
technologien haben das Ausmass und die Möglichkeiten bei der Bearbeitung von

---

[1] *Vgl. Schneider, 1997, S. 205ff.; Schreiber, 1994, S. 62f.; Zehnder, 1993, S. 15*

[2] *Vgl. Schürer, 1996, S. 19; Buntschu, 1995, S. 20ff.*

[3] *Im Rahmen des Datenschutzgesetzes wird unter bearbeiten jeder Umgang mit Personendaten,
unabhängig von den angewandten Mitteln und Verfahren, verstanden. Insbesondere ist damit das
Beschaffen, Aufbewahren, Verwenden, Umarbeiten, Bekanntgeben, Archivieren oder Vernichten
dieser Daten gemeint. Vgl. Art. 3e DSG*

[4] *Vgl. Schürer, 1996, S. 20*

Personendaten[1] stark zugenommen. Datensammlungen[2] können zum Beispiel beinahe beliebig ausgewertet, verknüpft und an Dritte übermittelt werden. Dadurch ist es unter anderem möglich, Personen und insbesondere deren Verhalten detailliert zu überwachen. Dies führt einerseits dazu, dass das Risiko, von Persönlichkeitsverletzungen betroffen zu werden, und damit das Bedürfnis nach Schutz vor solchen Verletzungen ständig steigt. Andererseits ist ein einzelner oft nicht mehr in der Lage, abzuschätzen, wo welche Daten über ihn bearbeitet werden. Die Gefahr, dass er die Herrschaft und Kontrolle über seine Daten und damit einen Teil seiner Selbständigkeit verliert, wird folglich immer grösser.[3]

3.5.3.2 Das Bundesgesetz über den Datenschutz

Mit dem Datenschutzgesetz, das am 1. 7. 1993 in Kraft trat, versuchte der Gesetzgeber der technischen Entwicklung und dem Bedürfnis nach erhöhtem Schutz Rechnung zu tragen. Das Gesetz bezweckt gemäss Art. 1 DSG den Schutz der Persönlichkeit sowie der Grundrechte von Personen, über die Daten bearbeitet werden. Entgegen dem Namen des Gesetzes geht es daher nicht primär um den Schutz von Daten, sondern um den Schutz der Privatsphäre und der Selbständigkeit aller natürlichen und juristischen Personen, deren Daten bearbeitet werden.[4]

Indem das Datenschutzgesetz auf den Prinzipien der Art. 27ff. ZGB (Persönlichkeitsschutz) aufbaut und diese in bezug auf die Bearbeitung von Personendaten konkretisiert, trägt es insbesondere zu einem effizienteren Schutz der Persönlichkeit bei.[5] Dies wird unter anderem dadurch erreicht, dass die betroffenen Personen[6]:[7]

- durch ein Register (vgl. Art. 11 DSG) Datensammlungen auffinden können, welche Daten über sie enthalten könnten. In diesem Register sind alle

---

[1] *Im Rahmen des Datenschutzgesetzes werden unter Personendaten alle Angaben, die sich auf eine bestimmte oder bestimmbare Person beziehen, verstanden. Vgl. Art. 3a DSG*

[2] *Im Rahmen des Datenschutzgesetzes wird unter einer Datensammlung jeder Bestand von Personendaten, der so aufgebaut ist, dass die Daten nach betroffenen Personen erschliessbar sind, verstanden (vgl. Art. 3g DSG). Das manuell oder elektronisch geführte Personaldossier stellt beispielsweise eine solche Datensammlung dar.*

[3] *Vgl. Schürer, 1996, S.19; Buntschu, 1995, S. 21*

[4] *Vgl. Buntschu, 1995, S. 22; Schürer, 1996, S. 18; Schneider, 1997, S. 205f.; Guntern, 1994b, S. 4*

[5] *Vgl. Buntschu, 1995, S. 31*

[6] *Im Rahmen des Datenschutzgesetzes werden unter betroffenen Personen alle natürlichen oder juristischen Personen, von denen Daten bearbeitet werden, verstanden. Vgl. Art. 3b DSG*

[7] *Vgl. Zehnder, 1993, S. 16*

öffentlichen und die besonders heiklen privaten Datensammlungen einzu-
tragen (vgl. Kapitel 3.5.3.3.5).

- durch das Auskunftsrecht (vgl. Art. 9 DSG) grundsätzlich schriftlich,
  kostenlos und ohne Vorbehalt alle sie betreffenden Daten aus einer konkreten
  Datensammlung herausbekommen können (vgl. Kapitel 3.5.3.3.4).

- unter anderem die Berichtigung, die Vernichtung oder die Sperrung ihrer
  Personendaten als vorsorgliche Massnahme verlangen können (vgl. Art. 5 und
  15 DSG).

Das Datenschutzgesetz strebt allerdings auch einen möglichst freien und fairen
Informationsfluss an, indem es das Recht jeder Person auf Herrschaft über ihre
Daten mit den öffentlichen und privaten Interessen an deren Bearbeitung in
Einklang zu bringen versucht. Dies geschieht durch das Aufstellen bestimmter
Verhaltensregeln (vgl. nächstes Kapitel).[1]

Das Datenschutzgesetz enthält neben allgemeinen Datenschutzbestimmungen auch
spezifische Vorschriften für die Bearbeitung von Personendaten durch private
Personen (natürliche und juristische) sowie durch Bundesorgane.[2] Die Bestimmungen im privatrechtlichen Teil sind dabei weniger streng formuliert. Ausserdem sind alle Vorschriften des Datenschutzgesetzes technikneutral ausgestaltet. Es
spielt demnach keine Rolle, ob Personendaten manuell oder mit Hilfe von
Computersystemen bearbeitet werden. Video-, Telefonüberwachungen, Türkon-
trollen usw. werden durch das Gesetz ebenfalls erfasst.[3]

---

[1] *Vgl. Buntschu, 1995, S. 22*

[2] *Da die Verfassungsgrundlage fehlt, enthält das Bundesgesetz über den Datenschutz keine
Bestimmungen in bezug auf Kantone und Gemeinden. Zur Schliessung dieser Lücke haben
deshalb mittlerweile verschiedene Kantone eigene kantonale Datenschutzgesetze erlassen. Vgl.
Zehnder, 1993, S. 18*

[3] *Vgl. Schürer, 1996, S. 29*

3.5.3.3 Datenschutz im privaten Arbeitsverhältnis

Da Personalinformationssysteme primär durch Arbeitgeber eingesetzt werden, erläutern die folgenden Ausführungen die wichtigsten Datenschutzbestimmungen, die im Rahmen eines privaten Arbeitsverhältnisses von Bedeutung sind.[1]

Im Bereich der Arbeitsverhältnisse kommt dem Datenschutz eine sehr grosse Bedeutung zu, da einerseits die Arbeitgeber viele Personendaten über ihre Mitarbeiter bearbeiten müssen (vgl. Kapitel 3.5.3.1) und andererseits die Arbeitnehmer rechtlich und wirtschaftlich vom Arbeitgeber abhängig sind. Insbesondere kann die berufliche Laufbahn und die wirtschaftliche Existenz der Arbeitnehmer stark durch die Bearbeitung ihrer Daten beeinflusst werden.[2]

Die Bestimmungen des Datenschutzes beschränken die Bearbeitung von Personendaten durch die Arbeitgeber, verursachen ihnen Mehraufwand und sichern den Arbeitnehmern ein Auskunftsrecht zu. Es ist daher nicht erstaunlich, wenn die Arbeitgeber dem Datenschutz teilweise skeptisch gegenüberstehen. Für diese Arbeitgeber ist es allerdings wichtig, zu erkennen, dass die Bestimmungen des Datenschutzes für den Arbeitnehmer Transparenz schaffen sollen und dadurch eine wichtige Grundlage für eine kooperative und vertrauensvolle Zusammenarbeit darstellen. Ausserdem können die Auskunfts- und Berichtigungsrechte der Mitarbeiter als Mittel zur Erhöhung der Qualität der gespeicherten Personendaten genutzt werden (z. B. durch eine jährliche Zustellung und Bereinigung der gespeicherten Daten).[3]

3.5.3.3.1 Rechtsgrundlagen

In bezug auf den Datenschutz im privaten Arbeitsverhältnis sind die folgenden Rechtsgrundlagen von Bedeutung:[4]

- Art. 328 OR über den Schutz der Persönlichkeit des Arbeitnehmers im allgemeinen[5]

---

[1] *Da einzelne dieser Punkte auch für die Dienstverhältnisse auf Bundes-, Kantons- und Gemeindeebene Gültigkeit haben, im übrigen aber in bezug auf diese Dienstverhältnisse teilweise sehr unterschiedliche Rechtsgrundlagen bestehen (z. B. kantonale Datenschutzgesetze), erfolgt eine Beschränkung auf private Arbeitsverhältnisse. In bezug auf die übrigen Arbeitsverhältnisse muss auf die weiterführende Literatur verwiesen werden. Vgl. Schürer, 1996; Maurer, Vogt, 1995*

[2] *Vgl. Schürer, 1996, S. 18ff.*

[3] *Vgl. Schwaibold, 1995, S. 460f.; Schürer, 1996, S. 20; Zehnder, 1993, S. 17*

[4] *Vgl. Schürer, 1996, S. 25*

[5] *Gemäss Art. 328 OR hat der Arbeitgeber die Persönlichkeit des Arbeitnehmers zu achten und zu schützen, auf dessen Gesundheit gebührend Rücksicht zu nehmen und für die Wahrung der*

- Art. 328b OR über den Schutz der Persönlichkeit des Arbeitnehmers bei der Bearbeitung von Personendaten (seit 1. 7. 93 in Kraft)
- Bundesgesetz über den Datenschutz und die entsprechende Verordnung (beide seit 1. 7. 93 in Kraft)
- Art. 27ff. ZGB über die allgemeinen Bestimmungen des Persönlichkeits-schutzes
- Art. 179 novies StGB über das unbefugte Beschaffen von Personendaten (seit 1. 7. 93 in Kraft).

3.5.3.3.2 Arbeitsrechtlicher Grundsatz für die Bearbeitung von Personendaten

Infolge der erwähnten grossen Bedeutung des Datenschutzes im Bereich der Arbeitsverhältnisse wurde im Arbeitsrecht der neue Art. 328b OR eingefügt. Er lautet: „Der Arbeitgeber darf Daten über den Arbeitnehmer nur bearbeiten, soweit sie dessen Eignung für das Arbeitsverhältnis betreffen oder zur Durch-führung des Arbeitsvertrages erforderlich sind. Im übrigen gelten die Bestim-mungen des Bundesgesetzes vom 19. Juni 1992 über den Datenschutz." Mit Daten, welche die Eignung für das Arbeitsverhältnis betreffen, sind die persönlichen und beruflichen Qualifikationen des Arbeitnehmers, die er vernünftigerweise zur Erledigung seiner Arbeit benötigt, gemeint. Unter Daten, welche zur Durch-führung des Arbeitsvertrages erforderlich sind, werden organisatorische und abrechnungsrelevante Angaben verstanden.[1]

Dieser Artikel erweitert die arbeitsrechtlichen Bestimmungen zum Persönlich-keitsschutz des Arbeitnehmers und unterstreicht die enge Verbindung zwischen Persönlichkeitsschutz und Datenschutz. Die Einschränkung, dass der Arbeitgeber nur arbeitsplatzbezogene Personendaten bearbeiten darf, soll einerseits eine voll-ständige Durchleuchtung der Arbeitnehmer verhindern und andererseits dem Arbeitgeber auch ermöglichen, die für ihn notwendigen Daten zu bearbeiten.[2]

Der erwähnte Art. 328b OR geht dem Datenschutzgesetz vor, wird aber durch dieses ergänzt. Gemäss Art. 362 OR darf der Art. 328b OR nicht zuungunsten des Arbeitnehmers, auch nicht mit dessen Einwilligung, abgeändert werden. Die Bearbeitung von Personendaten ohne Arbeitsplatzbezug ist daher in jedem Fall

---

Sittlichkeit zu sorgen. Aufgrund der daraus abgeleiteten Fürsorgepflicht hat der Arbeitgeber den Arbeitnehmer beispielsweise über seine Rechte zu informieren. So auch über die dem Arbeit-nehmer zustehenden Rechte aus dem Datenschutzgesetz (z. B. Auskunftsrecht). Vgl. Guntern, 1994a, S. 5f.

[1] *Vgl. Schwaibold, 1995, S. 462*

[2] *Vgl. Schwaibold, 1995, S. 461f.; Schürer, 1996, S. 36 und S. 43*

rechtswidrig und kann unter Umständen Schadenersatz- oder Genugtuungs-ansprüche begründen.[1]

3.5.3.3.3 Datenschutzrechtliche Grundsätze für die Bearbeitung von Personendaten durch private Personen

Überblicksartig werden im folgenden die datenschutzrechtlichen Grundsätze für die Bearbeitung von Personendaten durch private Personen (natürliche und juristische) aufgeführt:[2]

- *Die Personendaten müssen rechtmässig beschafft worden sein* (Art. 4 Abs. 1 DSG). Die Daten dürfen beispielsweise nicht durch eine absichtliche Täuschung oder durch die Anwendung von Gewalt oder Drohungen beschafft werden.
- *Die Bearbeitung muss nach Treu und Glauben erfolgen* (Art. 4 Abs. 2 DSG). Zum Beispiel darf man sich Daten nicht durch das Belauschen von Gesprächen heimlich beschaffen.
- *Die Bearbeitung muss verhältnismässig sein* (Art. 4 Abs. 2 DSG). Die Datenbearbeitung muss auf diejenigen Daten beschränkt werden, die für das Erreichen eines Ziels absolut notwendig sind. Für private Arbeitgeber wird diese Bestimmung durch Art. 328b OR (vgl. vorangehender Abschnitt) konkretisiert: Nur arbeitsplatzbezogene Personendaten können als verhältnis-mässig angesehen werden.[3]
- *Die Personendaten dürfen nur zu dem Zweck bearbeitet werden, der bei der Beschaffung angegeben wurde, der aus den Umständen ersichtlich oder gesetzlich vorgesehen ist* (Art. 4 Abs. 3 DSG). Dies gilt auch für Dritte, welche die Daten allenfalls erhalten.
- *Der Bearbeiter von Personendaten hat sich über deren Richtigkeit zu vergewissern* (Art. 5 DSG). Auch nach der Datenbeschaffung ist je nach Zweck der Datenbearbeitung und der Art der Daten in periodischen Abständen die Richtigkeit zu überprüfen. Die betroffene Person kann ver-langen, dass unrichtige Daten berichtigt werden.
- *Die Personendaten dürfen nur dann ins Ausland weitergegeben werden, wenn die Persönlichkeit der betroffenen Person nicht schwerwiegend gefährdet*

---

[1] *Vgl. Guntern, 1994a, S. 6; Schürer, 1996, S. 36; Schwaibold, 1995, S. 463*

[2] *Vgl. Schürer, 1996, S. 30; Steinauer, 1993, S. 45ff.*

[3] *Unverhältnismässig und daher unzulässig wäre beispielsweise bei der Einstellung einer Hilfskraft die Einholung eines graphologischen Gutachtens oder die Durchführung von psychologischen Tests. Vgl. Schürer, 1996, S. 39*

wird (Art. 6 DSG). Dies ist namentlich dann der Fall, wenn ein Datenschutz vorhanden ist, der dem schweizerischen gleichwertig ist. Ausserdem ist die Weitergabe von Personendaten ins Ausland unter Umständen meldepflichtig.

- *Die Personendaten müssen durch angemessene technische und organisatorische Massnahmen gegen unbefugtes Bearbeiten gesichert sein* (Art. 7 DSG) (vgl. Kapitel 3.5.3.3.6).
- *Die Daten einer Person dürfen nicht gegen deren ausdrücklichen Willen bearbeitet werden* (Art. 12 Abs. 2 DSG). Dadurch wird das informationelle Selbstbestimmungsrecht unterstrichen.
- *Besonders schützenswerte Personendaten[1] und Persönlichkeitsprofile[2] dürfen Dritten nicht bekanntgegeben werden* (Art. 12 Abs. 2 DSG). Der Datenaustausch innerhalb einer Unternehmensgruppe oder mit einer Filiale stellt eine Bekanntgabe von Daten an Dritte dar. In diesen Fällen ist die Einwilligung des Betroffenen notwendig (vgl. weiter unten).[3]

Falls diese Bearbeitungsgrundsätze nicht eingehalten werden, wird die Persönlichkeit der betroffenen Person verletzt. Da im Datenschutzgesetz die möglichen Persönlichkeitsverletzungen nicht abschliessend aufgelistet werden, kann jedoch selbst bei Einhaltung der aufgeführten Bearbeitungsgrundsätze eine solche Verletzung nicht mit absoluter Sicherheit ausgeschlossen werden. Aufgrund des Art. 12 Abs. 3 DSG liegt in der Regel keine Persönlichkeitsverletzung vor, wenn die betroffene Person die Daten allgemein zugänglich gemacht (z. B. durch die Bekanntgabe in öffentlichen Veranstaltungen, in den Medien, in öffentlichen Registern oder Adressbüchern) und die Bearbeitung nicht ausdrücklich untersagt hat.[4]

---

[1] *Im Rahmen des Datenschutzgesetzes werden unter besonders schützenswerten Personendaten Daten über:*
- *die religiösen, weltanschaulichen, politischen oder gewerkschaftlichen Ansichten oder Tätigkeiten*
- *die Gesundheit, die Intimsphäre oder die Rassenzugehörigkeit*
- *Massnahmen der sozialen Hilfe*
- *administrative oder strafrechtliche Verfolgungen und Sanktionen verstanden. Vgl. Art. 3c DSG*

[2] *Im Rahmen des Datenschutzgesetzes wird unter einem Persönlichkeitsprofil eine Zusammenstellung von Daten, die eine Beurteilung wesentlicher Aspekte der Persönlichkeit einer natürlichen Person erlaubt, verstanden. Vgl. Art. 3d DSG*

[3] *Vgl. Guntern, 1994a, S. 5 und S. 16*

[4] *Vgl. Steinauer, 1993, S. 44ff.*

Ob die Bearbeitung von Personendaten rechtlich zulässig oder unzulässig ist, hängt in Anlehnung an Art. 28 ZGB nicht von der Persönlichkeitsverletzung als solcher sondern von deren Widerrechtlichkeit ab.[1] Erst einer widerrechtlichen Persönlichkeitsverletzung kommt eine rechtliche Konsequenz zu. Gemäss Art. 13 Abs. 1 DSG ist eine Persönlichkeitsverletzung widerrechtlich, wenn sie nicht durch einen der folgenden Gründe gerechtfertigt werden kann:

- *durch eine Einwilligung des Verletzten* (Die Einwilligung muss freiwillig und ohne Zwang, kann aber auch stillschweigend erfolgen.[2])
- *durch ein überwiegendes privates oder öffentliches Interesse*
- *durch ein Gesetz.*

Ein überwiegendes Interesse der bearbeitenden Person ist gemäss Art. 13 Abs. 2 DSG beispielsweise in Betracht zu ziehen, wenn diese Person in unmittelbarem Zusammenhang mit dem Abschluss oder der Abwicklung eines Vertrags Personendaten über ihren Vertragspartner bearbeitet. Vor, während und nach einem Arbeitsverhältnis können daher einzelne Persönlichkeitsverletzungen durch das überwiegende Interesse des Arbeitgebers gerechtfertigt werden. Zum Beispiel ist dieser Rechtfertigungsgrund für das Einholen von Referenzen im Vorfeld eines Vertragsabschlusses möglich.[3]

Wer widerrechtlich in seiner Persönlichkeit verletzt wird, kann aufgrund von Art. 15 DSG und in Anlehnung an die Art. 27ff. ZGB allenfalls mit einer Klage die Berichtigung, die Vernichtung der Personendaten oder die Sperrung der Bekanntgabe an Dritte verlangen. Unter Umständen kann er zudem Schadenersatz- oder Genugtuungsansprüche geltend machen.

3.5.3.3.4 Auskunftsrecht

Gemäss Art. 8 DSG kann jede Person vom Inhaber einer Datensammlung Auskunft darüber verlangen, ob Daten über sie bearbeitet werden. Der Inhaber der Datensammlung muss ihr daraufhin innerhalb von 30 Tagen alle über sie vorhandenen Daten, den Zweck und allenfalls die Rechtsgrundlage des Bearbeitens, die Kategorien der bearbeiteten Personendaten sowie die Namen der an der Sammlung beteiligten Personen und der Datenempfänger bekanntgeben.

---

[1] *Vgl. Hünig, 1995, S. 189*

[2] *Vgl. Hünig, 1995, S. 196*

[3] *Vgl. Hünig, 1995, S. 197ff.; Schürer, 1996, S. 35*

Die Erstellung von graphologischen Gutachten und die Durchführung von psychologischen Tests stellen demgegenüber eine so schwere Persönlichkeitsverletzung dar, dass sie nur durch eine Einwilligung des Betroffenen „juristisch geheilt" werden können. Vgl. Schürer, 1996, S. 54

Diese Auskunft muss in der Regel schriftlich, kostenlos und vollständig gewährt werden. Im gegenseitigen Einverständnis kann die schriftliche Auskunft durch eine mündliche oder beispielsweise durch eine Einsichtnahme ins Personaldossier ersetzt werden. Bei Bedarf kann das Auskunftsrecht durch eine gerichtliche Klage erwirkt werden.

3.5.3.3.5 Registrierung von Datensammlungen privater Personen

Aufgrund des Art. 11 DSG müssen private Personen ihre Datensammlungen dem eidgenössischen Datenschutzbeauftragten nur anmelden, wenn regelmässig besonders schützenswerte Personendaten oder Persönlichkeitsprofile bearbeitet oder Personendaten an Dritte bekanntgegeben werden. Diese Anmeldepflicht entfällt, wenn für das Bearbeiten eine gesetzliche Pflicht besteht oder die betroffenen Personen von der Bearbeitung Kenntnis (z. B. durch ein Rundschreiben oder eine Mitteilung am Anschlagbrett) haben.

3.5.3.3.6 Massnahmen gegen unbefugtes Bearbeiten

Personendaten von Arbeitnehmern dürfen auch innerbetrieblich nur durch diejenigen Stellen bearbeitet werden, die daran ein berechtigtes, arbeitsplatzbezogenes Interesse haben. Insbesondere bei einer dezentralen Organisation im Personalbereich müssen unter Umständen verschiedene Stellen im Unternehmen Zugang zu den Personaldaten haben (z. B. Personalabteilung, Lohnbüro, Linienvorgesetzte). Im Zusammenhang mit Personalinformationssystemen kommt daher den Massnahmen gegen unbefugtes Bearbeiten eine grosse Bedeutung zu.[1]

Im Interesse der Betroffenen und aufgrund des Art. 7 DSG sind die Personendaten durch angemessene Massnahmen gegen unbefugtes Bearbeiten zu schützen. Dabei spielt es keine Rolle, ob die Personendaten manuell oder elektronisch bearbeitet werden. Die zu treffenden Massnahmen können technischer, organisatorischer oder auch baulicher Art sein. Es ist folglich ein umfassendes Schutz- und Sicherheitskonzept notwendig.[2]

Die Massnahmen sollten angemessen, d. h. in bezug auf die konkrete Situation verhältnismässig sein. Dabei sind insbesondere der Zweck, die Art und der Umfang der Datenbearbeitung, die Einschätzung der möglichen Risiken für die betroffenen Personen, der gegenwärtige Stand der Technik sowie teilweise auch

---

[1] *Vgl. Schürer, 1996, S. 65 und S. 73*

[2] *Vgl. Schreiber, 1994, S. 62f.; Hansen, 1996, S. 444ff.; Pauli, 1995, S. 119ff.*

die Kosten und die finanziellen Möglichkeiten des Bearbeiters zu berücksichtigen. Die Massnahmen müssen zudem periodisch überprüft werden.[1]

Bei der Bearbeitung von besonders schützenswerten Personaldaten und Persönlichkeitsprofilen werden relativ hohe Anforderungen an den Schutz vor unbefugtem Bearbeiten gestellt. Bei der Erarbeitung entsprechender Massnahmen ist insbesondere der aktuelle Stand der Technik zu berücksichtigen. Aufgrund der raschen technischen Entwicklung verzichten allerdings sowohl das Datenschutzgesetz als auch die entsprechende Vollzugsverordnung auf konkrete Vorgaben.[2]

Beispielsweise sind bei der elektronischen Bearbeitung von Personendaten folgende Massnahmen zum Schutz vor unbefugtem Bearbeiten in Betracht zu ziehen:[3]

- Beschränkung der Zugriffsberechtigungen auf diejenigen Daten und Funktionen, die für die Aufgabenerfüllung notwendig sind
- Benutzeridentifikation durch ein Passwort, das zwangsweise periodisch gewechselt werden muss, oder durch biometrische Identifikation
- Zutrittsbeschränkungen bzw. -kontrollen zu den Räumlichkeiten, in denen die Personendaten gespeichert und verarbeitet werden
- Verschlüsselung der Personendaten bei der Speicherung und Übertragung
- Aufzeichnung sämtlicher Manipulationen an der Datenbank, um bei allfälligen Unstimmigkeiten Kontrollmöglichkeiten und bei Datenverlusten Rekonstruktionsmöglichkeiten zu haben.

Wichtig ist allerdings, dass die so geschützten Daten auch ausserhalb des EDV-Systems geschützt werden (z. B. beim Transport bzw. Versand von Auswertungen und beim Empfänger). Zudem nützt beispielsweise das ausgeklügeltste Zugriffberechtigungs- und Benutzeridentifikations-System nichts, wenn die Passwörter offen herumliegen oder sogar am Bildschirm kleben.

Abschliessend soll nochmals hervorgehoben werden, dass vor allem bei der EDV-Speicherung die Beschränkung auf die absolut notwendigsten Daten die beste Datenschutzmassnahme darstellt. Dem Datenschutz sollte daher bereits bei der Auswahl der abzuspeichernden Daten Beachtung geschenkt werden. Einerseits wird dadurch der Aufwand für die notwendige Aktualisierung beschränkt. Andererseits wird auch das Potential an Persönlichkeitsverletzungen stark reduziert und dadurch eine gute Basis für eine vertrauensvolle und kooperative Zusammenarbeit gelegt.

---

[1] Vgl. Art. 8 Vollzugsverordnung zum DSG; Pauli, 1995, S. 120

[2] Vgl. Guntern, 1994b, S. 27ff.; Pauli, 1995, S. 122

[3] Vgl. Tanner, 1991, S. 34f.; Guntern, 1994b, S. 9ff.

3.5.4 Datensicherheit

Die Datensicherheit umfasst sämtliche Massnahmen zum Schutz der Daten und Programme sowie zur Sicherstellung der Funktionsfähigkeit der elektronischen Datenverarbeitung. Im Gegensatz zum Datenschutz geht es bei der Datensicherheit nicht um den Schutz des Betroffenen, sondern um den Schutz des Anwenders bzw. seiner Datenverarbeitungstätigkeit. Zudem betrifft die Datensicherheit nicht jede Datenverarbeitung, sondern vorwiegend die elektronische.[1]

Insbesondere geht es im Rahmen der Datensicherheit darum, die mühsam erfassten Daten, die Programme und die Infrastruktur (z. B. Hardware) vor Verlust, Verfälschungen oder Störungen durch menschliche oder technische Fehler, unberechtigte Eingriffe, böswillige Zerstörungen oder Katastrophen zu schützen. Dadurch sollen die Funktionsfähigkeit der elektronischen Datenverarbeitung und der korrekte Ablauf der EDV-Prozesse jederzeit ermöglicht werden.[2]

Dies kann beispielsweise durch den Schutz vor unbefugtem Bearbeiten geschehen. Den Massnahmen in diesem Zusammenhang, auf die bereits im vorangehenden Kapitel eingegangen wurde, kommt sowohl in bezug auf den Datenschutz als auch auf die Datensicherheit eine grosse Bedeutung zu.[3] Ausserdem sollte die Datensicherheit zum Beispiel durch Eingabeprüfungen, Fehlerprotokolle, periodisches Erstellen von Sicherheitskopien, Rekonstruktionsprogramme und bauliche sowie organisatorische Massnahmen gewährleistet werden.[4] Durch die erwähnten Sicherheitsmassnahmen kann entweder die Wahrscheinlichkeit von Zwischenfällen reduziert oder ein allfälliger Schaden begrenzt werden.

---

[1] *Vgl. Schneider, 1997, S. 208f.; Schreiber, 1994, S. 62f.; Zehnder, 1993, S. 15; Hansen, 1996, S. 444ff.*

[2] *Vgl. Schneider, 1997, S. 208f.; Schreiber, 1994, S. 63; Scholz, 1994, S. 699*

[3] *Vgl. Schneider, 1997, S. 208f.; Scholz, 1994, S. 699*

[4] *Vgl. Schreiber, 1994, S. 63; Hoffmann, 1984, S. 122ff.*

3.5.5 Kosten-Nutzen-Verhältnis

Bei der Beurteilung des Kosten-Nutzen-Verhältnisses muss beachtet werden, dass die Kosten und der Nutzen eines Softwarepakets von der konkreten Anwendungssituation abhängig sind. Um das Verhältnis beurteilen zu können, müssen einerseits sämtliche Kosten, die über mehrere Jahre verteilt sein können, miteinbezogen werden. Neben dem Kaufpreis sind insbesondere auch alle anderen einmaligen Investitionskosten sowie die oft erheblichen laufenden Betriebskosten zu berücksichtigen (vgl. Kapitel 3.3.5).[1] Andererseits müssen auch möglichst alle Nutzenkategorien berücksichtigt werden. Um einen direkten Vergleich zwischen Kosten und Nutzen zu ermöglichen, muss der Nutzen ausserdem monetär bewertet werden. Die grössten Anstrengungen verlangt dabei oft die Bewertung des nur subjektiv feststellbaren qualitativen Nutzens (vgl. Kapitel 3.3.4).[2]

Da die subjektiv feststellbaren qualitativen Nutzenelemente einen erheblichen Teil des Gesamtnutzens eines Personalinformationssystems ausmachen, ist bei diesen Systemen die Beurteilung des Kosten-Nutzen-Verhältnisses sehr schwierig oder zumindest sehr stark von subjektiven Urteilen abhängig. Trotzdem sollte ständig darauf geachtet werden, dass durch den Einsatz eines Personalinformationssystems die Kostenentwicklung gegenüber der Nutzenzunahme und der Produktivitätssteigerung nicht aus dem „Ruder" läuft (vgl. Kapitel 3.3.5). Ein ausgewogenes Kosten-Nutzen-Verhältnis stellt eine betriebswirtschaftliche Restriktion für den Einsatz eines Personalinformationssystems dar.[3]

Das Kosten-Nutzen-Verhältnis eines Personalinformationssystems wird oft durch die Tatsache verschlechtert, dass die Möglichkeiten der Informatik zu nicht zwingend notwendigen Tätigkeiten verleiten. Vor allem sollte darauf geachtet werden, dass nur wirklich notwendige Personal- und Arbeitsplatzdaten im System gespeichert werden. Dies entspricht einerseits den Anforderungen des Datenschutzgesetzes (vgl. Kapitel 3.5.3). Andererseits sind die gespeicherten Informationen für Auswertungen nur brauchbar, wenn sie dem aktuellen Zustand entsprechen und bei allen Mitarbeitern bzw. Arbeitsplätzen vorhanden sind. Um dies zu gewährleisten, ist aber oft ein erheblicher und zu Beginn unterschätzter Pflege- und Aktualisierungsaufwand erforderlich.

---

[1] *Vgl. Vatteroth, 1991, S. 11ff.*

[2] *Vgl. Schweiz. Vereinigung für Datenverarbeitung, 1985, S. 40*
   Auf verschiedene Methoden zur Erstellung eines Kosten-Nutzen-Verhältnisses wird beispielsweise bei Becker et al., 1995, S. 354ff.; Schreiber, 1994, 122ff.; Haberfellner et al., 1994, S. 196ff.; Böhm, Wenger, 1996, S. 225ff. eingegangen.

[3] *Vgl. Hentze, Heinecke, 1989, S. 62*

4. Personalinformationssysteme in Schweizer Grossunternehmen

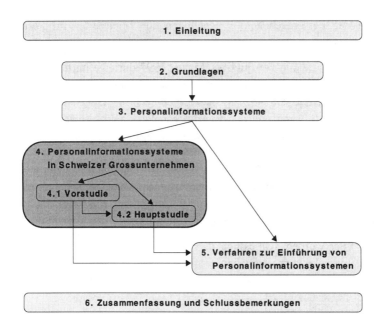

Abbildung 4.1: Positionierung des vierten Teils

Auf der Basis der beiden vorangehenden Teile wird im vierten Teil anhand empirischer Untersuchungen aufgezeigt, wie Personalinformationssysteme in Schweizer Grossunternehmen eingeführt und eingesetzt werden. Diese Ausführungen dienen unter anderem als Grundlage für das im fünften Teil zu entwickelnde Verfahren zur Einführung solcher Systeme. (Vgl. Abbildung 4.1)

Im *ersten Kapitel* wird auf die Vorstudie eingegangen. Sie fand während der Monate August und September 1996 in acht Unternehmen, welche im Verlaufe der vorangegangenen Jahre ein Personalinformationssystem eingeführt hatten, statt. Im Rahmen dieser Studie wurden durch Interviews und schriftliche Befragungen detaillierte Informationen über die Einführung und den Einsatz von Personalinformationssystemen erhoben. Dabei interessierte unter anderem, wie die Unternehmen die eingesetzten Systeme beurteilen, welche Ziele sie mit deren Einsatz verfolgen und welche Aufgaben sie mit diesen Systemen unterstützen.

Im Rahmen der halbstrukturierten Interviews wurde mittels offener Fragen vor allem ausführlich auf die Einführung neuer Personalinformationssysteme eingegangen. Dabei wurden die Interviewpartner unter anderem über das gewählte Vorgehen sowie die gemachten Erfahrungen befragt und dadurch Grundlagen für das zu entwickelnde Verfahren geschaffen. Durch die Abgabe von Fragebogen zuhanden einzelner Mitarbeiter im Personalbereich wurde es zudem möglich, die Beurteilungen der Personalchefs mit denjenigen der Mitarbeiter im Personalbereich zu vergleichen.

Im *zweiten Kapitel* wird die von Juni bis August 1997 durchgeführte Hauptstudie vorgestellt. Im Rahmen dieser Studie wurden auf der Grundlage der Vorstudie die Personalverantwortlichen von 452 Grossunternehmen der Deutsch- und Westschweiz über die Einführung und den Einsatz von Personalinformationssystemen schriftlich befragt. Die umfassenden Ergebnisse zeigen insbesondere auf, wie diese Unternehmen die eingesetzten Systeme beurteilen, welche Ziele sie mit deren Einsatz verfolgen, welche Aufgaben sie mit diesen Systemen unterstützen und was bei der Einführung von Personalinformationssystemen besonders beachtet werden sollte. Vor allem durch den zuletzt genannten Punkt sollen Grundlagen für das zu entwickelnde Verfahren geschaffen werden.

Im *dritten Kapitel* werden schliesslich die Ergebnisse der Vorstudie mit denjenigen der Hauptstudie kurz verglichen.

4.1 Vorstudie

4.1.1 Ziele der Vorstudie

Durch die Vorstudie sollen detaillierte Hinweise über den Einsatz und insbesondere über die Einführung von Personalinformationssystemen in einzelnen Deutschschweizer Grossunternehmen, welche im Verlaufe der vorangegangenen Jahre ein Personalinformationssystem eingeführt haben, erhoben werden. Dabei interessiert unter anderem, wie diese Unternehmen die eingesetzten Systeme beurteilen, welche Ziele sie mit deren Einsatz verfolgen und welche Aufgaben sie mit diesen Systemen unterstützen.

Durch halbstrukturierte Interviews sollen insbesondere Informationen über die Einführung der Personalinformationssysteme zusammengetragen werden. Die schriftliche Befragung von Mitarbeitern des Personalbereichs soll es zudem ermöglichen, einzelne Fragen aus verschiedenen Betrachtungswinkeln zu untersuchen.

4.1.2 Interviewleitfaden und Fragebogen

Da sowohl Interviews als auch schriftliche Befragungen vorgesehen waren, musste neben einem detaillierten Interviewleitfaden auch ein Fragebogen, der die wesentlichen Fragen enthielt, erstellt werden. Die Erstellung des Interviewleitfadens und des Fragebogens erfolgte primär auf der Grundlage der im März und April 1995 durchgeführten Pilotstudie.[1]

Für die Durchführung von Interviews, mit denen insbesondere Angaben über die Einführung von Personalinformationssystemen erhoben werden sollten, sprachen im Vergleich zu einer schriftlichen Befragung vor allem die folgenden Vorteile:[2]

- Differenzierte und umfangreiche Fragestellungen sind möglich.
- Rückfragen, Erklärungen und Präzisierungen können eingefügt werden.
- Die Anwesenheit eines Interviewers kann sich positiv auswirken.

---

[1] *Von den 43 im Rahmen der Pilotstudie zufällig ausgewählten und schriftlich befragten Unternehmen antworteten 29. Die primär offenen Fragen dienten hauptsächlich der Beschaffung grundlegender Informationen über den Einsatz von Personalinformationssystemen in der Deutschschweiz. Die Ergebnisse ergaben insbesondere mögliche Antwortkategorien für die Vorstudie.*
[2] *Vgl. Wilk, 1991, S. 187f.; Schnell, 1993, S. 328ff.*

Durch den Einsatz von Interviews mussten verschiedene Nachteile wie hoher Aufwand und hohe Kosten, möglicher Interviewereinfluss (z. B. unehrliche Antworten infolge der Anwesenheit eines Interviewers) in Kauf genommen werden.[1] Diese Nachteile erschienen aufgrund der Ziele der Vorstudie jedoch vertretbar.

Bei halbstrukturierten Interviews verfügt der Interviewer über einen Leitfaden mit vorbereiteten Fragen, die gemäss den vorgegebenen Formulierungen zu stellen sind. Die Abfolge der Fragen kann allerdings an den Gesprächsverlauf angepasst werden. Zudem ist es möglich, bei bestimmten Themen nachzufragen und dadurch mehr in die Tiefe zu gehen.[2]

Der im Anhang 1 enthaltene Interviewleitfaden umfasst im wesentlichen die folgenden Teile:
- Titelblatt mit Angaben über das Interview und allgemeinen Informationen
- EDV-Einsatz im Personalbereich
- Beurteilung des Personalinformationssystems
- Ziele des Personalinformationssystem-Einsatzes
- Aufgabenunterstützung durch das Personalinformationssystem
- Einführung des neuen Personalinformationssystems
- Statistische Angaben und Anmerkungen.

Am Ende der Interviews wurden den Interviewpartnern jeweils zwei Fragebogen mit der Bitte, diese Fragebogen an Mitarbeiter im Personalbereich weiterzuleiten, abgegeben. Dadurch sollten einzelne Fragen ohne grossen zusätzlichen Aufwand aus verschiedenen Betrachtungswinkeln beleuchtet werden können. Für die Durchführung einer schriftlichen Befragung sprachen vor allem die folgenden Vorteile:[3]
- Kostengünstige Erhebungsmethode
- Interviewereinfluss entfällt und die Wahrscheinlichkeit, ehrliche Antworten zu erhalten, ist höher (Anonymität)
- Antwortender kann den Beantwortungszeitpunkt und die Dauer der Beantwortung selbst bestimmen.

Dabei mussten allerdings die folgenden Nachteile von schriftlichen Befragungen in Kauf genommen werden: geringer Rücklauf, nur einfache Fragen sind möglich, Rückfragen und Präzisierungen können nicht angebracht werden, Einfluss Dritter

---

[1] Vgl. Wilk, 1991, S. 187f.; Schnell, 1993, S. 328ff.

[2] Vgl. Schnell, 1993, S. 329f.

[3] Vgl. Wilk, 1991, S. 187f.; Schnell, 1993, S. 367f.

bei der Beantwortung kann nicht ausgeschlossen werden.[1] Diese Nachteile erschienen aufgrund der Ziele der Vorstudie jedoch vertretbar.

Bei der Erstellung des Fragebogens wurde insbesondere auf einfache und klare Fragestellungen sowie auf eine ansprechende und übersichtliche Gestaltung geachtet. Viele Fragen enthalten zudem die Möglichkeit, Ergänzungen anzubringen.

Der Fragebogen umfasst die folgenden Teile des im Anhang 1 aufgeführten Interviewleitfadens:

- Titelblatt mit allgemeinen Informationen
- Beurteilung des Personalinformationssystems
- Ziele des Personalinformationssystem-Einsatzes
- Aufgabenunterstützung durch das Personalinformationssystem
- Einführung des neuen Personalinformationssystems (nur die Fragen 5.4, 5.7, 5.8, 5.11 und 5.12)
- Statistische Angaben (inkl. Name des Unternehmens) und Anmerkungen.

4.1.3 Untersuchungsumfang

Aufgrund der erwähnten Zielsetzung der Vorstudie wurde nicht eine Vollerhebung unter Schweizer Unternehmen, sondern eine punktuelle und detaillierte Befragung einzelner Unternehmen, welche im Verlaufe der vorangegangenen Jahre ein Personalinformationssystem eingeführt hatten, durchgeführt.

Unter Berücksichtigung der Informationen der erwähnten Pilotstudie und anhand der Referenzlisten von Personalinformationssystem-Anbietern konnten 15 Unternehmen in der Deutschschweiz ausfindig gemacht werden, welche die obige Bedingung erfüllten.

4.1.4 Vorgehen

Die 15 Unternehmen, welche innerhalb der vorangegangenen paar Jahre ein neues Personalinformationssystem eingeführt haben, wurden zunächst brieflich und danach telefonisch kontaktiert. Dadurch konnten acht Unternehmen für die Durchführung eines Interviews gewonnen werden.

---

[1] *Vgl. Wilk, 1991, S. 187f.; Schnell, 1993, S. 367f.*

Diese Interviews fanden während der Monate August und September 1996 entweder mit dem Personalchef bzw. -leiter oder dem Verantwortlichen für das Personalinformationssystem statt. Am Ende des Interviews wurden dem Interviewpartner zuhanden der Mitarbeiter im Personalbereich zwei Fragebogen und frankierte Antwortcouverts abgegeben.

Die Tabelle 4.1 zeigt, dass die Unternehmen, in denen die Interviews stattfanden, verschiedenen Branchen angehören.

Tabelle 4.1: Branchenzugehörigkeit

Branchen	Anzahl Unternehmen
Banken und Versicherungen	1
Einzel- und Grosshandel	1
Sonstige Dienstleistungen	1
Nahrungs- und Genussmittelindustrie	1
Metall- und Maschinenindustrie	1
Elektrotechnische Industrie	2
Sonstige Industrien	1
Total	8

Die Tabelle 4.2 illustriert die Verteilung der Interviews und der Fragebogen auf die Funktionen Personalchef bzw. -leiter und Mitarbeiter im Personalbereich. Ein Interview wurde mit einem für das Personalinformationssystem verantwortlichen Mitarbeiter des Personalbereichs durchgeführt. In zwei Unternehmen gaben neben den interviewten Personalchefs bzw. -leitern noch die Personalleiter eines anderen Bereichs anhand des Fragebogens schriftlich Auskunft.

Tabelle 4.2: Interview- und Fragebogenverteilung

Funktionen	Anzahl Interviews	Anzahl Fragebogen	Total
Personalchef bzw. -leiter	7	2	9
Mitarbeiter im Personalbereich	1	6	7
Total	8	8	16

4.1.5 Bemerkungen zur Auswertung

Die Daten der Befragungen wurden in einer File-Maker-Datenbank erfasst. Die Auswertungen wurden entweder direkt in dieser Datenbank oder mit Excel ausgeführt. Excel wurde auch für die Erstellung der grafischen Darstellungen verwendet.

Im folgenden werden die wichtigsten Ergebnisse der Vorstudie dargestellt. Dabei wird auf eine detaillierte Darstellung und Analyse verzichtet, da einerseits infolge der kleinen Stichprobe nur gewisse Tendenzen und Hinweise aufgezeigt werden können. Andererseits wird im Rahmen der Hauptstudie auf verschiedene Fragen noch detaillierter eingegangen (vgl. Kapitel 4.2).

4.1.6 EDV-Einsatz im Personalbereich

In vier befragten Unternehmen wird das System Personal/400 von Soreco, einer Partnergesellschaft von IBM, eingesetzt. In je zwei der Unternehmen wird mit Personal/R von Blue Chips bzw. mit R/3 HR von SAP gearbeitet. In den befragten Unternehmen wird demnach in bezug auf die Personalinformationssysteme nur Standard-Anwendungssoftware eingesetzt. In zwei Unternehmen sind allerdings umfassende Anpassungen an dieser Software vorgenommen worden.

In zwei der befragten Unternehmen bestehen neben dem Personalinformationssystem noch andere Systeme (z. B. im Bereich Zeiterfassung oder Pensionskassenverwaltung), mit denen die Daten periodisch automatisch abgeglichen werden. Zudem besteht in einem Unternehmen eine separate Zeiterfassung, die aber auf dieselbe Datenbasis wie das Personalinformationssystem zugreift.

Mit den eingesetzten Personalinformationssystemen werden vorwiegend Mitarbeiter, Verwaltungsräte und pensionierte Mitarbeiter verwaltet. Auf die in den Personalinformationssystemen abgespeicherten Daten haben primär die Personalchefs bzw. -leiter und die Mitarbeiter im Personalbereich Zugriff. In zwei der befragten Unternehmen hat auch das für den Personalbereich zuständige Geschäftsleitungsmitglied und in einem Unternehmen die interne Revisionsstelle im System ein Leserecht.

4.1.7 Beurteilung der Personalinformationssysteme

Die Abbildung 4.2 illustriert überblicksartig die Beurteilung der in den Unternehmen eingesetzten Personalinformationssysteme. In der Grafik wird die Lage der einzelnen Merkmale (vgl. Legende) einerseits durch die Zufriedenheit der Beantworter mit dem in ihrem Unternehmen eingesetzten Personalinformationssystem bestimmt (horizontale Achse). Andererseits sind aber auch die Aussagen über die Wichtigkeit der einzelnen Merkmale berücksichtigt (vertikale Achse).[1]

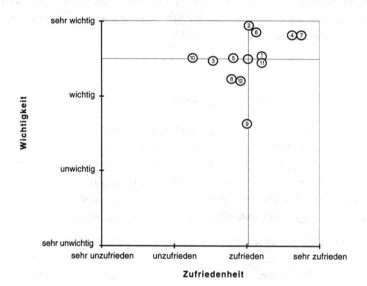

1	Funktionsumfang (Anzahl und Vollständigkeit der Funktionen)	7	Sicherheit (Schutz vor Datenverlust)
2	Funktionsqualität (Funktionen, die den Anwenderbedürfnissen entsprechen)	8	Anpassungsfähigkeit (bez. neuer Anforderungen)
3	Effizienz (geringer Bedarf an Computerressourcen, Bedienungsaufwand und kurze Verarbeitungs- sowie Antwortzeiten)	9	Systemunabhängigkeit (Einsatz auf verschiedenen Hardware- und Betriebssystem-Plattformen sowie Datenbanken möglich)
4	Zuverlässigkeit / Systemverfügbarkeit	10	Dokumentation resp. Hilfesystem
5	Benutzerfreundlichkeit	11	Unterstützungsleistungen durch den Anbieter
6	Datenschutz (korrekte / unversehrte Daten nur für Berechtigte)	12	Kosten-Nutzen-Verhältnis (Anschaffungs- und Betriebskosten in bezug auf den quantitativen und qualitativen Nutzen)
		⊕	Mittelwert aller Beurteilungen

Abbildung 4.2: Beurteilung der Personalinformationssysteme

---

[1] *Um die Mittelwerte berechnen zu können, wurde angenommen, dass die Abstände zwischen den in Abbildung 4.2 aufgeführten Antwortkategorien konstant sind.*

Die Abbildung 4.2 zeigt, dass die Antwortenden mit den als wichtig bis sehr wichtig bezeichneten Dokumentationen resp. Hilfesystemen (10) eher unzufrieden sind. Auch mit der Effizienz der Personalinformationssysteme (3) ist man nicht ganz zufrieden. Im Mittel ist man allerdings mit den eingesetzten Personalinformationssystemen zufrieden.

Die Mitarbeiter im Personalbereich sind im Vergleich zu den Personalchefs bzw. -leitern mit den eingesetzten Personalinformationssystemen im Schnitt geringfügig unzufriedener und messen den verschiedenen Merkmalen in der Regel eine leicht höhere Bedeutung zu. Auffallend ist, dass die Mitarbeiter im Personalbereich mit der Dokumentation resp. den Hilfesystemen sowie mit der Effizienz der Personalinformationssysteme deutlich unzufriedener sind als die Personalchefs bzw. -leiter.

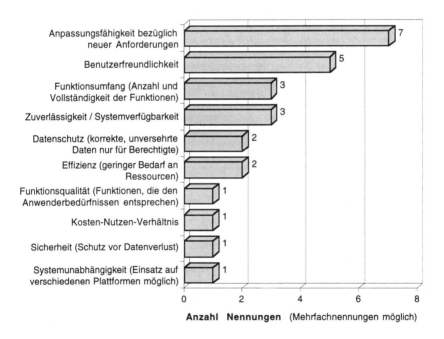

Abbildung 4.3: Merkmale mit grossem Bedeutungszuwachs in der Zukunft

In Abbildung 4.3 sind diejenigen Merkmale ersichtlich, die nach Meinung der Antwortenden in der Zukunft stark an Bedeutung gewinnen werden. Die Anpassungsfähigkeit bezüglich zukünftiger Anforderungen und die Benutzerfreundlichkeit wurden am häufigsten genannt.

4.1.8 Ziele des Personalinformationssystem-Einsatzes

Mit dem Einsatz eines Personalinformationssystems kann das Erreichen verschiedener Ziele (vgl. Legende) unterstützt werden. Die Beurteilung der Ziele des Personalinformationssystem-Einsatzes durch die Vertreter der befragten Unternehmen wird in Abbildung 4.4 überblicksartig dargestellt. In der Grafik wird die Lage der einzelnen Ziele einerseits durch die Zufriedenheit der Beantworter mit der Zielerreichung durch das in ihrem Unternehmen eingesetzte Personalinformationssystem bestimmt (horizontale Achse). Andererseits sind aber auch die Aussagen über die Wichtigkeit der Ziele berücksichtigt (vertikale Achse).[1]

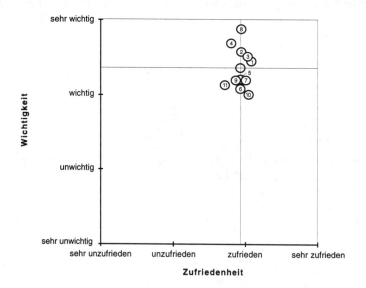

1	Integration verschiedener Anwendungssysteme	7	Anpassungsfähigkeit bezüglich neuer EDV-technischer Entwicklungen
2	Transparenz und Systematik im Personalbereich (einheitliche und standardisierte Abläufe)	8	Anpassungsfähigkeit bezüglich neuer Anforderungen (z. B. wegen gesetzlicher Änderungen oder neuer Aufgaben im Personalbereich)
3	Umfang und Aktualität der Informationsbasis		
4	Verfügbarkeit der Informationen	9	Unterstützung der verschiedenen Personalaufgaben
5	Effizienz im Personalbereich		
6	Höhe der Personal- und Verwaltungskosten im Personalbereich	10	Arbeitssituation im Personalbereich
		11	Betreuung der Mitarbeiter des Unternehmens
		⊕	Mittelwert aller Beurteilungen

Abbildung 4.4: Ziele des Personalinformationssystem-Einsatzes

---

[1] *Um die Mittelwerte berechnen zu können, wurde angenommen, dass die Abstände zwischen den in Abbildung 4.4 aufgeführten Antwortkategorien konstant sind.*

Die Abbildung 4.4 zeigt eine erstaunlich geringe Streuung der verschiedenen Ziele, die mit dem Einsatz eines Personalinformationssystems verfolgt werden können. Als wichtigste Ziele des Personalinformationssystem-Einsatzes werden die Erhaltung und Steigerung der Anpassungsfähigkeit bezüglich neuer Anforderungen (8) sowie die erhöhte Verfügbarkeit der Informationen (4) angesehen.

Die befragten Mitarbeiter im Personalbereich sind im Schnitt mit der Zielerreichung etwas unzufriedener als die Personalchefs bzw. -leiter. Unzufriedener sind sie insbesondere mit der Transparenz und Systematik im Personalbereich, mit der Verfügbarkeit der Informationen sowie mit der Höhe der Personal- und Verwaltungskosten im Personalbereich.

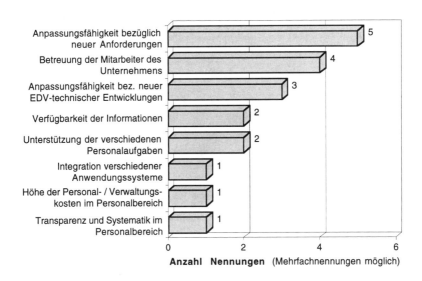

Abbildung 4.5: Ziele mit grossem Bedeutungszuwachs in der Zukunft

In Abbildung 4.5 sind diejenigen Ziele ersichtlich, die nach Meinung der Antwortenden in der Zukunft stark an Bedeutung gewinnen werden. Die Erhaltung sowie Steigerung der Anpassungsfähigkeit bezüglich neuer Anforderungen und die verbesserte Betreuung der Mitarbeiter des Unternehmens wurden am häufigsten genannt.

4.1.9 Durch Personalinformationssysteme unterstützte Aufgaben

Mit einem Personalinformationssystem können verschiedenartigste Aufgaben (vgl. Legende) unterstützt werden. Die Beurteilung dieses Sachverhalts durch die Vertreter der befragten Unternehmen wird in Abbildung 4.6 überblicksartig dargestellt.

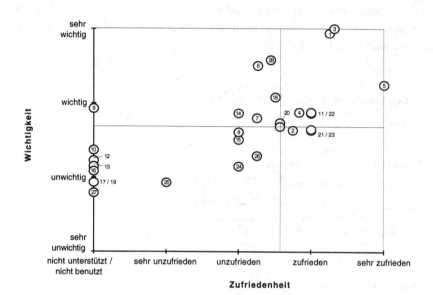

1 Personaldatenverwaltung	15 Bedarfsplanung
2 Führung von Personaldossiers	16 Beschaffungsplanung
3 Lohn- und Gehaltsabrechnung	17 Einsatzplanung
4 Spesen-/Reisekostenabrechnung	18 Kostenplanung/Budgetierung
5 Zeitwirtschaft (Zeiterfassung, Absenzenverwaltung usw.)	19 Freistellungsplanung
6 Berichtswesen (Statistiken, Auswertungen, Grafiken usw.)	20 Rentnerverwaltung/Rentenauszahlung
7 Stellenplan und Organigramm	21 Pensionskassenverwaltung
8 Verwaltung von Stelleninformationen (Anforderungen, Stellenbeschreibungen usw.)	22 Textverarbeitung/Korrespondenz
	23 Terminüberwachung
9 Personalbeurteilung / Qualifikation	24 Bewerberverwaltung
10 Vergleich Qualifikationen und Anforderungen von Stellen	25 Verwaltung von Anreizsystemen
11 Aus-/Weiterbildungsplanung	26 Kursverwaltung
12 Nachfolgeplanung	27 Vorschlagswesen
13 Karriereplanung	28 Personalcontrolling / Kennziffern-Berechnung
14 Bestandesplanung	⊕ Mittelwert aller Beurteilungen

Abbildung 4.6: Durch Personalinformationssysteme unterstützte Aufgaben

In Abbildung 4.6 wird die Lage der einzelnen Aufgaben einerseits durch die Zufriedenheit der Beantworter mit der Unterstützung durch das in ihrem Unternehmen eingesetzte Personalinformationssystem bestimmt (horizontale Achse). Aufgaben, die durch die eingesetzten Systeme nicht unterstützt oder von den Unternehmen nicht benutzt werden, sind am linken Rand eingezeichnet. Andererseits sind aber auch die Aussagen über die Wichtigkeit der Unterstützung berücksichtigt (vertikale Achse).[1]

Aus Abbildung 4.6 wird ersichtlich, dass die Antwortenden im Schnitt mit der Aufgabenunterstützung durch die Personalinformationssysteme nicht ganz zufrieden sind.

Die Unterstützung der Personaldatenverwaltung (1) sowie der Lohn- und Gehaltsabrechnung (3) werden als sehr wichtig und zufriedenstellend angesehen. Auch mit der als etwas weniger wichtig beurteilten Zeitwirtschaft (5) ist man sehr zufrieden.

Die Unterstützung des Berichtswesens sowie des Personalcontrollings (28) wurde als wichtig bis sehr wichtig angesehen. Mit der Unterstützung dieser Aufgaben waren die Antwortenden allerdings eher unzufrieden.

Die als wichtig angesehene Unterstützung der Personalbeurteilung bzw. Qualifikation (9) wurde entweder durch die Systeme nicht unterstützt oder durch die befragten Unternehmen (z. B. infolge mangelnder Qualität der Funktionen) nicht benutzt.

Ausserdem konnte festgestellt werden, dass die befragten Mitarbeiter im Personalbereich in bezug auf die Aufgabenunterstützung durch die Personalinformationssysteme im Schnitt leicht unzufriedener sind als die befragten Personalchefs bzw. -leiter.

---

[1] *Um die Mittelwerte berechnen zu können, wurde angenommen, dass die Abstände zwischen den in Abbildung 4.6 aufgeführten Antwortkategorien konstant sind.*

In Abbildung 4.7 sind diejenigen Aufgaben ersichtlich, deren EDV-Unterstützung nach Meinung der Antwortenden in der Zukunft stark an Bedeutung gewinnen wird. Das Personalcontrolling bzw. die Kennziffern-Berechnung sowie das Berichtswesen (Erstellung von Statistiken, Auswertungen und Grafiken) wurde am häufigsten genannt. Aufgaben im Bereich der Personalentwicklung (Aus-, Weiterbildungsplanung und Personalbeurteilung) wurden ebenfalls relativ oft genannt.

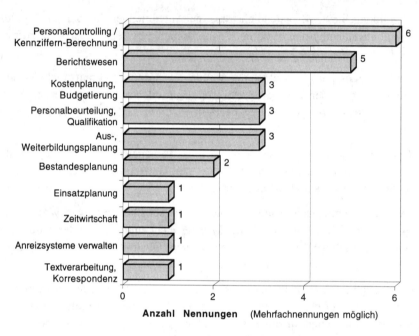

Abbildung 4.7: Aufgaben mit grossem Bedeutungszuwachs in der Zukunft

4.1.10 Einführung von Personalinformationssystemen

Die Tabelle 4.3 gibt in bezug auf die neu eingeführten Personalinformations-
systeme Auskunft über die Herkunft der Initiatoren und der Projektleiter. Der
Anstoss für ein neues System im Personalbereich kam relativ oft von der
Geschäftsleitung. Die Leitung des Projekts oblag dagegen in der Regel einem
Vertreter der Personalabteilung, der über das nötige Fachwissen verfügte und mit
den Bedürfnissen des Personalbereichs vertraut war.

Tabelle 4.3: Herkunft der Initiatoren und der Projektleiter

	Initiator	Leitung
Geschäftsleitung	4	1
Personalabteilung	2	6
Informatikabteilung	2	0
Externe Berater	0	1
Total	8	8

Anlass zur Einführung eines neuen Personalinformationssystems gab in mehreren
Unternehmen eine neue Informatikstrategie bzw. das Streben nach einem inte-
grierten System für das ganze Unternehmen. Aber auch die Tatsache, dass der
Aufwand für die Wartung und Weiterentwicklung des alten Systems (oft
Eigenentwicklungen) zu gross wurde, führte verschiedentlich zum Einsatz einer
modernen Standard-Anwendungssoftware.

Tabelle 4.4: Einführungsarten

Funktion der Beant- worter Einführungsarten	Personalchef bzw. -leiter	Mitarbeiter im Personalbereich	Total
Technikzentrierte Einführung	1	4	5
Technikzentrierte Einführung mit Begleit- massnahmen	4	1	5
Technik-, organisations- und mitarbeiter- bezogene Einführung	4	2	6
Total	9	7	16

In Anlehnung an das Kapitel 3.4 zeigt die Tabelle 4.4, auf welche Art nach Meinung der befragten Personen in ihrem Unternehmen das Personalinformationssystem eingeführt wurde. Der in der Tabelle erkennbare Trend verstärkt sich, wenn man die Antworten pro Unternehmen betrachtet: Die Mitarbeiter im Personalbereich beurteilen die Einführung in der Regel eine Stufe schlechter (wenn man die technik-, organisations- und mitarbeiterbezogene Einführung als die beste Variante betrachtet) als ihre Personalchefs bzw. -leiter.

4.1.10.1 Einführungsprobleme

In Abbildung 4.8 sind die in den befragten Unternehmen im Rahmen der Einführung der Personalinformationssysteme aufgetretenen Schwierigkeiten und Probleme dargestellt.

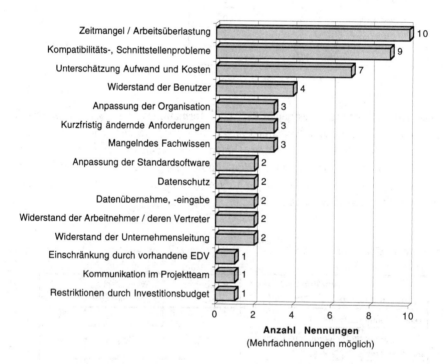

Abbildung 4.8: Einführungsprobleme

Aufgrund der allgemein zunehmenden Dynamik und der gleichzeitig steigenden Komplexität der Sachverhalte ist es nicht erstaunlich, dass der Zeitmangel bzw. die Arbeitsüberlastung am häufigsten genannt wurden.

Da Personalinformationssysteme in der Regel über Verbindungen (z. B. zum Rechnungswesen oder zur Pensionskasse) verfügen müssen, treten sehr häufig Kompatibilitäts- oder Schnittstellenprobleme auf. Nicht zuletzt deshalb wurden oft die Kosten und der Aufwand unterschätzt. Relativ häufig wurde auch der Widerstand der Benutzer als Einführungsproblem genannt.

Nach Meinung der Antwortenden ist die Restriktion durch das Investitionsbudget dasjenige Problem, welches in der Zukunft mit Abstand am stärksten an Bedeutung gewinnen wird.

4.1.10.2 Einführungsmassnahmen

Die Berücksichtigung der Benutzerinteressen, die Partizipation der Benutzer, die Benutzerschulung sowie die Benutzerunterstützung wurden als zentrale Einführungsmassnahmen einer detaillierten Beurteilung unterzogen.

In Abbildung 4.9 wird die Lage dieser Einführungsmassnahmen einerseits durch die Zufriedenheit der Beantworter mit den in ihrem Unternehmen durchgeführten Massnahmen bestimmt (horizontale Achse). Andererseits sind aber auch die Aussagen über die Wichtigkeit der einzelnen Massnahmen berücksichtigt (vertikale Achse). Die Antworten der Personalchefs bzw. -leiter und der Mitarbeiter im Personalbereich werden dabei separat ausgewiesen.[1]

Die Einführungsmassnahmen wurden alle als wichtig bis sehr wichtig eingeschätzt. Die Zufriedenheit mit den im jeweiligen Unternehmen durchgeführten Massnahmen ist allerdings nur mittelmässig. Dies lässt sich wahrscheinlich damit erklären, dass diese Massnahmen infolge des Zeitdrucks relativ oft gegenüber der sicherlich notwendigen Lösung der technischen Probleme in den Hintergrund treten.

Als bedeutendste Massnahme wurde die Benutzerunterstützung bei der Arbeit und als unbedeutendste die Berücksichtigung der Benutzerinteressen bezeichnet.

---

[1] *Um die Mittelwerte berechnen zu können, wurde angenommen, dass die Abstände zwischen den in Abbildung 4.9 aufgeführten Antwortkategorien konstant sind.*

Die befragten Personen sind nur mit der Benutzerunterstützung während der Arbeit zufrieden. Die Benutzerschulung wird als wichtige bis sehr wichtige Massnahme bezeichnet. Dennoch ist man mit den Benutzerschulungen, die in den befragten Unternehmen stattgefunden haben, unzufrieden. Dies führte wahrscheinlich direkt zum Widerstand der Benutzer, der im Rahmen der Einführungsprobleme (vgl. Kapitel 4.1.10.1) festgestellt wurde.

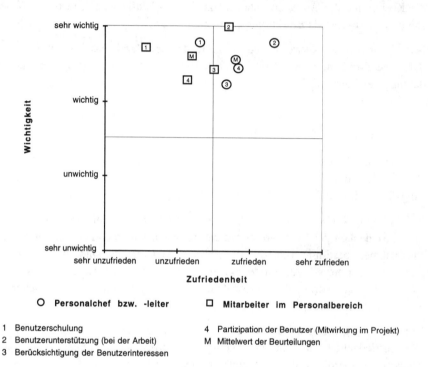

Abbildung 4.9: Zentrale Einführungsmassnahmen aus der Sicht der Personalchefs bzw. -leiter und der Mitarbeiter im Personalbereich

Die befragten Mitarbeiter im Personalbereich sind im Vergleich zu den Personalchefs bzw. -leitern in bezug auf die Einführungsmassnahmen deutlich unzufriedener (vgl. Abbildung 4.9). Auf die kritischere Einstellung der Mitarbeiter im Personalbereich ist bereits in den vorangehenden Kapiteln hingewiesen worden. Sie tritt bei den Einführungsmassnahmen am deutlichsten zutage.

Innerhalb der Gruppe der Mitarbeiter im Personalbereich konnte eine weitere interessante Tendenz beobachtet werden. Die an der Einführung nicht direkt beteiligten Mitarbeiter scheinen gegenüber den beteiligten Mitarbeitern noch unzufriedener zu sein. Die Zufriedenheit mit dem Personalinformationssystem ist demnach von der Partizipation der Benutzer abhängig.

Die im Vergleich zu den Personalchefs und -leitern kritischere Haltung der Mitarbeiter im Personalbereich könnte folglich einerseits damit zusammenhängen, dass sie mehrheitlich nicht direkt an der Einführung des Systems beteiligt waren und daher „ihr Werk" nicht ins positive Licht rücken müssen. Andererseits könnte die kritischere Haltung auch darauf zurückzuführen sein, dass Personen, die täglich mit dem System arbeiten, dieses besser kennen, kritischer beurteilen und insbesondere in bezug auf die Einführungsmassnahmen höhere Ansprüche haben.

In Abbildung 4.10 sind die Massnahmen, die im Zusammenhang mit der Einführung des Personalinformationssystems im Vordergrund standen, aufgeführt.

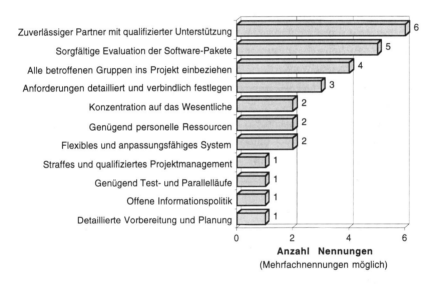

Abbildung 4.10: Einführungsmassnahmen

Von sehr grosser Bedeutung ist die Wahl eines zuverlässigen Partners, der qualifizierte und umfassende Unterstützung anbieten kann. Die sorgfältige Evaluation der in Frage kommenden Softwarepakete ist ebenfalls von grosser Bedeutung. Der Einbezug aller betroffenen Mitarbeitergruppen wurde erstaunlicherweise (im Vergleich zu den Resultaten in Kapitel 4.1.10.1) auch relativ oft genannt.

Als Einführungsmassnahmen, die in der Zukunft stark an Bedeutung gewinnen werden, wurden von den Interviewpartnern genannt:

- Einwände sowie Bedenken ernst nehmen und wenn möglich berücksichtigen
- Nutzen, Sinn, Vorteile und Funktionsweise des Systems den Betroffenen aufzeigen
- Genügend Test- und Parallelläufe vorsehen
- Flexibles und anpassungsfähiges System wählen
- Auf das Wesentliche konzentrieren (Unterscheidung „must" / „nice to have")
- Anforderungen detailliert und verbindlich definieren.

4.1.10.3 Der Einführungsprozess

Die in den befragten Unternehmen gewählten Vorgehensweisen zur Einführung der neuen Personalinformationssysteme umfassten im wesentlichen die im folgenden beschriebenen Phasen. Dabei ging es durchwegs um die Einführung von Standard-Anwendungssoftware.

- *Projektauftrag und Organisation:* Nachdem der offizielle Auftrag für die Einführung eines neuen Personalinformationssystems erteilt wurde, ging es vor allem darum, organisatorische Fragen zu klären (z. B. Bildung des Projektteams, Festlegung der Entscheidungsinstanzen).

- *Grobe Ist-Aufnahme und Identifizierung der Restriktionen:* Die Ist-Aufnahme erfolgte vor allem dann, wenn der Projektleiter die konkrete Situation im Personalbereich zuerst kennenlernen musste. Oft bestanden in den Unternehmen in bezug auf die zu verwendende Hard- oder Software (z. B. Betriebssystem, Datenbanksoftware) klare Vorgaben, die eingehalten werden mussten. Vereinzelt war auch klar, dass man nicht Pilotkunde für einen Hersteller sein wollte.

- *Grobe Definition der Anforderungen und erste Selektion:* Anhand der wichtigsten Kriterien, die erfüllt sein mussten, wurde aus den angebotenen Personalinformationssystemen eine überschaubare Anzahl von geeigneten Systemen ausgewählt.

- *Detaillierte Definition der Anforderungen, Evaluation und Entscheid:* Die bereits bestehenden groben Anforderungen wurden gemäss den Bedürfnissen des Unternehmens verfeinert und ergänzt. Anhand dieser Kriterien wurden die in der engeren Wahl stehenden Systeme miteinander verglichen. Auf dieser Basis wurde das geeignetste System gewählt und danach die nötigen Verträge abgeschlossen.

- *Parametrisierung und Anpassungen:* In dieser Phase wurde die gewählte Standard-Anwendungssoftware installiert und durch Einstellung der Parameter soweit wie möglich an die Anforderungen des Unternehmens angeglichen. Zudem mussten notwendige Organisationsänderungen, zusätzliche Softwareanpassungen sowie Schnittstellen geplant und realisiert werden.

- *Datenübernahme:* Die Daten wurden entweder automatisch aus dem bestehenden System übernommen oder manuell neu erfasst.

- *Test- bzw. Parallelbetrieb:* Während zwei bis drei Monaten wurde das neue System parallel zum alten betrieben und allfällige Fehler beseitigt. Dies erforderte, dass alle Mutationen in beiden Systemen vorgenommen wurden.

- *Benutzerschulung:* Die zukünftigen Benutzer mussten auf dem neuen System rechtzeitig intern oder extern ausgebildet werden.

- *Inbetriebnahme:* In der Regel wurde die Produktion zum Jahresbeginn auf das neue Personalinformationssystem umgestellt.

- *Betrieb, Wartung und Weiterentwicklung:* Nun galt es, einen geregelten Betrieb aufzunehmen, die endgültigen Dokumentationen zu erstellen sowie das System dauernd zu warten. Gleichzeitig galt es aber auch, nachträgliche Anpassungen und Weiterentwicklungen zu planen sowie durchzuführen.

Die Einführung der neuen Personalinformationssysteme erfolgte in den befragten Unternehmen vorwiegend im Rahmen eines Parallelbetriebs des alten und des neuen Systems. Nur in einem Unternehmen wurde auf einen Stichtag hin das alte System abgestellt und das neue in Betrieb genommen. Der Parallelbetrieb dauerte in der Regel zwei oder drei Monate. Die Unternehmen mit Parallelbetrieb erachteten diesen Zeitraum als angebracht und den Parallelbetrieb an sich als unerlässlich.

Die Interviewpartner wurden ausserdem gefragt, was sie bei einer erneuten Einführung anders angehen bzw. besonders beachten würden. Im wesentlichen wurden die folgenden Punkte genannt:

- Ein schrittweises Vorgehen mit Meilensteinen erleichtert den Überblick.
- Für die Evaluation sollte genügend Zeit vorgesehen werden (4-6 Monate).
- Genügend Zeitreserven sind für Unvorhergesehenes einzuplanen.
- Anlässlich von Besuchen bei Herstellern und Referenzkunden sollte genau mitgeteilt werden, was man sehen will. Insbesondere sollte man sich auch Abläufe zeigen lassen. (nicht nur, was bzw. ob, sondern auch wie es gemacht wird)
- Missverständnisse und Unklarheiten können vermieden werden, wenn Besprochenes (auch innerhalb des Projektteams) schriftlich festgehalten wird.

- Aufgrund der grossen Komplexität moderner Personalinformationssysteme
  - sollte der Projektleiter von der täglichen Arbeit freigestellt werden. (Infolge der hohen Honorare für externe Berater lohnt sich dies schlussendlich.)
  - ist während der Einführung der Nutzen und der Sinn solcher Systeme ständig aufzuzeigen, um möglichen Widerständen entgegenzuwirken.
- Die Berücksichtigung der Benutzerinteressen und der Einbezug der Benutzer in das Projekt erhöht die Akzeptanz gegenüber dem neuen System.
- Nur motivierte Benutzer sollten ins Projekt einbezogen werden. (Auswahl nicht nur aufgrund von Funktionen bzw. Hierarchiestufen)
- Das Know-how über das neue System sollte möglichst verteilt werden. (z. B. auf Projektmitarbeiter aus verschiedenen Unternehmensbereichen)
- Es muss entschieden werden, ob ein Standardsystem oder eine unternehmensspezifische Lösung mit vielen Anpassungen an die bestehende Organisation angestrebt werden soll.
- Das gewählte System muss sich in der Praxis bereits bewährt haben. (Keine Pilotinstallation wegen der möglichen „Kinderkrankheiten")
- Der Ist-Zustand ist zuerst kritisch zu hinterfragen. Unter Umständen kann er danach vereinfacht und an die EDV angepasst werden. Dabei ist es von Vorteil, die Möglichkeiten der EDV bereits teilweise zu kennen.
- Die Anforderungen sollten sorgfältig und detailliert erarbeitet werden. (Spätere Änderungen können Verzögerungen und zusätzliche Kosten verursachen.)
- Bei der Definition der Anforderungen ist von den Bedürfnissen des Unternehmens auszugehen. Es ist aber auch hilfreich, die Möglichkeiten der potentiellen Personalinformationssysteme und die diesen Systemen zugrundeliegenden Philosophien zu kennen. Dadurch kann gewährleistet werden, dass keine utopischen Anforderungen gestellt werden bzw. kein übermässiger Aufwand für Softwareanpassungen notwendig ist.
- Beim Vergleich verschiedener Systeme ist auch die Release-Politik der Hersteller (Häufigkeit, Aufwand der Implementation usw.) zu berücksichtigen.
- Bei einer mässigen Qualität der Ausgangsdaten führt die manuelle Neuerfassung der Daten gegenüber der automatischen Datenübernahme zu korrekteren Daten. Zudem lernt man dadurch das neue System sehr gut kennen. Der Aufwand ist allerdings höher.
- Der Parallelbetrieb sollte im alten Jahr stattfinden und nicht infolge Zeitmangels ins neue Jahr verschoben werden.

- Infolge der hohen Komplexität moderner Personalinformationssysteme ist die Benutzerschulung sehr wichtig. Die Benutzer sollten insbesondere auch die Abhängigkeiten im System kennen, um die Auswirkungen einer bestimmten Eingabe abschätzen zu können.

- Die Benutzerschulung sollte nicht an den normalen Arbeitsplätzen durchgeführt werden. (Störungen durch das Tagesgeschäft sollten durch die Benutzung interner oder externer Schulungsräume vermieden werden.)

- Eine unternehmensspezifische Schulung ist sinnvoll. Dadurch ist es möglich, sich auf das Wesentliche zu konzentrieren. Zudem kann eine Verwirrung der Benutzer (z. B. durch nicht vorhandene Module) verhindert werden.

- Die Benutzerschulung sollte rechtzeitig (nicht erst nach der Inbetriebnahme) stattfinden und sorgfältig geplant sowie aufgebaut sein.

- Die Unterstützung der Benutzer am Arbeitsplatz ist vor allem während der ersten Phase des produktiven Einsatzes des neuen Systems sehr wichtig.

4.1.11 Datenschutzmassnahmen

In Abbildung 4.11 sind die Massnahmen, die in den befragten Unternehmen zum Schutz der Personendaten im Vordergrund stehen, aufgeführt. Dabei fällt insbesondere auf, dass nur ein Interviewpartner das Einsichtsrecht der Mitarbeiter nannte, obwohl dieses Recht durch das neue Datenschutzgesetz garantiert wird (vgl. Kapitel 3.5.3). Das neue Datenschutzgesetz ist offensichtlich selbst bei den Personalchefs noch nicht überall bekannt.

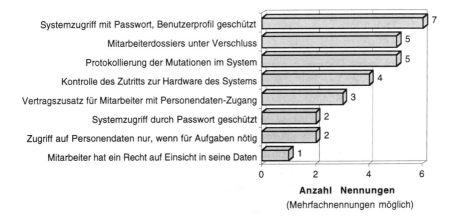

Abbildung 4.11: Datenschutzmassnahmen

4.1.12 Zusammenfassung

Die auf den vorangehenden Seiten dargestellten Ergebnisse basieren auf Interviews und schriftlichen Befragungen in acht Unternehmen. Trotz der relativ kleinen Stichprobe lassen sich aber einige interessante Hinweise über die Einführung und den Einsatz von Personalinformationssystemen in der deutschsprachigen Schweiz ableiten:

- Die Beurteilung der Personalinformationssysteme zeigt, dass die Antwortenden mit den eingesetzten Systemen insgesamt zufrieden sind. Eine Schwach-
  stelle besteht offensichtlich im Bereich der Dokumentation und der Hilfe-
  systeme.

- Mit dem Einsatz eines Personalinformationssystems werden gleichzeitig verschiedenste Ziele verfolgt. Die Erhaltung und Stärkung der Anpassungsfähigkeit bezüglich neuer Anforderungen ist dabei das wichtigste Ziel.

- Die Unterstützung der Personaldatenverwaltung sowie der Lohn- und Gehaltsabrechnung wird als sehr wichtig und zufriedenstellend angesehen. Mit
  der Unterstützung von dispositiven Aufgaben ist man allerdings, sofern sie
  unterstützt werden, mehrheitlich unzufrieden.

- Als bedeutendste Einführungsprobleme erwiesen sich der Zeitmangel bzw. die
  Arbeitsüberlastung und die Kompatibilitäts- bzw. Schnittstellenschwierig-
  keiten.

- Die Benutzerschulung, die Benutzerunterstützung, die Berücksichtigung der
  Benutzerinteressen sowie die Partizipation der Benutzer sind wichtige bis sehr
  wichtige Einführungsmassnahmen. Die Zufriedenheit in bezug auf diese
  Massnahmen ist aber nur mittelmässig. Die Wahl eines zuverlässigen Partners,
  der qualifizierte Unterstützung anbieten kann, stellte sich als eine weitere
  bedeutende Einführungsmassnahme heraus.

- Zudem konnte festgestellt werden, dass in den befragten Unternehmen die
  Mitarbeiter im Personalbereich mit dem Einsatz und insbesondere mit der
  Einführung der Personalinformationssysteme unzufriedener sind als die Per-
  sonalchefs bzw. -leiter.

- Abschliessend wurden die wesentlichen Phasen der in den befragten Unternehmen zur Einführung neuer Personalinformationssysteme gewählten Vorgehensweisen aufgezeigt. Aufgrund der Erfahrungen der Interviewpartner
  konnten ausserdem verschiedene Hinweise und Tips zur Einführung von
  Personalinformationssystemen erarbeitet werden.

4.2 Hauptstudie

4.2.1 Ziele der Hauptstudie

Durch die Hauptstudie soll umfassend aufgezeigt werden, wie Schweizer Grossunternehmen die Personalinformationssysteme einführen und einsetzen. Insbesondere interessiert, wie die Unternehmen die eingesetzten Systeme beurteilen, welche
Ziele sie mit deren Einsatz verfolgen, welche Aufgaben sie mit diesen Systemen
unterstützen und was bei der Einführung von Personalinformationssystemen besonders beachtet werden sollte.

4.2.2 Fragebogen

Für die Durchführung einer schriftlichen Befragung auf postalischem Weg sprach
vor allem die einfache und kostengünstige Abwicklung. Auf die detaillierten Vor-
und Nachteile einer schriftlichen Befragung wurde bereits im Rahmen der
Vorstudie eingegangen (vgl. Kapitel 4.1.2).

Der im Rahmen der Hauptstudie verwendete Fragebogen beruht infolge des gewählten Vorgehens (vgl. Kapitel 1.4) grösstenteils auf demjenigen der Vorstudie.
Aufgrund der Erfahrungen aus der Vorstudie wurden allerdings Anpassungen und
Verbesserungen vorgenommen. Dabei wurde wiederum auf möglichst einfache
und klare Fragestellungen sowie auf eine ansprechende und übersichtliche Gestaltung geachtet. Viele Fragen enthalten zudem die Möglichkeit, Ergänzungen
anzubringen.

Der im Anhang 2 enthaltene Fragebogen umfasst im wesentlichen die folgenden
Teile:

- Titelblatt mit Adresse des Beantworters und allgemeinen Informationen
- EDV-Einsatz im Personalbereich
- Beurteilung des Personalinformationssystems
- Ziele des Personalinformationssystem-Einsatzes
- Aufgabenunterstützung durch das Personalinformationssystem
- Einführung neuer Personalinformationssysteme
- Statistische Angaben, Anmerkungen und Bestelltalon für die Dissertation.

4.2.3 Untersuchungsumfang

Gemäss der Zielsetzung der Hauptstudie wurde die Untersuchung auf Schweizer Grossunternehmen mit mehr als 500 Mitarbeitern beschränkt. Diese Einschränkung erfolgte, weil kleinere Unternehmen überschaubar sind und daher der Einsatz eines umfassenden Personalinformationssystems in der Regel nicht notwendig ist (vgl. Kapitel 2.5).

Aus der Computermarktstudie-Datenbank des Instituts für Informatik der Universität Freiburg, die auf Angaben des Bundesamts für Statistik beruht, konnten die Adressen aller Schweizer Unternehmen mit mehr als 500 Mitarbeitern selektiert werden. Um den Übersetzungsaufwand zu begrenzen, wurden dabei die Unternehmen der italienischen Schweiz ausgeschlossen. Nach der Bereinigung einzelner Adressen (z. B. infolge von kürzlich erfolgten Fusionen) ergab sich eine Stichprobe von 452 Unternehmen.

4.2.4 Vorgehen

Um den Rücklauf der Studie zu erhöhen, wurden folgende Massnahmen ergriffen:

- *Versandcouvert:* Es wurde ein pauschalfrankiertes Versandcouvert mit dem Logo des Instituts für Informatik der Universität Freiburg als Absender verwendet.

- *Begleitschreiben:* Das Begleitschreiben, das durch Prof. Dr. Ambros Lüthi mitunterzeichnet wurde und wiederum das Logo des Instituts für Informatik als Absender trug, wurde möglichst informativ und motivierend gestaltet. (Das Begleitschreiben ist im Anhang 3 enthalten.)

- *Grösstenteils persönlicher Versand an den jeweiligen Personalchef bzw. -leiter:* Aufgrund telefonischer Vorabklärungen konnten die Versandcouverts, die Begleitschreiben und die Fragebogen grösstenteils persönlich adressiert werden. Dadurch war es in der Regel auch möglich, die Personalchefs bzw. -leiter im Begleitschreiben und im Fragebogen persönlich anzusprechen.

- *Antwortcouvert:* Durch das an das Institut für Informatik voradressierte und als Geschäftsantwortsendung gestaltete Antwortcouvert sollte ein einfacher Rücksand des Fragebogens ermöglicht werden.

Im Rahmen eines Tests wurden Ende April 1997 an die Personalchefs von 21 Unternehmen Fragebogen mit einem Begleitschreiben und einem Antwortcouvert versandt. Daraus ergaben sich geringfügige Änderungen am Fragebogen und am Begleitbrief. Diese wurden danach ins Französische übersetzt. Ende Mai 1997 erfolgte der Versand der Fragebogen, Begleitschreiben und Antwortcouverts an die Personalchefs der restlichen 431 Unternehmen.

Ende Juni bis Ende Juli 1997 wurden schliesslich 70 Unternehmen, die nicht geantwortet hatten, zufällig ausgewählt und telefonisch kontaktiert. Dadurch wurde einerseits eine Nachfassung durchgeführt und andererseits mögliche Verzerrungen in den Antworten überprüft (vgl. Kapitel 4.2.7).

4.2.5 Bemerkungen zur Auswertung

Die erhobenen Daten wurden in einer File-Maker-Datenbank erfasst. Die Auswertungen wurden danach entweder direkt in dieser Datenbank oder mit Excel ausgeführt. Excel wurde auch für die Erstellung der grafischen Darstellungen verwendet.

Da die Fragebogen des Test- und des Hauptversands beinahe identisch sind, werden die Ergebnisse im folgenden zusammengefasst dargestellt.

4.2.6 Fragebogen-Rücklauf

Wie in Tabelle 4.5 ersichtlich ist, mussten acht Fragebogen von den 237 zurückerhaltenen ausgeschlossen werden, weil sie nicht auswertbar waren oder deren Unternehmen mittlerweile zuwenig Mitarbeiter beschäftigten. Aufgrund der 229 auswertbaren Fragebogen ergibt sich eine Rücklaufquote von knapp 51 Prozent, was als sehr gut bezeichnet werden darf.

Tabelle 4.5: Fragebogen-Rücklauf

	Anzahl	in % der Stichprobe
Kontaktierte Unternehmen (Stichprobe)	452	
Zurückerhaltene Fragebogen (Test- und Hauptversand)	237	52.4%
Nicht auswertbare Fragebogen	8	1.8%
Auswertbare Fragebogen (Rücklauf)	229	50.7%

4.2.7 Verzerrungen

Vor allem bei schriftlichen Befragungen ist in der Regel damit zu rechnen, dass nicht von der ganzen Stichprobe Antworten zurückkommen. Je tiefer die Rücklaufquote ausfällt, um so höher ist tendenziell das Risiko, dass zwischen den Antwortenden und den Nichtantwortenden Unterschiede auftreten. Dadurch kann ein verzerrtes Bild entstehen.[1]

Um die Nichtantwortenden mit den Antwortenden vergleichen zu können, wurden 70 Unternehmen, die nicht geantwortet hatten, zufällig ausgesucht und telefonisch kontaktiert. 36 Unternehmen erklärten sich bereit, den Fragebogen doch noch auszufüllen (davon trafen 32 Fragebogen effektiv ein). Infolge der sich abzeichnenden hohen Rücklaufquote und zur Aufwandsbegrenzung wurden die restlichen 34 Unternehmen nur gefragt, ob sie ein Personalinformationssystem einsetzen und ob bei ihnen die Einführung eines neuen Personalinformationssystems ein Anliegen sei.

In bezug auf die Verbreitung des Personalinformationssystem-Einsatzes und in bezug auf die beabsichtigte Einführung neuer Personalinformationssysteme konnten dabei keine wesentlichen Unterschiede zu den antwortenden Unternehmen festgestellt werden. (Die Ergebnisse der antwortenden Unternehmen sind in Abbildung 4.16 sowie in Abbildung 4.21 dargestellt.)

Da keine bedeutenden Unterschiede festgestellt werden konnten, haben sich möglicherweise zwei Effekte, die zu Verzerrungen führen können, gegenseitig kompensiert:

- Einerseits ist es denkbar, dass einzelne Unternehmen, welche bloss ein Lohn- und Gehaltssystem einsetzen, an der Thematik des Fragebogens wenig interessiert waren und ihn daher nicht zurücksandten. Bei den antwortenden Unternehmen wäre dadurch der Anteil des Personalinformationssystem-Einsatzes zu hoch ausgefallen.

- Andererseits kann nicht ausgeschlossen werden, dass einzelne Unternehmen angaben, ein Lohn- und Gehaltssystem einzusetzen und dadurch nur wenige Fragen beantworten mussten, obwohl sie effektiv mit einem Personalinformationssystem arbeiten. Bei den antwortenden Unternehmen wäre dadurch der Anteil des Personalinformationssystem-Einsatzes zu tief ausgefallen.

Es ist wichtig, festzuhalten, dass aufgrund des gewählten Vorgehens bei den übrigen Fragen Verzerrungen nicht ausgeschlossen werden können. Bei der Interpretation der Ergebnisse ist dies zu berücksichtigen.

---

[1] *Vgl. Wilk, 1991, S. 192*

4.2.8 Struktur der Stichprobe und des Rücklaufs

Die Abbildung 4.12 illustriert die absoluten Häufigkeiten der verschiedenen Branchen in der Stichprobe von 452 Unternehmen und bei den 229 auswertbaren Fragebogen. In der Tabelle sind zudem die relativen Häufigkeiten und die Rücklaufquoten für jede Branche aufgeführt. Auffallend ist, dass die Branchenverteilungen in der Stichprobe und im Rücklauf sehr ähnlich sind.

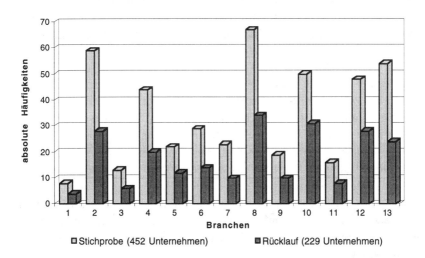

Branchen	Häufigkeiten Stichprobe		Häufigkeiten Rücklauf		Rücklauf-
	absolut	relativ	absolut	relativ	quoten
1 Energie-, Wasserversorgung	8	1.8%	4	1.7%	50.0%
2 Metall-, Maschinenindustrie	59	13.1%	28	12.2%	47.5%
3 Chemische Industrie	13	2.9%	6	2.6%	46.2%
4 Elektro-, Uhrenindustrie	44	9.7%	20	8.7%	45.5%
5 Nahrungs-, Genussmittel	22	4.9%	12	5.2%	54.5%
6 Sonstige Industrie	29	6.4%	14	6.1%	48.3%
7 Baugewerbe	23	5.1%	10	4.4%	43.5%
8 Handel	67	14.8%	34	14.8%	50.7%
9 Transport, Nachrichten	19	4.2%	10	4.4%	52.6%
10 Banken, Versicherungen	50	11.1%	31	13.5%	62.0%
11 Beratung, Informatik	16	3.5%	8	3.5%	50.0%
12 Sonstige Dienstleistungen	48	10.6%	28	12.2%	58.3%
13 Öffentliche Verwaltung	54	11.9%	24	10.5%	44.4%
Total	452	100.0%	229	100.0%	50.7%

Abbildung 4.12: Branchenzugehörigkeit in der Stichprobe und im Rücklauf

Die Branchen Banken und Versicherungen sowie sonstige Dienstleistungen verzeichneten die überdurchschnittliche Rücklaufquote von 62% bzw. 58% (vgl. Abbildung 4.12). Das Baugewerbe wies dagegen mit 43.5% die tiefste Rücklaufquote auf. Die wirtschaftliche Situation, die insbesondere in dieser Branche momentan sehr angespannt ist, dürfte die Bereitschaft, Fragebogen auszufüllen, stark gesenkt haben. Mit 44.4% war auch die Rücklaufquote bei den öffentlichen Verwaltungen relativ gering. Dies könnte damit zusammenhängen, dass in der öffentlichen Verwaltung während langer Zeit unter Personalarbeit nur administrative Tätigkeiten verstanden wurden. Das Interesse an Personalinformationssystemen beginnt sich folglich in dieser Branche erst langsam zu entwickeln.

Die Abbildung 4.13 zeigt, dass infolge der unterdurchschnittlichen Rücklaufquote der Anteil des zweiten Wirtschaftssektors (Branchen 1 bis 7) im Rücklauf gegenüber demjenigen in der Stichprobe leicht abnahm. Der Anteil des dritten Sektors (Branchen 8 bis 13) stieg dagegen leicht. Klammert man im dritten Sektor zudem noch die öffentliche Verwaltung aus (vgl. Ausführungen zur Abbildung 4.12), so steigt die Rücklaufquote dieses Sektors auf 56%. Die Bereitschaft, einen Fragebogen auszufüllen, war im dritten Sektor offensichtlich grösser als im zweiten. Dies könnte mit einem überdurchschnittlichen Interesse an Personalinformationssystemen erklärt werden, das auf der sehr zentralen Stellung der Mitarbeiter im Produktionsprozess und der Notwendigkeit einer optimalen Bewirtschaftung und Betreuung beruhen dürfte.

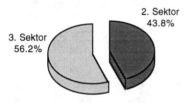   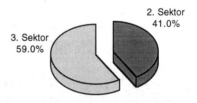

in % der **Stichprobe** (452 Unternehmen)   in % des **Rücklaufs** (229 Unternehmen)

Sektoren	Stichprobe	Rücklauf	Rücklaufquoten
2. Sektor	198	94	47.5%
3. Sektor	254	135	53.1%
Total	452	229	50.7%

Abbildung 4.13: Wirtschaftssektoren in der Stichprobe und im Rücklauf

Die Abbildung 4.14 illustriert, dass im Rücklauf der Anteil der Deutschschweizer Unternehmen grösser ist als in der Stichprobe. Die tiefere Rücklaufquote in der Westschweiz dürfte auf verschiedene Faktoren zurückzuführen sein:

- Einerseits könnte die angespanntere wirtschaftliche Situation in der West-schweiz die Bereitschaft, einen Fragebogen auszufüllen, gedämpft haben.

- Andererseits konnten die Namen der Personalchefs der Westschweizer Unter-nehmen aus Aufwands- und Zeitgründen nur teilweise ausfindig gemacht werden. Die Fragebogen für die Unternehmen der Westschweiz konnten daher im Gegensatz zu denjenigen für die Deutschschweizer Unternehmen nur zum Teil persönlich adressiert werden.

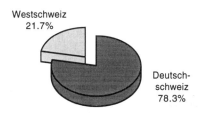

Sprachregionen	Stichprobe	Rücklauf	Rücklaufquoten
Deutschschweiz	354	191	54.0%
Westschweiz	98	38	38.8%
Total	452	229	50.7%

Abbildung 4.14: Regionale Herkunft in der Stichprobe und im Rücklauf

Die bei der Analyse einzelner Fragen verwendeten Grössenklassen für die Unternehmen werden in Abbildung 4.15 dargestellt. Da es im Rahmen dieser Studie um Personalinformationssysteme geht, wurde die Anzahl Mitarbeiter als Kriterium zur Bildung dieser Grössenklassen gewählt. Die Einteilung basiert auf den gewichteten Beständen, die von den Unternehmen im Fragebogen angegeben wurden. Da nur Grossunternehmen mit mehr als 500 Mitarbeitern befragt wurden, beginnt die Einteilung bei dieser Grenze.

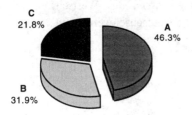

in % des **Rücklaufs** (229 Unternehmen)

Kategorie	Bezeichnung	Anzahl Mitarbeiter	Anzahl Unternehmen
A	Mittelgrosse Unternehmen	500 bis 999	106
B	Grosse Unternehmen	1000 bis 2999	73
C	Sehr grosse Unternehmen	ab 3000	50
	Total Rücklauf		229

Abbildung 4.15: Grössenklassen der Unternehmen im Rücklauf

Die Tabelle 4.6 gibt einen Überblick über die wichtigsten Funktionen der Frage-bogen-Beantworter. Da 90% der Antwortenden im Personalbereich eine leitende Stellung innehaben, kann davon ausgegangen werden, dass die Antworten grösstenteils umfassende und qualitativ hochstehende Beurteilungen aus dem Personalbereich wiedergeben.

Tabelle 4.6: Funktionen der Fragebogen-Beantworter

Funktionen	Anzahl	in %
Personalleiter (inkl. Personaldirektoren, Leiter Logistik/Personal usw.)	159	69.4%
Sonstige Leiter im Personalbereich (z. B. P.-Administration, P.-Controlling)	27	11.8%
Projektleiter sowie Leiter Personalinformationssystem	22	9.6%
Mitarbeiter im Personalbereich (z. B. Assistenten, Sachbearbeiter)	18	7.9%
Informatikleiter	3	1.3%
Total	229	100.0%

4.2.9 EDV-Einsatz im Personalbereich

4.2.9.1 Einsatz von Personalinformationssystemen

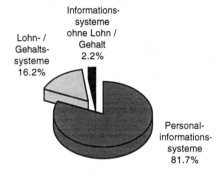

EDV-Systeme	Anzahl
Personalinformations-systeme	187
Lohn- / Gehalts-systeme	37
Informationssysteme ohne Lohn / Gehalt	5
Total	229

in % des Rücklaufs (229 Unternehmen)

Abbildung 4.16: Die zentralen EDV-Systeme im Personalbereich

In Abbildung 4.16 wird gezeigt, dass 82% der antwortenden Unternehmen ein Personalinformationssystem im Sinne der erwähnten Definition (vgl. Kapitel 2.3) einsetzen. 16% der Unternehmen arbeiten im Personalbereich primär mit einem System, das nur die Lohn- und Gehaltsabrechnung unterstützt. In 2% der Unternehmen wird ein Informationssystem eingesetzt, das die Lohn- und Gehaltsabrechnung nicht unterstützt.[1]

Informationssysteme ohne Lohn- und Gehaltsabrechnung entstanden beispielsweise in Unternehmen, deren Löhne und Gehälter in einer übergeordneten Einheit abgerechnet werden. Ein anderes Beispiel ist eine Tochtergesellschaft eines internationalen Konzerns, die im Personalbereich mit einem konzernweiten Informationssystem arbeitet und die Löhne sowie Gehälter mit einem kleineren System, das die nationalen Gegebenheiten berücksichtigt, abrechnet.

---

[1] *Die Kategorie der Informationssysteme ohne Lohn- und Gehaltsabrechnung stand im Fragebogen nicht direkt zur Verfügung. Sie musste aufgrund der Antworten im Rahmen der Auswertung gebildet werden.*

Mit den 187 Personalinformationssystemen, die in den antwortenden Unternehmen im Einsatz stehen, wurden Ende Mai 1997 insgesamt 950'000 Personen verwaltet. Dies ergibt einen Schnitt von 5'080 Personen pro System.

Aus den Angaben von 173 Unternehmen lässt sich errechnen, dass die Personalinformationssysteme Ende Mai 1997 im Schnitt seit 5.66 Jahren in Betrieb standen. Die Spannweite reichte von Systemen, die soeben eingeführt wurden, bis zu Systemen, die bereits 25 Jahre und 5 Monate produktiv eingesetzt werden.

Bezüglich der Verbreitung des Personalinformationssystem-Einsatzes konnten keine signifikanten Unterschiede zwischen Unternehmen des zweiten und des dritten Wirtschaftssektors festgestellt werden (χ^2-Wert = 0.37; df = 1; p = 0.541)[1].

Bei der branchenspezifischen Betrachtung des Personalinformationssystem-Einsatzes (vgl. Abbildung 4.17) fällt auf, dass in den Branchen Energie- und Wasserversorgung, chemische Industrie sowie Transport und Nachrichten alle antwortenden Unternehmen ein Personalinformationssystem einsetzen. Im Baugewerbe arbeitet hingegen nur jedes zweite der antwortenden Unternehmen mit einem Personalinformationssystem. Der in dieser Branche seit längerer Zeit anhaltende Bereinigungsprozess hemmte wahrscheinlich die Einführung solcher Systeme.[2]

---

[1] *Mit dem χ^2-Test lässt sich die Hypothese, dass zwei Variablen voneinander unabhängig sind, also kein Zusammenhang zwischen ihnen besteht, überprüfen.*

Der χ^2-Wert wird dabei mit dem theoretischen χ^2-Wert, der unter Berücksichtigung der Freiheitsgrade (df, degree of freedom) und der Irrtumswahrscheinlichkeit (z. B. 5%) aus Tabellen ablesbar ist, verglichen. Bei Computeranalysen kann die berechnete Wahrscheinlichkeit (p) auch direkt mit der Irrtumswahrscheinlichkeit (z. B. 5% bzw. 0.05) verglichen werden. Bei einer Sicherheitsgrenze von 95% kann deshalb die Hypothese verworfen werden, wenn p < 0.05.

Der χ^2-Test sollte nur verwendet werden, wenn die für die Berechnung des χ^2-Wertes notwendigen erwarteten Häufigkeiten >= 1 und maximal 20% dieser erwarteten Häufigkeiten < 5 sind.

Vgl. Wittenberg, 1991, S. 120ff. und S. 155ff.

[2] *Ein Beantworter meinte beispielsweise, dass das dringend notwendige Personalinformationssystem schon lange eingeführt sein sollte. Aufgrund der gerade stattfindenden Fusion wurde die Einführung allerdings erneut zurückgestellt.*

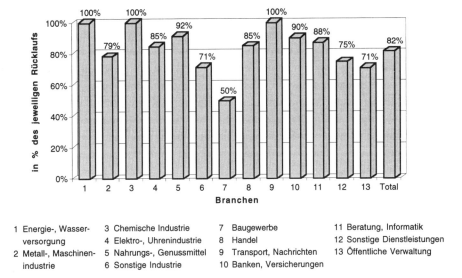

Abbildung 4.17: Personalinformationssystem-Einsatz nach Branchen

In bezug auf die Informationssysteme ohne Lohn- und Gehaltsabrechnung ist auffallend, dass vier der fünf genannten Systeme in öffentlichen Verwaltungen, im Gesundheitswesen und bei religiösen Vereinigungen betrieben werden. Die speziellen organisatorischen Verhältnisse begünstigen offensichtlich das Entstehen von dezentralen Insellösungen neben zentralen Lohn- und Gehaltsabrechnungssystemen. Dies könnte daran liegen, dass die zentralen Systeme aufgrund der trägen Abläufe und der Budgetrestriktionen den Bedürfnissen nicht mehr ganz entsprechen.

Zwischen den Unternehmen der West- und der Deutschschweiz konnten ebenfalls keine signifikanten Unterschiede in bezug auf die Verbreitung des Personalinformationssystem-Einsatzes festgestellt werden (χ^2-Wert = 0.20; df = 1; p = 0.656).

Der Einsatz der Personalinformationssysteme ist signifikant von der Grösse der Unternehmen abhängig (χ^2-Wert = 10.83; df = 2; p = 0.004). Dieses Ergebnis ist nachvollziehbar, da im Personalbereich der Bedarf an systemgestützter Informationsverarbeitung mit zunehmender Unternehmensgrösse steigen dürfte. Der Anteil der Unternehmen, die ein Personalinformationssystem einsetzen, ist allerdings bei sehr grossen Unternehmen leicht tiefer als bei den grossen Unternehmen (vgl. Abbildung 4.18).[1] Alle sechs Unternehmen dieser Grössenklasse, die noch mit einem reinen Lohn- und Gehaltsabrechnungssystem arbeiten, haben jedoch die Einführung eines Personalinformationssystems bereits beschlossen oder diskutieren darüber.

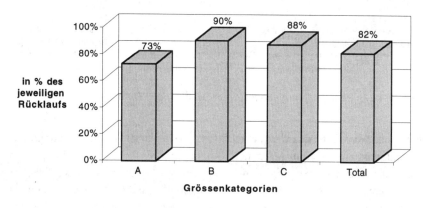

Abbildung 4.18: Personalinformationssystem-Einsatz nach Grössenklassen

Bei den fünf Unternehmen, welche Informationssysteme ohne Lohn- und Gehaltsabrechnung einsetzen, ist auffallend, dass vier dieser Systeme in mittelgrossen Unternehmen (500 bis 999 Mitarbeiter) eingesetzt werden. Dies könnte daran liegen, dass das Halten von redundanten Daten in verschiedenen Systemen mit zunehmender Unternehmensgrösse immer problematischer wird.

---

[1] *Eventuell haben einige dieser sehr grossen Unternehmen bisher den Aufwand einer erstmaligen Einführung eines Personalinformationssystems gescheut. Insbesondere bei einzelnen sehr grossen Unternehmen entstand jedoch der Eindruck, dass sie vorgaben, ein Lohn- und Gehaltsabrechnungssystem einzusetzen, obwohl sie effektiv mit einem (einfachen) Personalinformationssystem arbeiten. Dadurch mussten sie nur wenige Fragen beantworten.*

4.2.9.2 Übrige EDV-Systeme im Personalbereich

Neben den im vorangehenden Abschnitt erwähnten Systemen werden in 90% der Personalbereiche der befragten Unternehmen zusätzliche personalspezifische Systeme eingesetzt (vgl. Abbildung 4.19).[1]

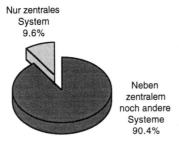

EDV-Systeme	Anzahl
Neben zentralem noch andere Systeme	207
Nur zentrales System	22
Total	229

in % des Rücklaufs (229 Unternehmen)

Abbildung 4.19: Struktur der personalspezifischen EDV-Systeme

Der Wirtschaftssektor, in dem die antwortenden Unternehmen tätig sind, hat keinen Einfluss darauf, ob im Personalbereich neben dem zentralen System noch andere personalspezifische Systeme eingesetzt werden (χ^2-Wert = 0.0002; df = 1; p = 0.999). Auch in bezug auf die verschiedenen Branchen konnten keine markanten Unterschiede festgestellt werden.

In der Deutschschweiz haben 92% der antwortenden Unternehmen im Personalbereich neben dem zentralen System noch andere personalspezifische Systeme im Einsatz. In der Westschweiz liegt dieser Anteil hingegen bei 82%.[2]

Der Anteil der Unternehmen, die neben dem zentralen System noch andere personalspezifische Systeme einsetzen, steigt mit zunehmender Unternehmensgrösse nur leicht. Es konnte keine signifikante Abhängigkeit zwischen diesen beiden Variablen festgestellt werden (χ^2-Wert = 1.77; df = 2; p = 0.412).

---

[1] *Im Rahmen dieser Arbeit interessiert vor allem der Einsatz von personalspezifischen Anwendungen. Die relativ weit verbreiteten reinen Büroanwendungen (z. B. Textverarbeitung) wurden nicht berücksichtigt.*

[2] *Der χ^2-Test besitzt hier nur eine geringe Aussagefähigkeit, da die erwartete Häufigkeit in mehr als 20% der Zellen kleiner als 5 ist. Die Werte (χ^2-Wert = 4.08; df = 1; p = 0.044) würden bei einer Sicherheitsgrenze von 95% auf eine sehr geringe Abhängigkeit der beiden Variablen hindeuten.*

Da sehr viele Unternehmen im Personalbereich mit mehreren personalspezifischen Systemen arbeiten, ist es insbesondere von Interesse, ob die übrigen Systeme reine Insellösungen darstellen oder ob sie Verbindungen zu den zentralen Systemen aufweisen. Die Integrationsformen der fünf häufigsten übrigen Systeme sind in Abbildung 4.20 aufgeführt. Die Tabelle 4.7 enthält einen Überblick über sämtliche Nennungen.

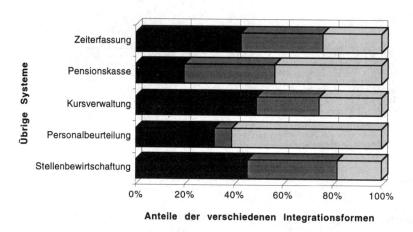

Anteile der verschiedenen Integrationsformen

▫ Zugriff auf die Daten des zentralen Systems
▪ Isoliertes System, automatische Aktualisierung der Daten
■ Isoliertes System, manuelle Doppelerfassung der Daten

Abbildung 4.20: Integrationsformen der fünf häufigsten übrigen personal-
spezifischen Systeme

Erstaunlich viele Personalbeurteilungssysteme (61%) greifen direkt auf die Daten des zentralen Systems zu. Dies dürfte daran liegen, dass die Löhne der Mitarbeiter immer häufiger eine leistungsabhängige Komponente enthalten und daher eine direkte Verbindung zwischen den involvierten Systemen sinnvoll ist.

Auch die Pensionskassensysteme weisen eine relativ grosse Integration mit den zentralen Systemen auf. Dies ist aufgrund der engen Verknüpfungen insbesondere mit der Lohn- und Gehaltsabrechnung verständlich.

Die Zeiterfassungs-, Kursverwaltungs- und Stellenbewirtschaftungssysteme sind dagegen in der Regel wesentlich schlechter mit dem zentralen System integriert. Immerhin zwei von fünf dieser Systeme werden völlig isoliert und infolgedessen mit teilweise redundanten Datenbeständen betrieben.

Tabelle 4.7: Die übrigen personalspezifischen Systeme und deren Integration

Integrations-formen Übrige Systeme	Isoliertes System, manuelle Doppel-erfassung der Daten	Isoliertes System, automatische Aktuali-sierung der Daten	Zugriff auf die Daten des zentralen Systems	Total
Zeiterfassung	64	50	36	150
Pensionskasse	28	53	62	143
Kursverwaltung	44	23	23	90
Personalbeurteilung	13	3	25	41
Stellenbewirtschaftung	5	4	2	11
Lohnfindungssysteme	3	3	2	8
Bewerberverwaltung	5	1	1	7
Personalinformationen[1]	1	2	3	6
Lohn-, Gehaltsabrechnung[2]	2	3	0	5
Auswertungen, Statistiken	1	2	2	5
Einsatzplanung	0	2	1	3
Management Development	1	1	1	3
Personalentwicklung	1	2	0	3
Ferien-, Absenzenverwaltung	0	1	1	2
Kranken- und Unfallwesen	0	1	1	2
Zutrittskontrolle	1	1	0	2
Personalinserateverwaltung	0	1	0	1
Umsatzbeteiligungs- und Prämienberechnung	1	0	0	1
Total	170	153	160	483

Von den 229 antwortenden Unternehmen setzen 66% neben dem zentralen System ein Zeiterfassungssystem ein. Bei den Pensionskassensystemen beträgt dieser Anteil 62%, bei den Kursverwaltungssystemen 39% und bei den Personal-beurteilungssystemen 18%.

35% der übrigen personalspezifischen Systeme werden als isolierte Systeme mit einer manuellen Doppelerfassung einzelner Daten betrieben. Bei den sehr grossen

---

[1] *Einzelne Unternehmen, welche nur ein Lohn- und Gehaltsabrechnungssystem einsetzen, arbeiten daneben noch mit einem System, welches zusätzliche Personalinformationen verwaltet.*

[2] *Die fünf Unternehmen, welche ein Informationssystem ohne Lohn- und Gehaltsabrechnung einsetzen, besitzen zusätzlich ein System, auf dem die Löhne und Gehälter berechnet werden (vgl. Ausführungen zur Abbildung 4.16).*

Unternehmen (ab 3000 Mitarbeiter) beträgt der Anteil der isolierten Systeme mit einer manuellen Doppelerfassung einzelner Daten immerhin 38%. Neben dem zusätzlichen Aufwand bei der Erfassung, bei der Pflege und bei einer allfälligen Konsolidierung von Informationen kann dies zu widersprüchlichen Daten führen.

Der Datenschutz und die Datensicherheit besitzen im Personalbereich aufgrund der vielen Personendaten eine grosse Bedeutung. Bedenken in diesem Zusammenhang dürften zur grossen Anzahl an übrigen personalspezifischen Systemen und insbesondere zu den vielen isolierten Systemen geführt haben. Gerade diese Bedenken führen auch heute noch in vielen Unternehmen dazu, dass innerhalb des Personalbereichs statt integrierter Lösungen isolierte Systeme in Betrieb genommen werden.

4.2.9.3 Einführung neuer Personalinformationssysteme

Von den befragten Unternehmen gaben 105 bzw. 46% an, dass bei ihnen die Einführung eines Personalinformationssystems ein Anliegen sei (vgl. Abbildung 4.21). In beinahe jedem zweiten Unternehmen wird demnach über die Einführung eines neuen Personalinformationssystems diskutiert oder ist diese bereits beschlossen.

In 61 der 105 antwortenden Unternehmen wird über die Einführung diskutiert, und in 44 ist sie bereits beschlossen. In 73 dieser 105 Unternehmen wird ein altes Personalinformationssystem abgelöst. In 30 Unternehmen geht es um die Ablösung eines Lohn- und Gehaltssystems und in zweien um die Ablösung eines Informationssystems ohne Lohn- und Gehaltsabrechnung.

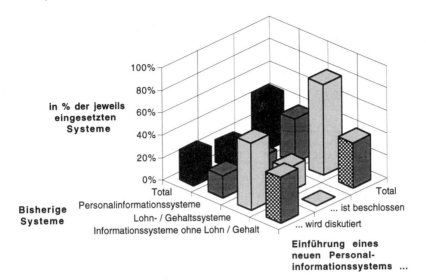

in % der jeweils
eingesetzten
Systeme

Bisherige
Systeme

Personalinformationssysteme
Lohn- / Gehaltssysteme
Informationssysteme ohne Lohn / Gehalt

... ist beschlossen
... wird diskutiert

Einführung eines
neuen Personal-
informationssystems ...

Bisherige zentrale Systeme	Einführung eines neuen Personalinformationssystems			Eingesetzte Systeme
	wird diskutiert	ist beschlossen	Total	
Personalinformationssysteme	37	36	73	187
Lohn- / Gehaltssysteme	22	8	30	37
Informationssysteme ohne Lohn / Gehalt	2	0	2	5
Total	61	44	105	229

Abbildung 4.21: Einführung neuer Personalinformationssysteme

In Abbildung 4.21 ist unter anderem erkennbar, dass immerhin 81% der eingesetzten Lohn- und Gehaltssysteme durch ein Personalinformationssystem ersetzt werden sollen. Auch 40% der Informationssysteme ohne Lohn- und Gehaltsabrechnung sollen durch ein Personalinformationssystem ersetzt werden. Ausserdem ist in 39% der Unternehmen, welche ein Personalinformationssystem einsetzen, der Ersatz dieses Systems ein Anliegen.

Durch die Neueinführungen dürfte der Anteil der Personalinformationssysteme (momentan 82%, vgl. Abbildung 4.16) im Verlaufe der nächsten Jahre auf ungefähr 96% steigen.

Bezüglich der Einführung neuer Personalinformationssysteme konnten keine signifikanten Unterschiede zwischen den Unternehmen des zweiten und des dritten Wirtschaftssektors festgestellt werden (χ^2-Wert = 0.32; df = 1; p = 0.571).

Bei der branchenspezifischen Betrachtung der Einführung neuer Personalinformationssysteme (vgl. Abbildung 4.22) fällt auf, dass in der chemischen Industrie in
zwei von drei Unternehmen die Einführung eines solchen Systems ein Anliegen
ist. In der Elektro- und Uhrenindustrie ist dies hingegen nur bei jedem vierten
Unternehmen der Fall.

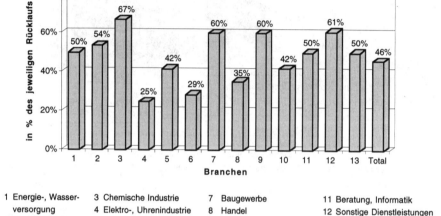

1 Energie-, Wasser-   3 Chemische Industrie   7 Baugewerbe   11 Beratung, Informatik
  versorgung   4 Elektro-, Uhrenindustrie 8 Handel   12 Sonstige Dienstleistungen
2 Metall-, Maschinen-   5 Nahrungs-, Genussmittel   9 Transport, Nachrichten 13 Öffentliche Verwaltung
  industrie   6 Sonstige Industrie   10 Banken, Versicherungen

Abbildung 4.22: Einführung neuer Personalinformationssysteme nach Branchen

Zwischen den Unternehmen der West- und der Deutschschweiz konnten keine
signifikanten Unterschiede in bezug auf die Einführung neuer Personalinformationssysteme festgestellt werden (χ^2-Wert = 0.84; df = 1; p = 0.358).

Da mit zunehmender Unternehmensgrösse der Anteil der Unternehmen, bei denen
die Einführung eines Personalinformationssystems ein Anliegen ist, nur leicht
steigt, konnte kein signifikanter Zusammenhang festgestellt werden (χ^2-
Wert = 1.84; df = 2; p = 0.398).

Werden hingegen nur diejenigen 32 Unternehmen betrachtet, welche erstmals ein
Personalinformationssystem einführen wollen, so fällt folgendes auf: Verhältnismässig viele dieser Unternehmen gehören zur Kategorie mittelgrosse Unternehmen (500 bis 999 Mitarbeiter) (59% im Vergleich zum 46%-Anteil dieser
Grössenklasse im Rücklauf). Der Einsatz von Personalinformationssystemen in
mittelgrossen Unternehmen wird daher in der Zukunft überdurchschnittlich stark
steigen.

Würden alle 32 Unternehmen, die erstmals ein Personalinformationssystem einführen wollen, dies auch tun, so würde die Verbreitung der Personalinformationssysteme im Vergleich zur Abbildung 4.18 wie folgt aussehen: 91% der mittelgrossen Unternehmen und alle grossen sowie sehr grossen Unternehmen würden
mit einem Personalinformationssystem arbeiten. Insgesamt würde dann in 96%
der Unternehmen ein solches System eingesetzt.

4.2.9.4 Hardware der Personalinformationssysteme

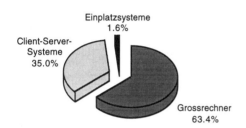

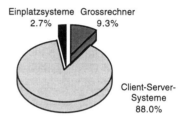

Hardware-Plattformen	Eingesetzte Personal-informationssysteme	Neue Personal-informationssysteme[1]
Grossrechner	116	7
Client-Server-Systeme	64	66
Einplatzsysteme	3	2
Total	183[2]	75[3]

Abbildung 4.23: Hardware-Plattformen

Bei den Hardware-Plattformen, auf denen die Personalinformationssysteme instal-
liert sind, fällt auf, dass 63% der eingesetzten Personalinformationssysteme auf
Grossrechnern betrieben werden (vgl. Abbildung 4.23). Die Client-Server-
Systeme weisen einen Anteil von 35% auf. Da nur Grossunternehmen befragt

---

[1] *In der Spalte „Neue Personalinformationssysteme" sind alle Systeme, deren Einführung diskutiert
wird oder bereits beschlossen ist, aufgelistet.*

[2] *Von den 187 Unternehmen, bei denen ein Personalinformationssystem eingesetzt wird, gaben nur
183 eine Hardware-Plattform an.*

[3] *Von den 105 Unternehmen, bei denen die Einführung eines Personalinformationssystems ein
Thema ist, gaben nur 75 eine Hardware-Plattform an. In vielen Unternehmen ist der Entscheid für
eine bestimmte Plattform oder für ein spezifisches System noch nicht gefallen.*

wurden, wird das Personalinformationssystem nur in drei Unternehmen auf einem Einplatzsystem eingesetzt.

88% der Unternehmen, welche die Einführung eines Personalinformationssystems diskutieren oder bereits beschlossen haben und die Frage nach der zukünftigen Hardware-Plattform beantworteten, werden das neue Personalinformationssystem auf einem Client-Server-System einsetzen (vgl. Abbildung 4.23). Der Anteil dieser Plattform wird daher in der Zukunft stark steigen.

Die Abbildung 4.24 zeigt für die eingesetzten Personalinformationssysteme die Anteile der Hardware-Plattformen in den verschiedenen Branchen. Mit Anteilen von 90% bis 100% weisen die Grossrechner die grösste Verbreitung in den Branchen Energie- und Wasserversorgung, öffentliche Verwaltung sowie Nahrungs- und Genussmittel auf. Die Client-Server-Systeme konnten dagegen mit Anteilen von 52% bis 89% primär in den Branchen sonstige Industrie, Elektro- und Uhrenindustrie sowie Metall- und Maschinenindustrie Fuss fassen. Einplatz-systeme werden nur in den Branchen Nahrungs- und Genussmittel, Metall- und Maschinenindustrie sowie Banken und Versicherungen eingesetzt.

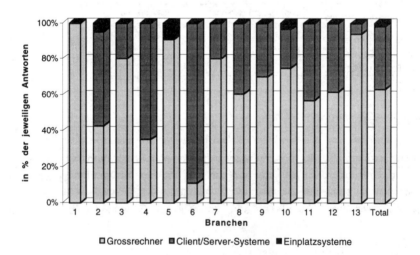

☐ Grossrechner   ▨ Client/Server-Systeme   ■ Einplatzsysteme

1 Energie-, Wasser-versorgung	3 Chemische Industrie	7 Baugewerbe	11 Beratung, Informatik
	4 Elektro-, Uhrenindustrie	8 Handel	12 Sonstige Dienstleistungen
2 Metall-, Maschinen-industrie	5 Nahrungs-, Genussmittel	9 Transport, Nachrichten	13 Öffentliche Verwaltung
	6 Sonstige Industrie	10 Banken, Versicherungen	

Abbildung 4.24: Hardware-Plattformen nach Branchen

Werden die Hardware-Plattformen der eingesetzten Personalinformationssysteme in Abhängigkeit der Wirtschaftssektoren betrachtet, so fällt auf, dass im sekundären Sektor der Anteil der Client-Server-Systeme (44%) im Vergleich zu demjenigen des tertiären Sektors (29%) wesentlich höher liegt. Umgekehrt verhält es sich bei den Grossrechnern: sekundärer Sektor 53%, tertiärer Sektor 70%. Die Einplatzsysteme werden mehrheitlich im sekundären Sektor eingesetzt.

Die im Vergleich zu den Grossrechnern flexiblen, benutzerfreundlichen und modernen Client-Server- sowie Einplatzsysteme konnten sich folglich im sekundären Wirtschaftssektor stärker verbreiten als im tertiären Sektor.

Werden nur diejenigen 75 Unternehmen berücksichtigt, welche ein Personalinformationssystem neu einführen wollen, so fällt auf, dass im sekundären Sektor der Anteil der Client-Server-Systeme (94%) wiederum grösser ist als im tertiären Sektor (83%). Dies ist darauf zurückzuführen, dass nur noch in den Branchen des tertiären Sektors (ausser bei Banken und Versicherungen) Installationen auf Grossrechnern vorgesehen sind (Anteile bis zu 25%). Einplatzsysteme sind dagegen nur im sekundären Sektor in den Branchen Metall- und Maschinenindustrie sowie chemische Industrie vorgesehen.

In der Westschweiz ist der Anteil der Client-Server-Systeme (45%) etwas höher als in der Deutschschweiz (33%). Im Gegenzug wird in der Deutschschweiz häufiger mit Grossrechnern (Anteil 66%) gearbeitet als in der Westschweiz (Anteil 52%). Bei den neu einzuführenden Personalinformationssystemen ist allerdings erkennbar, dass die antwortenden Unternehmen der Deutschschweiz leicht häufiger ein Client-Server-System einzusetzen gedenken (Anteil 90%) als diejenigen der Westschweiz (Anteil 81%).

Interessanterweise verändern sich die Anteile der verschiedenen Hardware-Plattformen der eingesetzten Personalinformationssysteme nicht stark zwischen den drei Grössenklassen von Unternehmen. Erwartungsgemäss werden die Einplatzsysteme nur in mittelgrossen Unternehmen (500 bis 999 Mitarbeiter) eingesetzt. In bezug auf die neu einzuführenden Personalinformationssysteme ist hingegen bei sehr grossen Unternehmen (ab 3000 Mitarbeiter) der Anteil der Grossrechner (18%) eindeutig am höchsten und der Anteil der Client-Server-Systeme (82%) am tiefsten (jeweils im Vergleich zu den entsprechenden Anteilen bei den anderen Grössenklassen).

4.2.9.5 Software der Personalinformationssysteme

Von den antwortenden Unternehmen, welche mit einem Personalinformationssystem arbeiten, setzen 80% eine Standard-Anwendungssoftware ein. Demgegenüber arbeitet jedes fünfte Unternehmen mit einer Eigenentwicklung (vgl. Abbildung 4.25).

Der Anteil der Eigenentwicklungen wird in der Zukunft stark sinken, da nur vier
Unternehmen eine Eigenentwicklung planen und 15 Unternehmen ihre Eigenentwicklung durch eine Standard-Anwendungssoftware ablösen wollen. In bezug auf
Personalinformationssysteme besteht daher ein klarer Trend zu einem zunehmenden Einsatz von Standard-Anwendungssoftware.

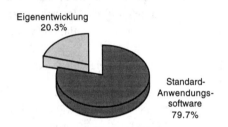
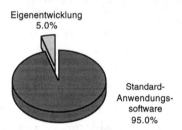

Art der Software	Eingesetzte Personal- informationssysteme	Neue Personal- informationssysteme[1]
Standard-Anwendungssoftware	149	76
Eigenentwicklung	38	4
Total	187	80[2]

Abbildung 4.25: Software-Arten

---

[1] *In der Spalte „Neue Personalinformationssysteme“ sind alle Systeme, deren Einführung diskutiert
wird oder bereits beschlossen ist, aufgelistet.*

[2] *Von den 105 Unternehmen, bei denen die Einführung eines Personalinformationssystems ein
Thema ist, gaben nur 80 eine Software-Art an.*

Wie die Abbildung 4.26 zeigt, setzen in vier Branchen alle antwortenden Unternehmen ein Standard-Personalinformationssystem ein. In den Branchen öffentliche Verwaltung sowie Energie- und Wasserversorgung arbeiten hingegen 65% bzw. 50% der antwortenden Unternehmen mit einer Eigenentwicklung.

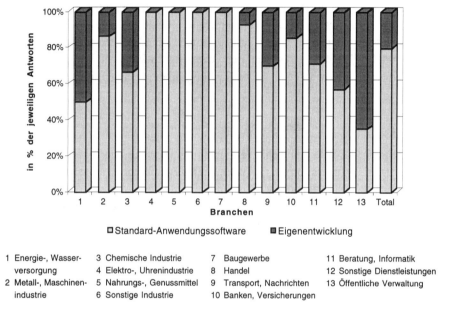

Abbildung 4.26: Software-Arten nach Branchen

Bei den antwortenden Unternehmen weist die eingesetzte Software-Art eine signifikante statistische Abhängigkeit von den Wirtschaftssektoren auf (χ^2-Wert = 9.34; df = 1; p = 0.002). Beispielsweise arbeiten 91% der antwortenden Unternehmen des sekundären Sektors mit einem Standard-Personalinformationssystem. Im tertiären Sektor beträgt dieser Anteil lediglich 72%. Offensichtlich sind die Unternehmen des zweiten Sektors eher bereit, sich im Personalbereich mit einem Standard zufriedenzugeben, während die Unternehmen des dritten Sektors noch eher glauben, sich eine individuelle Lösung leisten zu können.

Vier Unternehmen beabsichtigen, eine Eigenentwicklung einzuführen. Sie gehören den Branchen Energie- und Wasserversorgung, Handel sowie sonstige Dienstleistungen an. Da drei dieser Unternehmen den beiden zuletzt genannten Branchen angehören, verfügt der tertiäre Sektor auch bei den neuen Personalinformationssystemen über einen leicht höheren Anteil an Eigenentwicklungen.

Da Standard-Personalinformationssysteme in der Deutschschweiz nur leicht häufiger eingesetzt werden als in der Westschweiz, konnten keine signifikanten Unterschiede festgestellt werden (χ^2-Wert = 1.45; df = 1; p = 0.228).

Der Einsatz der Software-Arten wies bei den antwortenden Unternehmen auch keine Abhängigkeit von der Unternehmensgrösse auf (χ^2-Wert = 0.45; df = 2; p = 0.797). Es kann festgestellt werden, dass von den antwortenden Unternehmen, welche ein neues Personalinformationssystem einführen wollen, alle 21 sehr grossen Unternehmen (ab 3000 Mitarbeiter) eine Standard-Anwendungssoftware einzuführen beabsichtigen. Von den vier vorgesehenen Eigenentwicklungen sollen drei in grossen Unternehmen (1000 bis 2999 Mitarbeiter) eingeführt werden.

4.2.9.6 Verbreitung verschiedener Personalinformationssysteme

Die Tabelle 4.8 enthält sowohl die absoluten als auch die relativen Häufigkeiten verschiedener Personalinformationssysteme. Das Modul HR des Systems R/3 von SAP weist mit 39 Installationen (21%) die grösste Verbreitung auf und wurde auch bei der Frage nach der Einführung eines neuen Personalinformationssystems am häufigsten genannt (21 Nennungen, 46%).

Tabelle 4.8: Verbreitung verschiedener Personalinformationssysteme

Produktname - Herstellername	Eingesetzte Personal-informationssysteme		Neue Personal-informationssysteme[1]	
R/3 HR - SAP	39	20.9%	21	45.7%
Eigenentwicklung	38	20.3%	4	8.7%
Personal/400 - Soreco (IBM)	25	13.4%		
R/2 RP - SAP	16	8.6%	1	2.2%
PERS/400 - Inel Data	13	7.0%		
ADP-GSI	8	4.3%		
HR-Access (Sigagip) - CGI/IBM	5	2.7%	3	6.5%
SUPIS - DataMind/IBM	5	2.7%		
Diapers - ATO/RZB	4	2.1%	2	4.3%
Personal/R - blue chips	3	1.6%	2	4.3%
Oracle HRMS - Oracle	3	1.6%		
NCR	3	1.6%		
Abacus	1	0.5%	6	13.0%
Diverse	24	12.8%	7	15.2%
Total	187	100.0%	46[2]	100.0%

In Tabelle 4.8 ist zudem erkennbar, dass 55 bzw. 29% der eingesetzten Personal-informationssysteme von SAP stammen. Bei den Systemen, die in den befragten Unternehmen neu eingeführt werden sollen, liegt SAP mit einem Anteil von 48% noch klarer in Führung. An zweiter Stelle der Hersteller rangiert IBM (inkl. Partnergesellschaft Soreco und Tochtergesellschaften) mit 35 bzw. beinahe 19% der eingesetzten Personalinformationssysteme. IBM wurde allerdings bei der Frage nach den neu einzuführenden Systemen nur dreimal mit dem System der Tochtergesellschaft CGI genannt.

---

[1] *In der Spalte „Neue Personalinformationssysteme" sind alle Systeme, deren Einführung diskutiert wird oder bereits beschlossen ist, aufgelistet.*

[2] *Von den 105 Unternehmen, bei denen die Einführung eines Personalinformationssystems ein Thema ist, gaben 46 ein konkretes Produkt an. In vielen Unternehmen ist der Entscheid für ein spezifisches System noch nicht gefallen.*

4.2.9.7 Anpassung der Standard-Personalinformationssysteme

Eine Standard-Anwendungssoftware kann auf verschiedene Arten an die spezifischen Gegebenheiten eines Unternehmens angepasst werden. In der Regel können die verschiedenen Anpassungsarten auch kombiniert werden. Die Abbildung 4.27 zeigt überblicksartig, wie die eingesetzten Standard-Personalinformationssysteme angepasst wurden und welche Anpassungsarten bei den neu einzuführenden Standard-Personalinformationssystemen vorgesehen sind.

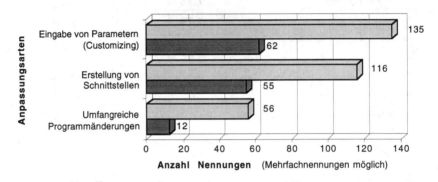

□ Antworten der Unternehmen, welche ein Standard-Personalinformationssystem einsetzen (149).

■ Antworten der Unternehmen, welche die Einführung eines neuen Standard-Personalinformationssystems diskutieren oder beschlossen haben (73).

Abbildung 4.27: Anpassungsarten

Von den antwortenden Unternehmen, welche ein Standard-Personalinformationssystem einsetzen, passten 91% die Software durch die Einstellung von Parametern (sog. Customizing) an. 78% der Unternehmen nahmen durch die Erstellung von Schnittstellen zu Fremdsystemen Anpassungen vor. 38% der Unternehmen realisierten umfangreiche Programmänderungen. Bei den kombinierten Anpassungen wurde die Verbindung Parametrierung und Erstellung von Schnittstellen in den Unternehmen am häufigsten angewendet (in 65 Unternehmen bzw. 44% der antwortenden Unternehmen).

73 Unternehmen, welche ein Standard-Personalinformationssystem einführen wollen, machten Angaben über die vorgesehenen Anpassungsarten. Bei ihnen sind die Anteile der Anpassung durch die Einstellung von Parametern sowie durch die Erstellung von Schnittstellen ungefähr gleich gross wie bei den eingesetzten Standard-Personalinformationssystemen. Hingegen beabsichtigen nur 16% dieser Unternehmen, umfangreiche Programmänderungen vorzunehmen. Die Kombina-

tion Parametrierung und Erstellung von Schnittstellen wurde dabei wiederum am häufigsten genannt (von 41 Unternehmen bzw. 56% der antwortenden Unternehmen).

Auffallend ist, dass der Anteil der Unternehmen, die bei einer zukünftigen Einführung eines Standard-Personalinformationssystems umfangreiche Programmänderungen vorsehen, im Vergleich zum Anteil der Unternehmen, die beim jetzigen Personalinformationssystem umfangreich Programmänderungen vorgenommen haben, nicht einmal halb so gross ist (16% zu 38%). Sicherlich wird das eine oder andere Unternehmen im Rahmen der konkreten Einführung doch noch solche Änderungen vornehmen.

Offensichtlich versuchen die Unternehmen zunehmend, mit dem Standard zu leben, die Organisation diesem Standard anzugleichen und die Anpassung der Standard-Personalinformationssysteme an das Unternehmen auf die Ebenen der Parametrierung sowie der Erstellung von Schnittstellen zu beschränken.

4.2.9.8 Zugriff auf die Daten im Personalinformationssystem

Da ein Personalinformationssystem primär für den Personalbereich ein Arbeitswerkzeug darstellt, ist es nicht erstaunlich, dass bei allen Unternehmen, die ein solches System einsetzen, die Mitarbeiter des Personalbereichs mindestens teilweise direkt auf die Datenbestände des Personalinformationssystems zugreifen können (vgl. Abbildung 4.28). In immerhin sieben Unternehmen verfügen allerdings die Personalchefs bzw. -leiter über keinen eigenen Zugang zum zentralen System ihrer Abteilung.

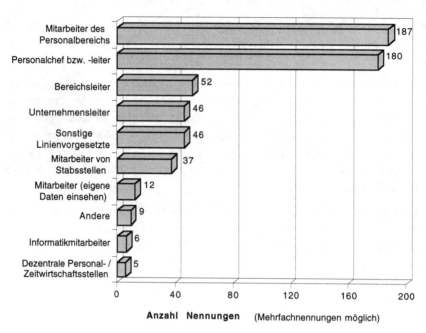

Anzahl Nennungen (Mehrfachnennungen möglich)

Bereichsleiter sind entweder dem obersten Leiter direkt unterstellt oder Mitglied der Geschäftsleitung.

Abbildung 4.28: Direkter Zugriff auf die Daten des Personalinformationssystems

In 89 Unternehmen (48% der Personalinformationssysteme einsetzenden Unternehmen) verfügen nur die Personalchefs bzw. -leiter oder die Mitarbeiter des Personalbereichs über eine direkte Zugriffsmöglichkeit auf die Daten des Personalinformationssystems. In zahlreichen Unternehmen kann ausserdem nur derjenige Bereichsleiter, dem die Personalabteilung untersteht, zusätzlich auf diese Daten direkt zugreifen. Daher ist in der Mehrheit der Unternehmen, die ein Personalinformationssystem einsetzen, der direkte Zugriff auf die Daten des Personalinformationssystems den Angehörigen des Personalbereichs vorbehalten.

Aufgrund der allgemeinen Tendenz zur Dezentralisierung der Personalarbeit ist anzunehmen, dass in der Zukunft unter anderem die Linienvorgesetzten vermehrt direkt auf die Daten ihrer Mitarbeiter zugreifen können. Zudem ist es beispielsweise bereits heute in einzelnen Personalinformationssystemen möglich, dass die Mitarbeiter bestimmte Daten (z. B. Adressen) selbst pflegen können.

4.2.10 Beurteilung der Personalinformationssysteme

4.2.10.1 Zufriedenheit mit den Merkmalen

Im Rahmen der Beurteilung der Personalinformationssysteme hatten die Beantworter anzugeben, wie zufrieden sie mit dem Personalinformationssystem ihres Unternehmens bezüglich der in Tabelle 4.10 aufgelisteten Merkmale sind. Dabei standen ihnen die in Tabelle 4.9 aufgeführten Prädikate zur Verfügung.

Tabelle 4.9: Skala für die Einstufung der Zufriedenheit mit den Merkmalen

Prädikate	Zugehörige Zahlenwerte
sehr zufrieden	4
zufrieden	3
weniger zufrieden	2
unzufrieden	1

Die Tabelle 4.10 zeigt die Auswertung der Frage über die Zufriedenheit mit den eingesetzten Personalinformationssystemen bezüglich der einzelnen Merkmale. In der zweiten Spalte ist erkennbar, dass nur 185 Unternehmen die Merkmale beurteilt haben. Zwei der 187 Unternehmen, die ein Personalinformationssystem einsetzen, haben dieses erst vor kurzem eingeführt und waren daher nicht in der Lage, eine Beurteilung abzugeben.

In der dritten Spalte der Tabelle 4.10 ist der Mittelwert[1] aller Beurteilungen enthalten. Die Berechnung dieses Wertes beruht auf der Annahme, dass die Abstände zwischen den in Tabelle 4.9 aufgeführten Prädikaten konstant sind. Je nach Verteilung der einzelnen Beurteilungen enthalten der Median[2], der Modus[3] und die Häufigkeit des Modus weitere bedeutende Hinweise.

---

[1] *Der Mittelwert oder das arithmetische Mittel ist als die Summe aller beobachteten Werte dividiert durch die Anzahl der Beobachtungen definiert. Vgl. Wittenberg, 1991, S. 155*

[2] *Der Median einer Menge von Zahlen, die der Grösse nach geordnet sind, ist der Wert in der Mitte oder das arithmetische Mittel der beiden Werte in der Mitte. Der Median teilt demnach die Menge von Zahlen in zwei gleichgrosse Hälften. Vgl. Wittenberg, 1991, S. 175*

[3] *Der Modus oder Modalwert einer Menge von Zahlen ist der Wert, der am häufigsten vorkommt. Vgl. Wittenberg, 1991, S. 176*

Tabelle 4.10: Statistische Masse für die Zufriedenheit mit den Merkmalen

Merkmale	Anzahl	Mittel-wert[1]	Median	Modus	Modus Häufigk.
Funktionen (Umfang und Qualität)	185	2.92	3	3	113
Integration (verschiedener Aufgaben)	185	2.60	3	3	87
Schnittstellen (zu anderen Anwendungen)	185	2.69	3	3	90
Datenschutz (korrekte und unversehrte Daten nur für Berechtigte)	185	3.42	4	4	94
Sicherheit (Schutz vor Datenverlust)	185	3.51	4	4	105
Benutzerfreundlichkeit	185	2.68	3	3	89
Effizienz (geringer Bedarf an Computerressourcen)	185	2.69	3	3	108
Zuverlässigkeit bzw. Systemverfügbarkeit	185	3.25	3	3	98
Anpassungsfähigkeit (bezüglich neuer Anforderungen)	185	2.46	2	3	71
Systemunabhängigkeit (Einsatz auf versch. Hardware- und Betriebssystem-Plattformen sowie Datenbanken möglich)	185	2.44	3	3	93
Dokumentation resp. Hilfesystem	185	2.38	3	3	84
Unterstützungsleistungen durch den Anbieter	185	2.75	3	3	106

Am zufriedensten sind die ein Personalinformationssystem einsetzenden Unternehmen mit den Merkmalen Datenschutz und Sicherheit. Mehr als die Hälfte der Antwortenden sind mit diesen Merkmalen sogar sehr zufrieden (Median = 4 und Modus = 4). Die heutigen Personalinformationssysteme erfüllen demnach in bezug auf diese Merkmale die Anforderungen der Unternehmen mehrheitlich.

Am unzufriedensten sind die Unternehmen mit der Dokumentation resp. dem Hilfesystem, mit der Systemunabhängigkeit und mit der Anpassungsfähigkeit. Bei den beiden ersten ist die Mehrheit der Unternehmen mindestens noch zufrieden (Median = 3). In bezug auf die Anpassungsfähigkeit der Personalinformationssysteme sind die Unternehmen hingegen mehrheitlich weniger zufrieden oder sogar unzufrieden (Median = 2). Der Mittelwert der Beurteilungen der Anpassungsfähigkeit ist dabei leicht höher als derjenige der Systemunabhängigkeit, da immerhin 20 Unternehmen mit der Anpassungsfähigkeit sehr zufrieden sind.

4.2.10.2 Wichtigkeit der Merkmale

Die Beantworter hatten zudem anzugeben, wie wichtig für sie persönlich die bereits erwähnten Merkmale eines Personalinformationssystems sind. Dabei standen ihnen die in Tabelle 4.11 aufgeführten Prädikate zur Verfügung.

---

[1] *Die Berechnung des Mittelwerts beruht auf der Annahme, dass die Abstände zwischen den in Tabelle 4.9 aufgeführten Prädikaten konstant sind.*

Tabelle 4.11: Skala für die Einstufung der Wichtigkeit der Merkmale

Prädikate	Zugehörige Zahlenwerte
sehr wichtig	4
wichtig	3
weniger wichtig	2
unwichtig	1

Wie in Tabelle 4.12 ersichtlich ist, wurde die Frage nach der Wichtigkeit der verschiedenen Merkmale eines Personalinformationssystems nach denselben statistischen Massen wie in Tabelle 4.10 ausgewertet. Die Frage wurde durch alle 187 Unternehmen, die ein Personalinformationssystem einsetzen, beantwortet.

Der Datenschutz und die Sicherheit stellten sich als die wichtigsten Merkmale heraus. Gut 80% der Unternehmen bezeichneten diese Merkmale als sehr wichtig. Immerhin knapp 70% der Unternehmen stuften zudem die Funktionen und die Zuverlässigkeit bzw. die Systemverfügbarkeit als sehr wichtige Merkmale ein. Die geringste Bedeutung kommt der Systemunabhängigkeit (Mittelwert = 2.59 und Modus = 2) sowie der Dokumentation resp. dem Hilfesystem zu. Das zuletzt genannte Merkmal wird immerhin noch von mehr als der Hälfte der Antwortenden als wichtig angesehen (Modus = 3 und Modus Häufigkeit = 116).

Tabelle 4.12: Statistische Masse für die Wichtigkeit der Merkmale

Merkmale	Anzahl	Mittel-wert[1]	Median	Modus	Modus Häufigk.
Funktionen (Umfang und Qualität)	187	3.68	4	4	129
Integration (verschiedener Aufgaben)	187	3.41	3	4	89
Schnittstellen (zu anderen Anwendungen)	187	3.43	4	4	95
Datenschutz (korrekte und unversehrte Daten nur für Berechtigte)	187	3.82	4	4	155
Sicherheit (Schutz vor Datenverlust)	187	3.81	4	4	154
Benutzerfreundlichkeit	187	3.59	4	4	112
Effizienz (geringer Bedarf an Computerressourcen)	187	3.02	3	3	101
Zuverlässigkeit bzw. Systemverfügbarkeit	187	3.67	4	4	126
Anpassungsfähigkeit (bezüglich neuer Anforderungen)	187	3.57	4	4	112
Systemunabhängigkeit (Einsatz auf versch. Hardware- und Betriebssystem-Plattformen sowie Datenbanken möglich)	187	2.59	3	2	86
Dokumentation resp. Hilfesystem	187	2.89	3	3	116
Unterstützungsleistungen durch den Anbieter	187	3.22	3	3	114

---

[1] *Die Berechnung des Mittelwerts beruht auf der Annahme, dass die Abstände zwischen den in Tabelle 4.11 aufgeführten Prädikaten konstant sind.*

4.2.10.3 Überblick

Die Abbildung 4.29 illustriert aufgrund der Mittelwerte überblicksartig die Beurteilung der in den Unternehmen eingesetzten Personalinformationssysteme. In
der Grafik wird die Lage der einzelnen Merkmale einerseits durch die Zufriedenheit der Beantworter mit dem in ihrem Unternehmen eingesetzten Personalinformationssystem bestimmt (horizontale Achse). Andererseits sind aber auch die
Aussagen über die Wichtigkeit der einzelnen Merkmale berücksichtigt (vertikale
Achse).

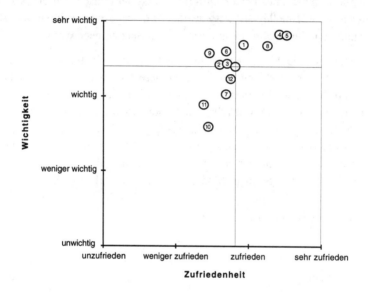

1 Funktionen (Umfang und Qualität)
2 Integration (verschiedener Aufgaben)
3 Schnittstellen (zu anderen Anwendungen)
4 Datenschutz (korrekte und unversehrte Daten nur
   für Berechtigte)
5 Sicherheit (Schutz vor Datenverlust)
6 Benutzerfreundlichkeit
7 Effizienz (geringer Bedarf an Computerressourcen)

8 Zuverlässigkeit bzw. Systemverfügbarkeit
9 Anpassungsfähigkeit (bez. neuer Anforderungen)
10 Systemunabhängigkeit (Einsatz auf verschiedenen
   Hardware- und Betriebssystem-Plattformen sowie
   Datenbanken möglich)
11 Dokumentation resp. Hilfesystem
12 Unterstützungsleistungen durch den Anbieter
⊕ Mittelwert aller Beurteilungen

Abbildung 4.29: Beurteilung der Personalinformationssysteme

Die Abbildung 4.29 zeigt, dass die Antwortenden mit den eingesetzten Personalinformationssystemen im Mittel nicht ganz zufrieden sind. Die Merkmale Datenschutz (4) und Sicherheit (5) werden durch die eingesetzten Personalinformations-

systeme am besten abgedeckt. Gleichzeitig werden diese Merkmale als die beiden wichtigsten angesehen.

Nicht gerade zufrieden ist man mit der als relativ wichtig bezeichneten Integration verschiedener Aufgaben (2). Dies kann damit erklärt werden, dass aufgrund von Datenschutzbedenken und durch die EDV-Unterstützung einzelner Personalaufgaben innerhalb des Personalbereichs oft verschiedene Insellösungen entstanden sind (vgl. Kapitel 4.2.9.2). Dies ist häufig mit einer aufwendigen und mühsamen Doppelerfassung von Daten verbunden. Ausserdem wird durch die Existenz verschiedener Systeme der Informationsfluss gehemmt, und das Zusammenfassen und Verdichten von Informationen ist mit grossem Aufwand verbunden.

Weniger zufrieden sind die Antwortenden auch mit der als wichtig bis sehr wichtig bezeichneten Anpassungsfähigkeit bezüglich neuer Anforderungen (9). Dies kann daran liegen, dass durch den sich ständig beschleunigenden Wandel immer rascher neue Anforderungen an ein Personalinformationssystem gestellt werden. Die heutigen Personalinformationssysteme scheinen die notwendige rasche Anpassungsfähigkeit erst teilweise aufzuweisen. Gehemmt wird diese Anpassungsfähigkeit ausserdem durch die bereits erwähnte komplexe Systemstruktur innerhalb des Personalbereichs. Die Existenz verschiedener Systeme führt nämlich aufgrund der Doppelspurigkeiten und der gegenseitigen Abhängigkeiten zu einem erhöhten Anpassungsaufwand.

Am unzufriedensten ist man mit der Dokumentation resp. dem Hilfesystem (11) und der Systemunabhängigkeit (10), die beide auch eine untergeordnete Bedeutung haben. In bezug auf diese beiden Merkmale scheinen die Anforderungen der Unternehmen durch die heutigen Personalinformationssysteme schlecht abgedeckt zu sein.

4.2.10.4 Beurteilung der beiden häufigsten Standard-Personalinformationssysteme

In Anlehnung an die vorangehende Abbildung illustriert die Abbildung 4.30 auf der Basis der Mittelwerte überblicksartig die Beurteilungen der beiden häufigsten Standard-Personalinformationssysteme.

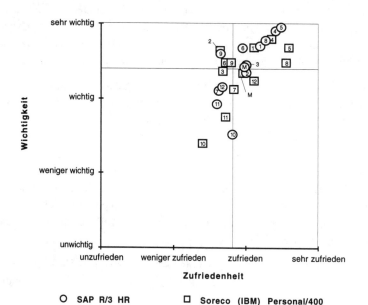

○ SAP R/3 HR   □ Soreco (IBM) Personal/400

1 Funktionen (Umfang und Qualität)
2 Integration (verschiedener Aufgaben)
3 Schnittstellen (zu anderen Anwendungen)
4 Datenschutz (korrekte und unversehrte Daten nur für Berechtigte)
5 Sicherheit (Schutz vor Datenverlust)
6 Benutzerfreundlichkeit
7 Effizienz (geringer Bedarf an Computerressourcen)
8 Zuverlässigkeit bzw. Systemverfügbarkeit

9 Anpassungsfähigkeit (bez. neuer Anforderungen)
10 Systemunabhängigkeit (Einsatz auf verschiedenen Hardware- und Betriebssystem-Plattformen sowie Datenbanken möglich)
11 Dokumentation resp. Hilfesystem
12 Unterstützungsleistungen durch den Anbieter
M Mittelwerte der Beurteilungen je Produkt
+ Mittelwert der Gesamtbeurteilungen (aus der Abbildung 4.29)

Abbildung 4.30: Beurteilung der beiden häufigsten Standard-Personalinformationssysteme

Auffallend ist, dass die beiden Systeme im Schnitt ungefähr gleich beurteilt wurden (M-Punkte in Abbildung 4.30). Bei der Betrachtung der einzelnen Merkmale sind allerdings interessante Unterschiede erkennbar. Beispielsweise sind die antwortenden Unternehmen, welche das System R/3 HR einsetzen, in bezug auf die Integration (2), die Schnittstellen (3), die Benutzerfreundlichkeit (6) und die

Systemunabhängigkeit (10) zufriedener als die Unternehmen, welche mit dem System Personal/400 arbeiten. Gerade umgekehrt sieht es hingegen bei der Zuverlässigkeit (8) und den Unterstützungsleistungen durch den Anbieter (12) aus.

Vergleicht man die Abbildung 4.29 mit der Abbildung 4.30, so fällt auf, dass die antwortenden Unternehmen, welche die beiden häufigsten Standard-Personalinformationssysteme einsetzen, mit ihren Personalinformationssystemen leicht überdurchschnittlich zufrieden sind. Dies kann insbesondere in bezug auf die Merkmale Funktionen (1), Anpassungsfähigkeit (9) sowie Dokumentation resp. Hilfesystem (11) gesagt werden. Ausserdem sind die R/3 HR einsetzenden Unternehmen mit der Integration (2), den Schnittstellen (3), der Benutzerfreundlichkeit (6) und der Systemunabhängigkeit (10) überdurchschnittlich zufrieden. Bei den Personal/400 einsetzenden Unternehmen trifft dies hinsichtlich der Zuverlässigkeit (8) und der Unterstützungsleistungen durch den Anbieter (4) zu.

4.2.10.5 Zukunftsbetrachtung

Die Anpassungsfähigkeit bezüglich neuer Anforderungen und die Integration verschiedener Aufgaben werden gemäss Einschätzung der Antwortenden in der Zukunft am stärksten an Bedeutung gewinnen (vgl. Abbildung 4.31). 45% bzw. 39% der 187 Unternehmen nannten diese Merkmale.

Dieses Resultat ist aufgrund der Ausführungen in Kapitel 4.2.10.3 nicht erstaunlich, da infolge des immer rascheren Wandels immer schneller reagiert werden sollte. Deshalb werden in der Zukunft integrierte, modular aufgebaute Systeme, welche den gesamten Personalbereich abdecken und unternehmensweite Datenmodelle unterstützen, eine immer wichtigere Rolle spielen. Eine andere zukunftsträchtige Systemstruktur besteht aus Einzelsystemen, die durch leistungsfähige und standardisierte Schnittstellen miteinander verbunden werden.

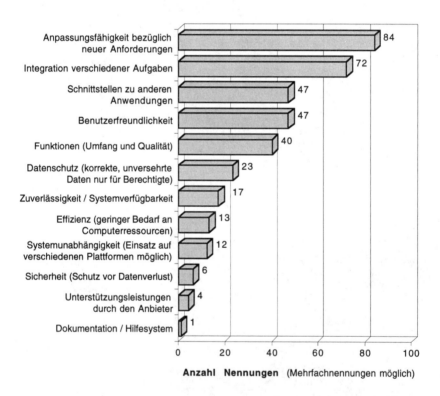

Abbildung 4.31: Merkmale mit grossem Bedeutungszuwachs in der Zukunft

4.2.11 Ziele des Personalinformationssystem-Einsatzes

4.2.11.1 Zufriedenheit mit der Zielerreichung

Mit dem Einsatz eines Personalinformationssystems können verschiedene Ziele (vgl. Tabelle 4.14) verfolgt werden. Die Beantworter wurden – analog zur Beurteilung der Personalinformationssysteme (vgl. Kapitel 4.2.10) – gefragt, wie zufrieden sie mit dem Erreichen der Ziele des Personalinformationssystem-Einsatzes in ihrem Unternehmen seien. Dabei standen ihnen die in Tabelle 4.13 aufgeführten Prädikate zur Verfügung.

Tabelle 4.13: Skala für die Einstufung der Zufriedenheit mit der Zielerreichung

Prädikate	Zugehörige Zahlenwerte
sehr zufrieden	4
zufrieden	3
weniger zufrieden	2
unzufrieden	1

Wie in Tabelle 4.14 ersichtlich ist, beantworteten 184 der 187 Unternehmen, welche ein Personalinformationssystem einsetzen, die Frage über die Zufriedenheit mit dem Erreichen der Ziele des Personalinformationssystem-Einsatzes. Auffallend ist, dass alle Ziele einen Median und einen Modus von 3 besitzen. Auch die Mittelwerte liegen sehr nahe beieinander.

Die Ziele eines grösseren Umfangs und einer grösseren Aktualität der Informationsbasis sowie einer besseren Verfügbarkeit der Informationen werden gemäss den antwortenden Unternehmen durch die eingesetzten Personalinformationssysteme am besten unterstützt.

Am unzufriedensten sind die Unternehmen einerseits mit der Integration verschiedener Anwendungssysteme. Offensichtlich leiden die Personalbereiche zahlreicher Unternehmen unter der Existenz mehrerer Systeme mit zum Teil redundanten Daten. Nicht gerade zufrieden sind die Unternehmen andererseits aber auch mit der Anpassungsfähigkeit bezüglich EDV-technischer Entwicklungen.

Tabelle 4.14: Statistische Masse für die Zufriedenheit mit der Zielerreichung

Ziele	Anzahl	Mittel-wert[1]	Median	Modus	Modus Häufigk.
Grösserer Umfang und grössere Aktualität der Informations-basis	184	3.03	3	3	115
Bessere Verfügbarkeit der Informationen	184	2.92	3	3	101
Verbesserte Integration verschiedener Anwendungssysteme	184	2.42	3	3	86
Erhöhte Transparenz und Systematik im Personalbereich (einheitliche und standardisierte Abläufe)	184	2.59	3	3	93
Grössere Effizienz im Personalbereich	184	2.69	3	3	99
Senkung der Personal- und Verwaltungskosten im Personal-bereich	184	2.77	3	3	114
Erhöhte Anpassungsfähigkeit bezüglich EDV-technischer Entwicklungen	184	2.49	3	3	86
Erhöhte Anpassungsfähigkeit bezüglich neuer Anforderungen (z. B. wegen gesetzlicher Änderungen oder neuer Aufgaben im Personalbereich)	184	2.67	3	3	85
Verbesserte Unterstützung der verschiedenen Personal-aufgaben	184	2.56	3	3	98
Verbesserte allgemeine Arbeitssituation im Personalbereich	184	2.76	3	3	116
Verbesserte Betreuung der Mitarbeiter des Unternehmens	184	2.73	3	3	125

4.2.11.2 Wichtigkeit der Ziele

Die Beantworter hatten zudem anzugeben, wie wichtig für sie persönlich die bereits erwähnten Ziele eines Personalinformationssystem-Einsatzes sind. Dabei standen ihnen die in Tabelle 4.15 aufgeführten Prädikate zur Verfügung.

Tabelle 4.15: Skala für die Einstufung der Wichtigkeit der Ziele

Prädikate	Zugehörige Zahlenwerte
sehr wichtig	4
wichtig	3
weniger wichtig	2
unwichtig	1

---

[1] *Die Berechnung des Mittelwerts beruht auf der Annahme, dass die Abstände zwischen den in Tabelle 4.13 aufgeführten Prädikaten konstant sind.*

Die Tabelle 4.16 zeigt, dass 186 Beantworter Angaben darüber machten, wie wichtig ihnen die verschiedenen Ziele eines Personalinformationssystem-Einsatzes sind.

Als die wichtigsten Ziele, die mit dem Einsatz eines Personalinformationssystems verfolgt werden, stellten sich die erhöhte Anpassungsfähigkeit bezüglich neuer Anforderungen, die bessere Verfügbarkeit der Informationen, die grössere Effizienz im Personalbereich sowie der grössere Umfang und die grössere Aktualität der Informationsbasis heraus. Die verbesserte allgemeine Arbeitssituation im Personalbereich und die erhöhte Anpassungsfähigkeit bezüglich EDV-technischer Entwicklungen haben in diesem Zusammenhang eine untergeordnete Bedeutung.

Tabelle 4.16: Statistische Masse für die Wichtigkeit der Ziele

Ziele	Anzahl	Mittel-wert[1]	Median	Modus	Modus Häufigk.
Grösserer Umfang und grössere Aktualität der Informations-basis	186	3.51	4	4	99
Bessere Verfügbarkeit der Informationen	186	3.55	4	4	107
Verbesserte Integration verschiedener Anwendungssysteme	186	3.38	3	3	95
Erhöhte Transparenz und Systematik im Personalbereich (einheitliche und standardisierte Abläufe)	186	3.35	3	4	84
Grössere Effizienz im Personalbereich	186	3.53	4	4	105
Senkung der Personal- und Verwaltungskosten im Personal-bereich	186	3.23	3	3	89
Erhöhte Anpassungsfähigkeit bezüglich EDV-technischer Entwicklungen	186	3.15	3	3	111
Erhöhte Anpassungsfähigkeit bezüglich neuer Anforderungen (z. B. wegen gesetzlicher Änderungen oder neuer Aufgaben im Personalbereich)	186	3.63	4	4	123
Verbesserte Unterstützung der verschiedenen Personal-aufgaben	186	3.48	4	4	95
Verbesserte allgemeine Arbeitssituation im Personalbereich	186	2.99	3	3	118
Verbesserte Betreuung der Mitarbeiter des Unternehmens	186	3.09	3	3	93

---

[1] *Die Berechnung des Mittelwerts beruht auf der Annahme, dass die Abstände zwischen den in Tabelle 4.15 aufgeführten Prädikaten konstant sind.*

4.2.11.3 Überblick

Die Beurteilung der Ziele des Personalinformationssystem-Einsatzes durch die Vertreter der Unternehmen wird in Abbildung 4.32 aufgrund der Mittelwerte überblicksartig dargestellt. In der Grafik wird die Lage der einzelnen Ziele einerseits durch die Zufriedenheit der Beantworter mit der Zielerreichung durch das in ihrem Unternehmen eingesetzte Personalinformationssystem bestimmt (horizontale Achse). Andererseits sind aber auch die Aussagen über die Wichtigkeit der Ziele berücksichtigt (vertikale Achse).

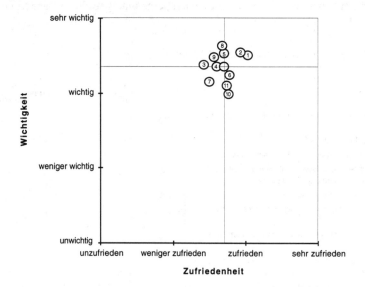

1 Grösserer Umfang und grössere Aktualität der Informationsbasis
2 Bessere Verfügbarkeit der Informationen
3 Verbesserte Integration verschiedener Anwendungssysteme
4 Erhöhte Transparenz und Systematik im Personalbereich (einheitliche und standardisierte Abläufe)
5 Grössere Effizienz im Personalbereich
6 Senkung der Personal- und Verwaltungskosten im Personalbereich
7 Erhöhte Anpassungsfähigkeit bezüglich EDV-technischer Entwicklungen

8 Erhöhte Anpassungsfähigkeit bezüglich neuer Anforderungen (z. B. wegen gesetzlicher Änderungen oder neuer Aufgaben im Personalbereich)
9 Verbesserte Unterstützung der verschiedenen Personalaufgaben
10 Verbesserte allgemeine Arbeitssituation im Personalbereich
11 Verbesserte Betreuung der Mitarbeiter des Unternehmens
⊕ Mittelwert aller Beurteilungen

Abbildung 4.32: Ziele des Personalinformationssystem-Einsatzes

Die Abbildung 4.32 zeigt eine relativ geringe Streuung der verschiedenen Ziele, die mit dem Einsatz eines Personalinformationssystems verfolgt werden können. Im Schnitt sind die Antwortenden mit dem Ausmass der Erreichung der Ziele nicht ganz zufrieden.

Als wichtigstes Ziel des Personalinformationssystem-Einsatzes wird die Erhaltung und Steigerung der Anpassungsfähigkeit bezüglich neuer Anforderungen (8) angesehen. Mit dem Ausmass der Erreichung dieses Ziels ist man allerdings insbesondere im Vergleich zu den anderen Zielen nicht ganz zufrieden. Am unzufriedensten sind die befragten Unternehmen mit dem Ausmass der Erreichung des als relativ wichtig angesehenen Ziels der Integration verschiedener Anwendungssysteme (3). Dies kann auf die bereits in Kapitel 4.2.10.3 genannten Gründe zurückgeführt werden.

Werden diese Ergebnisse denjenigen von Kilian und Mülder (vgl. Kapitel 3.3.3) gegenübergestellt, so fällt folgendes auf: Einerseits ist die bessere Verfügbarkeit der Informationen nach wie vor ein zentrales Anliegen des Personalinformationssystem-Einsatzes. Andererseits kommt der Steigerung der Anpassungsfähigkeit bezüglich neuer Anforderungen im Vergleich zu den genannten, verhältnismässig alten Untersuchungen eine wesentlich grössere relative Bedeutung zu.

4.2.11.4 Beurteilung der Ziele durch die Unternehmen mit den beiden häufigsten Standard-Personalinformationssystemen

In Anlehnung an die vorangehende Abbildung illustriert die Abbildung 4.33 für die beiden häufigsten Standard-Personalinformationssysteme auf der Basis der Mittelwerte überblicksartig die Beurteilung der Ziele des Personalinformationssystem-Einsatzes.

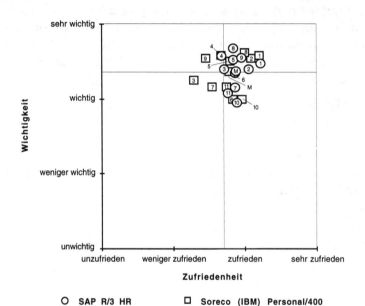

○ **SAP R/3 HR**   □ **Soreco (IBM) Personal/400**

1 Grösserer Umfang und grössere Aktualität der Informationsbasis	8 Erhöhte Anpassungsfähigkeit bezüglich neuer Anforderungen (z. B. wegen gesetzlicher Änderungen oder neuer Aufgaben im Personalbereich)
2 Bessere Verfügbarkeit der Informationen	
3 Verbesserte Integration verschiedener Anwendungssysteme	9 Verbesserte Unterstützung der verschiedenen Personalaufgaben
4 Erhöhte Transparenz und Systematik im Personalbereich (einheitliche und standardisierte Abläufe)	10 Verbesserte allgemeine Arbeitssituation im Personalbereich
5 Grössere Effizienz im Personalbereich	11 Verbesserte Betreuung der Mitarbeiter des Unternehmens
6 Senkung der Personal- und Verwaltungskosten im Personalbereich	
7 Erhöhte Anpassungsfähigkeit bezüglich EDV-technischer Entwicklungen	M Mittelwerte der Beurteilungen je Produkt + Mittelwert der Gesamtbeurteilungen (aus der Abbildung 4.32)

Abbildung 4.33: Beurteilung der Ziele durch die Unternehmen mit den beiden häufigsten Standard-Personalinformationssystemen

Die antwortenden Unternehmen, welche die Systeme R/3 HR und Personal/400 einsetzen, sind mit dem Ausmass der Erreichung der verschiedenen Ziele im Schnitt beinahe gleich zufrieden (M-Punkte in Abbildung 4.33). Bei der Betrachtung der einzelnen Ziele sind allerdings interessante Unterschiede erkennbar.

Beispielsweise sind die R/3 HR einsetzenden Unternehmen mit der Integration verschiedener Anwendungssysteme (3), mit der Anpassungsfähigkeit bezüglich EDV-technischer Entwicklungen (7) sowie mit der Unterstützung der verschiedenen Personalaufgaben (9) zufriedener als die Unternehmen, welche mit dem System Personal/400 arbeiten. Im Vergleich zu den zuletzt genannten Unternehmen ist es für die R/3 HR einsetzenden Unternehmen zudem wichtiger, dass die Personal- und Verwaltungskosten im Personalbereich durch den Einsatz eines Personalinformationssystems gesenkt werden (6).

Vergleicht man die Abbildung 4.32 mit der Abbildung 4.33, so fällt auf, dass insbesondere diejenigen Unternehmen, welche das System R/3 HR einsetzen, bezüglich des Ausmasses der Erreichung der verschiedenen Ziele im Schnitt leicht überdurchschnittlich zufrieden sind. Dies gilt im speziellen für die Integration verschiedener Anwendungssysteme (3), für die Anpassungsfähigkeit bezüglich EDV-technischer Entwicklungen (7) sowie für die Unterstützung der verschiedenen Personalaufgaben (9).

4.2.11.5 Zukunftsbetrachtung

In bezug auf die Ziele, die in der Zukunft stark an Bedeutung gewinnen werden, zeigt sich wiederum, dass die verschiedenen Ziele nahe beieinander liegen. In der Zukunft werden die bessere Verfügbarkeit der Informationen und wiederum die erhöhte Anpassungsfähigkeit bezüglich neuer Anforderungen am stärksten an Bedeutung gewinnen. Jedes vierte der 187 Unternehmen nannte diese Ziele. Aber auch die Effizienz im Personalbereich wird zunehmend Gewicht erhalten. Einzig das Ziel der verbesserten allgemeinen Arbeitssituation im Personalbereich, das als das unwichtigste bezeichnet wurde (vgl. Abbildung 4.32), erhielt gar keine Nennung.

Die bessere Verfügbarkeit der Informationen ist vor dem Hintergrund zu sehen, dass heute Personaldaten relativ oft in einer oder mehreren Datenbanken abgespeichert sind und nur mit komplizierten Auswertungswerkzeugen abgerufen und konsolidiert werden können. Hier ist eine weitere Vereinfachung und erhöhte Benutzerfreundlichkeit (insbesondere für unregelmässige Benutzer) dringend notwendig.

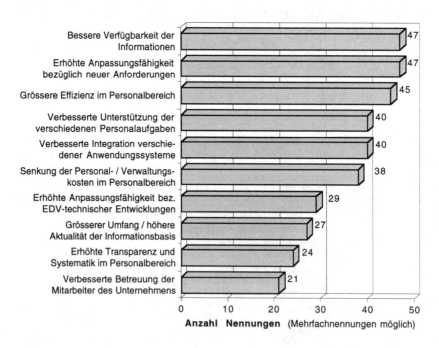

Abbildung 4.34: Ziele mit grossem Bedeutungszuwachs in der Zukunft

4.2.12 Durch Personalinformationssysteme unterstützte Aufgaben

4.2.12.1 Zufriedenheit mit der Aufgabenunterstützung

Mit einem Personalinformationssystem können verschiedenartigste Aufgaben (vgl. Tabelle 4.18) unterstützt werden. Die Beantworter wurden – analog zur Beurteilung der Personalinformationssysteme (vgl. Kapitel 4.2.10) – gefragt, wie zufrieden sie mit der Aufgabenunterstützung durch das in ihrem Unternehmen eingesetzte Personalinformationssystem seien. Dabei standen ihnen die in Tabelle 4.17 aufgeführten Prädikate zur Verfügung.

Tabelle 4.17: Skala für die Einstufung der Zufriedenheit mit der Aufgabenunterstützung

Prädikate	Zugehörige Zahlenwerte
sehr zufrieden	4
zufrieden	3
weniger zufrieden	2
unzufrieden	1
wird nicht unterstützt / benutzt	0

Die Tabelle 4.18 zeigt, dass 184 der 187 Unternehmen, welche ein Personalinformationssystem einsetzen, die Frage nach der Zufriedenheit mit der Aufgabenunterstützung durch das Personalinformationssystem beantwortet haben. Die Spalte „Anzahl ohne 0" enthält die Anzahl der Unternehmen, in denen die Erledigung der entsprechenden Aufgabe durch ein Personalinformationssystem unterstützt wird. Die Spalte „Anteil" drückt aus, in wieviel Prozent der antwortenden Unternehmen die Erledigung der entsprechenden Aufgabe durch ein Personalinformationssystem unterstützt wird.

Die Differenz zwischen der ersten und der zweiten Spalte besteht aus denjenigen Unternehmen, deren Personalinformationssystem die entsprechende Aufgabe nicht unterstützt, und denjenigen Unternehmen, welche die entsprechenden Funktionen des eingesetzten Personalinformationssystems nicht benutzen (z. B. wegen ungenügender Qualität). Diese beiden Arten von Differenzen wurden zusammengefasst, da in dieser Studie weniger die angebotenen Funktionen der Personalinformationssysteme interessieren als vielmehr deren konkreter Einsatz in den Unternehmen.

Infolge der verwendeten Definition von Personalinformationssystemen (vgl. Kapitel 2.3) gehört die Stammdatenverwaltung sowie die Lohn- und Gehaltsabrechnung zum Kern eines Personalinformationssystems. Es ist daher nicht erstaunlich, dass in 100% der Unternehmen, welche ein Personalinformationssystem einsetzen und geantwortet haben, diese Aufgaben unterstützt werden.

In 93% bzw. 80% der Unternehmen, welche ein Personalinformationssystem einsetzen, wird das Berichtswesen und die Verwaltung von Informationen über Ausbildung, Kenntnisse sowie Fähigkeiten durch das System unterstützt. Der Unterstützungsgrad bei den restlichen Aufgaben schwankt zwischen 68% bei der Zeitwirtschaft und 17% beim Vorschlagswesen (vgl. Abbildung 4.18).

Bei den folgenden Überlegungen geht es nun darum, die Zufriedenheit in bezug auf die Aufgabenunterstützung durch die Personalinformationssysteme detaillierter zu betrachten. Das Prädikat „wird nicht unterstützt / benutzt" wurde daher bei der Berechnung des Mittelwerts, des Medians, des Modus und der Häufigkeit des Modus ausgeschlossen.

Am zufriedensten sind die antwortenden Unternehmen mit der Unterstützung der Stammdatenverwaltung sowie der Lohn- und Gehaltsabrechnung. Mit der Lohn- und Gehaltsabrechnung ist sogar die Mehrheit der Unternehmen sehr zufrieden (Modus = 4 und Modus Häufigkeit = 98). Dies liegt wohl daran, dass die Stammdatenverwaltung sowie die Lohn- und Gehaltsabrechnung zu den ersten Aufgaben gehören, die im Personalbereich durch EDV-Systeme unterstützt wurden. Deren Unterstützung scheint mittlerweile ausgereift zu sein.

Am unzufriedensten sind die Unternehmen mit der Unterstützung des Personalcontrollings bzw. der Kennziffern-Berechnung und des Berichtswesens. Mit der Unterstützung dieser beiden Aufgaben ist die Mehrheit der Unternehmen unzufrieden oder weniger zufrieden (Median = 2). Weitere Aufgaben, mit deren Unterstützung die Antwortenden unzufrieden oder weniger zufrieden sind (Median = 2), sind die Verwaltung von Informationen über Ausbildung, Kenntnisse und Fähigkeiten, die Verwaltung von Stellenbeschreibungen sowie der Vergleich von Qualifikationen mit den Anforderungen von Stellen.

Tabelle 4.18: Statistische Masse für die Zufriedenheit mit der Aufgaben-
              unterstützung

Aufgaben	Anzahl	Anzahl ohne 0	Anteil	Mittel-wert[1]	Median	Modus[2]	Modus Häufigk.
Stammdatenverwaltung	184	184	100%	3.39	3	3	97
Verwaltung von Informationen über Ausbildung, Kenntnisse und Fähigkeiten	184	147	80%	2.47	2	mehrere	--
Führung von Personaldossiers	184	114	62%	2.68	3	3	55
Lohn- und Gehaltsabrechnung	184	184	100%	3.48	4	4	98
Spesen-/Reisekostenabrechnung	184	115	63%	3.05	3	3	59
Zeitwirtschaft (Zeiterfassung, Absenzen-verwaltung usw.)	184	126	68%	2.87	3	3	64
Berichtswesen (Statistiken, Auswertungen, Grafiken usw.)	184	172	93%	2.26	2	mehrere	--
Stellenplan und Organigramm	184	97	53%	2.52	3	3	46
Verwaltung von Anforderungsprofilen der Stellen	184	68	37%	2.40	2.5	3	33
Verwaltung von Stellenbeschreibungen	184	63	34%	2.37	2	2	30
Personalbeurteilung bzw. Qualifikation	184	78	42%	2.72	3	3	39
Vergleich Qualifikationen mit Anforderungen von Stellen	184	48	26%	2.31	2	2	24
Aus- bzw. Weiterbildungsplanung	184	77	42%	2.47	3	3	44
Nachfolgeplanung	184	55	30%	2.45	3	3	26
Karriereplanung	184	49	27%	2.49	3	3	24
Bestandesplanung	184	105	57%	2.73	3	3	52
Bedarfsplanung	184	77	42%	2.65	3	3	35
Beschaffungsplanung	184	60	33%	2.38	3	3	30
Einsatzplanung	184	54	29%	2.59	3	3	33
Kostenplanung bzw. Budgetierung	184	110	60%	2.69	3	3	62
Freistellungsplanung	184	42	23%	2.55	3	3	21
Rentnerverwaltung bzw. Rentenauszahlung	184	106	58%	3.15	3	3	70
Pensionskassenverwaltung	184	96	52%	3.11	3	3	65
Textverarbeitung bzw. Korrespondenz	184	87	47%	2.60	3	3	41
Terminüberwachung	184	89	48%	2.43	3	3	55
Bewerberverwaltung	184	54	29%	2.43	3	3	21
Verwaltung von Anreizsystemen	184	45	24%	2.44	3	3	27
Kursverwaltung	184	87	47%	2.70	3	3	52
Vorschlagswesen	184	31	17%	2.45	3	3	14
Personalcontrolling / Kennziffern-Berechnung	184	124	67%	2.18	2	3	47

---

[1] *Die Berechnung des Mittelwerts beruht auf der Annahme, dass die Abstände zwischen den in Tabelle 4.17 aufgeführten Prädikaten konstant sind. (Das Prädikat „wird nicht unterstützt / benutzt" wurde dabei ausgeschlossen.)*

[2] *Falls in der Spalte „Modus" „mehrere" eingetragen ist, so bedeutet dies, dass kein eindeutiger Modus besteht. (Mindestens zwei Prädikate erhielten die höchste Anzahl Nennungen.)*

4.2.12.2 Wichtigkeit der Aufgabenunterstützung

Die Beantworter hatten zudem anzugeben, wie wichtig für sie persönlich die Unterstützung der verschiedenen Aufgaben durch ein Personalinformationssystem ist. Dabei standen ihnen die in Tabelle 4.19 aufgeführten Prädikate zur Verfügung.

Tabelle 4.19: Skala für die Einstufung der Wichtigkeit der Aufgabenunterstützung

Prädikate	Zugehörige Zahlenwerte
sehr wichtig	4
wichtig	3
weniger wichtig	2
unwichtig	1

In Tabelle 4.20 ist erkennbar, dass 186 der 187 Unternehmen, welche ein Personalinformationssystem einsetzen, die Frage nach der Wichtigkeit der Aufgabenunterstützung durch ein solches System beantwortet haben.

Immerhin 88% bzw. 81% der Unternehmen bezeichneten die Unterstützung der Lohn- und Gehaltsabrechnung sowie der Stammdatenverwaltung als sehr wichtig (Median = 4 und Modus = 4). Bei den Aufgaben Zeitwirtschaft, Berichtswesen, Kostenplanung bzw. Budgetierung, Rentnerverwaltung bzw. Rentenauszahlung, Pensionskassenverwaltung sowie Personalcontrolling bzw. Kennziffern-Berechnung wurde das Prädikat „sehr wichtig" am häufigsten vergeben (Modus = 4).

Wenig Bedeutung kommt der Unterstützung des Vorschlagswesens und der Freistellungsplanung zu. Die Mehrheit der Antwortenden bezeichneten aber auch die Bewerberverwaltung und die Verwaltung von Anreizsystemen als weniger wichtig oder unwichtig (Median = 2).

Tabelle 4.20: Statistische Masse für die Wichtigkeit der Aufgabenunterstützung

Aufgaben	Anzahl	Mittel-wert[1]	Median	Modus	Modus Häufigk.
Stammdatenverwaltung	186	3.79	4	4	150
Verwaltung von Informationen über Ausbildung, Kenntnisse und Fähigkeiten	186	3.20	3	3	99
Führung von Personaldossiers	186	2.78	3	3	84
Lohn- und Gehaltsabrechnung	186	3.85	4	4	163
Spesen-/Reisekostenabrechnung	186	2.75	3	2	64
Zeitwirtschaft (Zeiterfassung, Absenzenverwaltung usw.)	186	3.01	3	4	67
Berichtswesen (Statistiken, Auswertungen, Grafiken usw.)	186	3.40	3	4	91
Stellenplan und Organigramm	186	2.95	3	3	82
Verwaltung von Anforderungsprofilen der Stellen	186	2.74	3	3	86
Verwaltung von Stellenbeschreibungen	186	2.54	3	3	77
Personalbeurteilung bzw. Qualifikation	186	2.89	3	3	78
Vergleich Qualifikationen mit Anforderungen von Stellen	186	2.61	3	3	76
Aus- bzw. Weiterbildungsplanung	186	2.89	3	3	98
Nachfolgeplanung	186	2.63	3	3	81
Karriereplanung	186	2.53	3	3	76
Bestandesplanung	186	3.09	3	3	71
Bedarfsplanung	186	2.96	3	3	74
Beschaffungsplanung	186	2.66	3	3	77
Einsatzplanung	186	2.67	3	2	68
Kostenplanung bzw. Budgetierung	186	3.24	3	4	86
Freistellungsplanung	186	2.32	2	2	79
Rentnerverwaltung bzw. Rentenauszahlung	186	2.76	3	4	63
Pensionskassenverwaltung	186	2.67	3	4	60
Textverarbeitung bzw. Korrespondenz	186	2.75	3	3	71
Terminüberwachung	186	2.82	3	3	85
Bewerberverwaltung	186	2.46	2	2	70
Verwaltung von Anreizsystemen	186	2.38	2	3	71
Kursverwaltung	186	2.65	3	3	90
Vorschlagswesen	186	1.94	2	2	95
Personalcontrolling / Kennziffern-Berechnung	186	3.27	3	4	91

---

[1] *Die Berechnung des Mittelwerts beruht auf der Annahme, dass die Abstände zwischen den in Tabelle 4.19 aufgeführten Prädikaten konstant sind.*

4.2.12.3 Überblick

Die Beurteilung der Aufgabenunterstützung durch die Personalinformationssysteme wird in Abbildung 4.35 aufgrund der Mittelwerte überblicksartig dargestellt.

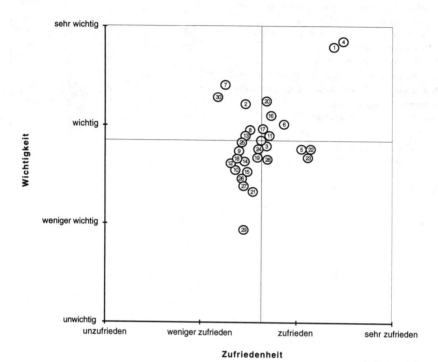

1	Stammdatenverwaltung
2	Verwaltung von Informationen über Ausbildung, Kenntnisse und Fähigkeiten
3	Führung von Personaldossiers
4	Lohn- und Gehaltsabrechnung
5	Spesen-/Reisekostenabrechnung
6	Zeitwirtschaft (Zeiterfassung, Absenzenverwaltung usw.)
7	Berichtswesen (Statistiken, Auswertungen, Grafiken usw.)
8	Stellenplan und Organigramm
9	Verwaltung von Anforderungsprofilen der Stellen
10	Verwaltung von Stellenbeschreibungen
11	Personalbeurteilung bzw. Qualifikation
12	Vergleich Qualifikationen mit Anforderungen von Stellen
13	Aus- bzw. Weiterbildungsplanung
14	Nachfolgeplanung
15	Karriereplanung

16	Bestandesplanung
17	Bedarfsplanung
18	Beschaffungsplanung
19	Einsatzplanung
20	Kostenplanung bzw. Budgetierung
21	Freistellungsplanung
22	Rentnerverwaltung bzw. Rentenauszahlung
23	Pensionskassenverwaltung
24	Textverarbeitung bzw. Korrespondenz
25	Terminüberwachung
26	Bewerberverwaltung
27	Verwaltung von Anreizsystemen
28	Kursverwaltung
29	Vorschlagswesen
30	Personalcontrolling / Kennziffern-Berechnung
⊕	Mittelwert aller Beurteilungen

Abbildung 4.35: Durch Personalinformationssysteme unterstützte Aufgaben

In Abbildung 4.35 wird die Lage der einzelnen Aufgaben einerseits durch die Zufriedenheit der Beantworter mit der Unterstützung durch das in ihrem Unternehmen eingesetzte Personalinformationssystem bestimmt (horizontale Achse). Andererseits sind aber auch die Aussagen über die Wichtigkeit der Unterstützung berücksichtigt (vertikale Achse).

Wie die Abbildung 4.35 zeigt, sind die Antwortenden mit der Unterstützung der verschiedenen Aufgaben durch die eingesetzten Personalinformationssysteme im Schnitt nicht ganz zufrieden. Zufrieden bis sehr zufrieden ist man nur mit der Unterstützung einzelner administrativer Aufgaben. In bezug auf die Unterstützung der dispositiven Aufgaben liegt die Zufriedenheit dagegen mehrheitlich tiefer.

Mit deutlichem Abstand am zufriedensten sind die Antwortenden mit der Unterstützung der Lohn- und Gehaltsabrechnung (4) sowie mit der Stammdatenverwaltung (1). Dies sind auch die beiden wichtigsten Aufgaben, die ein Personalinformationssystem unterstützen sollte.

Am unzufriedensten sind die Antwortenden mit der Unterstützung des Berichtswesens (7) und des Personalcontrollings bzw. der Kennziffern-Berechnung (30). Dies sind Aufgaben, deren Unterstützung auch als wichtig bis sehr wichtig angesehen wird.

4.2.12.4 Aufgabenunterstützung durch die beiden häufigsten Standard-Personalinformationssysteme

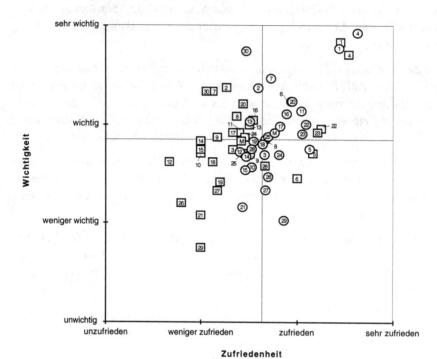

O **SAP R/3 HR**　　　　　□ **Soreco (IBM) Personal/400**

1 Stammdatenverwaltung
2 Verwaltung von Informationen über Ausbildung, Kenntnisse und Fähigkeiten
3 Führung von Personaldossiers
4 Lohn- und Gehaltsabrechnung
5 Spesen-/Reisekostenabrechnung
6 Zeitwirtschaft (Zeiterfassung, Absenzenverwaltung usw.)
7 Berichtswesen (Statistiken, Auswertungen, Grafiken usw.)
8 Stellenplan und Organigramm
9 Verwaltung von Anforderungsprofilen der Stellen
10 Verwaltung von Stellenbeschreibungen
11 Personalbeurteilung bzw. Qualifikation
12 Vergleich Qualifikationen mit Anforderungen von Stellen
13 Aus- bzw. Weiterbildungsplanung
14 Nachfolgeplanung
15 Karriereplanung
16 Bestandesplanung

17 Bedarfsplanung
18 Beschaffungsplanung
19 Einsatzplanung
20 Kostenplanung bzw. Budgetierung
21 Freistellungsplanung
22 Rentnerverwaltung bzw. Rentenauszahlung
23 Pensionskassenverwaltung
24 Textverarbeitung bzw. Korrespondenz
25 Terminüberwachung
26 Bewerberverwaltung
27 Verwaltung von Anreizsystemen
28 Kursverwaltung
29 Vorschlagswesen
30 Personalcontrolling / Kennziffern-Berechnung
M Mittelwerte der Beurteilungen je Produkt
+ Mittelwert der Gesamtbeurteilungen (aus der Abbildung 4.35)

Abbildung 4.36: Aufgabenunterstützung durch die beiden häufigsten Standard-Personalinformationssysteme

In Anlehnung an die Abbildung 4.35 illustriert die Abbildung 4.36 für die beiden häufigsten Standard-Personalinformationssysteme auf der Basis der Mittelwerte überblicksartig die Beurteilung der Aufgabenunterstützung.

Auffallend ist, dass die antwortenden Unternehmen, welche das System R/3 HR einsetzen, mit der Aufgabenunterstützung durch das System insgesamt zufriedener sind als die Unternehmen, welche mit Personal/400 arbeiten (M-Punkte in Abbildung 4.36). Am deutlichsten feststellbar ist dieser Unterschied beim Berichtswesen (7), bei der Personalbeurteilung bzw. Qualifikation (11), beim Vergleich von Qualifikationen mit den Anforderungen von Stellen (12), bei der Bewerberverwaltung (26) sowie bei der Unterstützung des Vorschlagswesens (29).

Ausserdem ist die Unterstützung der Zeitwirtschaft (6) für die R/3 HR einsetzenden Unternehmen deutlich wichtiger als für die Unternehmen mit Personal/400. Gleiches kann von der Unterstützung des Personalcontrollings bzw. der Kennziffern-Berechnung (30) gesagt werden, mit der die R/3 HR einsetzenden Unternehmen gleichzeitig deutlich zufriedener sind.

Vergleicht man die Abbildung 4.35 mit der Abbildung 4.36, so fällt auf, dass die antwortenden Unternehmen, welche das System R/3 HR einsetzen, mit der Aufgabenunterstützung durch das System leicht überdurchschnittlich zufrieden sind. Deutlich überdurchschnittlich zufrieden sind diese Unternehmen insbesondere mit dem Berichtswesen (7) und dem Personalcontrolling bzw. der Kennziffern-Berechnung (30). Die antwortenden Unternehmen, welche das System Personal/400 einsetzen, sind hingegen mit der Aufgabenunterstützung durch das System unterdurchschnittlich zufrieden. Dies kann insbesondere in bezug auf den Vergleich von Qualifikationen mit den Anforderungen von Stellen (12) sowie in bezug auf die Bewerberverwaltung (26) gesagt werden.

4.2.12.5 Zukunftsbetrachtung

Auf die Frage nach zwei Aufgaben, deren EDV-Unterstützung in der Zukunft stark an Bedeutung gewinnen wird, wurden neben einzelnen Aufgaben auch ganze Aufgabenbereiche genannt. Die Antworten mussten daher aufgeteilt und separat ausgewertet werden.[1] Die Abbildung 4.37 gibt Auskunft über die Aufgaben-bereiche, und die Tabelle 4.21 enthält die einzelnen Aufgaben.

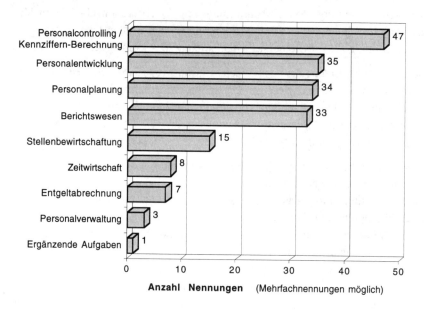

Abbildung 4.37: Aufgabenbereiche mit grossem Bedeutungszuwachs in der Zukunft

In der Zukunft wird die EDV-Unterstützung des Personalcontrollings bzw. der Kennziffern-Berechnung nach Meinung der Antwortenden am stärksten an Bedeutung gewinnen (vgl. Abbildung 4.37). Jedes vierte der 187 Unternehmen nannte diesen Aufgabenbereich. Die Personalentwicklung, die Personalplanung und das Berichtswesen wurden ebenfalls relativ häufig erwähnt.

---

[1] *Die verwendeten Aufgaben und Aufgabenbereiche sowie deren Zusammenhänge sind im Frage-bogen (vgl. Anhang 2) erkennbar. Die Bereiche Berichtswesen, Zeitwirtschaft und Personal-controlling / Kennziffern-Berechnung wurden nicht in einzelne Aufgaben unterteilt und sind daher in beiden Auswertungen enthalten.*

Tabelle 4.21: Aufgaben mit grossem Bedeutungszuwachs in der Zukunft

Aufgaben	Nennungen
Personalcontrolling / Kennziffern-Berechnung	47
Berichtswesen (z. B. Statistiken, Auswertungen, Grafiken)	33
Kostenplanung / Budgetierung	23
Aus-, Weiterbildungsplanung	18
Verwaltung von Informationen über Ausbildung, Kenntnisse, Fähigkeiten	17
Personalbeurteilung / Qualifikation	14
Bedarfsplanung	10
Einsatzplanung	9
Nachfolgeplanung	8
Zeitwirtschaft (z. B. Zeiterfassung, Absenzenverwaltung)	8
Personaldossiers führen	7
Vergleich der Qualifikationen der Mitarbeiter mit den Anforderungen von Stellen	6
Bestandesplanung	5
Karriereplanung	5
Anreizsysteme verwalten	4
Lohn- und Gehaltsabrechnung	4
Stammdatenverwaltung	4
Bewerberverwaltung	3
Kursverwaltung	3
Stellenbeschreibungen verwalten	3
Stellenplanung, Organigramme erstellen	3
Textverarbeitung / Vertragswesen	3
Anforderungsprofile der Stellen verwalten	2
Beschaffungsplanung	1
Freistellungsplanung	1
Pensionskassenverwaltung	1
Total	242

Bei den einzelnen Aufgaben wurde das Personalcontrolling bzw. die Kennziffern-Berechnung und das Berichtswesen an erster und zweiter Stelle genannt (vgl. Abbildung 4.21). An dritter Stelle liegt die Kostenplanung bzw. Budgetierung. Beinahe gleich oft wurden die Aus- und Weiterbildungsplanung sowie die Verwaltung von Informationen über Ausbildung, Kenntnisse und Fähigkeiten erwähnt.

4.2.13 Einführung von Personalinformationssystemen

4.2.13.1 Projektleitung bei der Einführung

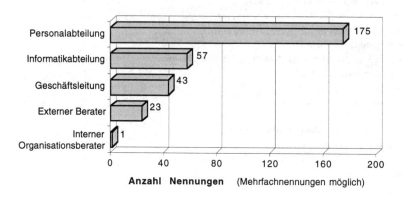

Anzahl Nennungen   (Mehrfachnennungen möglich)

Abbildung 4.38: Projektleitung bei einer allfälligen Einführung

Die Abbildung 4.38 gibt Auskunft darüber, wo die 229 befragten Unternehmen bei einer allfälligen Einführung eines Personalinformationssystems die Projektleitung ansiedeln würden. Da einige Unternehmen die Projektleitung aufteilen würden, gab es insgesamt 299 Nennungen.

175 Unternehmen bzw. 76% der Unternehmen würden die Personalabteilung bei der Projektleitung zumindest mitbeteiligen. Dies bedeutet, dass in beinahe jedem vierten Unternehmen die Personalabteilung als hauptsächlich betroffene Fachabteilung der Projektleitung nicht angehören würde. Beachtet man, dass die Fragebogen mehrheitlich durch Vertreter des Personalbereichs ausgefüllt wurden, so ist dieses Ergebnis umso erstaunlicher: Beinahe ein Viertel der Personalabteilungen ist offensichtlich nicht bereit, in einem für sie zentralen Projekt zumindest teilweise die Leitung zu übernehmen. In diesen Unternehmen würde die Projektleitung primär in der Informatikabteilung (21 Nennungen bzw. 9% der Unternehmen) und sekundär in der Geschäftsleitung (16 Nennungen bzw. 7% der Unternehmen) angesiedelt.[1]

Werden nur die einfachen, nicht kombinierten Projektleitungen betrachtet, so ergibt sich eine ähnliche Verteilung wie in Abbildung 4.38: Personalabteilung 120 Nennungen, Informatikabteilung 21, Geschäftsleitung 16, Externe Berater 9, Interne Organisationsberater 1. Dies bedeutet, dass nur in gut jedem zweiten

---

[1] *Die anderen einfachen oder kombinierten Projektleitungen, bei denen die Personalabteilung nicht beteiligt ist, erhielten deutlich weniger Nennungen.*

Unternehmen die Projektleitung ausschliesslich bei der Personalabteilung liegen würde.

Bei den kombinierten Projektleitungen wurde primär die Verbindung Personalabteilung und Informatikabteilung (27 Nennungen) und sekundär die Kombination Personalabteilung und Geschäftsleitung (18 Nennungen) genannt.

4.2.13.2 Einführungsprobleme

In Abbildung 4.39 sind die Antworten auf die Frage nach den drei grössten Problembereichen, die im jeweiligen Unternehmen bei der Einführung eines Personalinformationssystems auftreten könnten, dargestellt.

Infolge der allgemein zunehmenden Dynamik, der gleichzeitig steigenden Komplexität der Zusammenhänge und des wachsenden Kostendrucks in den Unternehmen ist es nicht erstaunlich, dass der Zeitmangel bzw. die Arbeitsüberlastung am häufigsten (von jedem zweiten der 229 antwortenden Unternehmen) genannt wurden.

Der zweitklassierte Problembereich der Unterschätzung des Aufwands und der Kosten kommt in beinahe jeder dritten Antwort vor. Auch Kompatibilitäts- und Schnittstellenprobleme wurden beinahe eben so oft genannt. Der Grund liegt wohl darin, dass Personalinformationssysteme in der Regel über Verbindungen zu anderen Systemen (z. B. Rechnungswesen, Zeitwirtschaft oder Pensionskasse) verfügen müssen. Ausserdem fällt auf, dass die drei am häufigsten genannten Problembereiche sich gegenseitig stark beeinflussen.

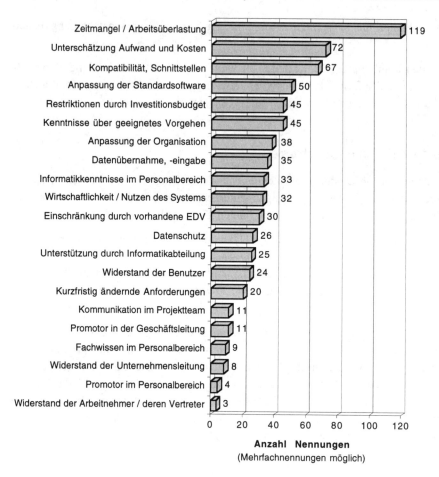

Abbildung 4.39: Einführungsprobleme

4.2.13.3 Einführungsmassnahmen

In Abbildung 4.40 sind die Antworten auf die Frage nach denjenigen drei Massnahmen dargestellt, die im jeweiligen Unternehmen bei der Einführung eines Personalinformationssystems getroffen würden, um grössere Einführungsprobleme zu vermeiden.

Abbildung 4.40: Einführungsmassnahmen

Von sehr grosser Bedeutung ist die Wahl eines zuverlässigen Partners, der eine qualifizierte und umfassende Unterstützung anbieten kann. Diese Massnahme wurde von 37% der 229 antwortenden Unternehmen genannt. Ausserdem ist es von grosser Bedeutung, dass die Anforderungen detailliert und verbindlich festgelegt werden.

4.2.14 Zusammenfassung

Die auf den vorangehenden Seiten dargestellten Ergebnisse basieren auf einer von Juni bis August 1997 durchgeführten empirischen Untersuchung. Dabei wurden die Personalverantwortlichen von 452 Schweizer Grossunternehmen (mit jeweils mehr als 500 Mitarbeitern) der Deutsch- sowie der Westschweiz schriftlich befragt. Infolge der hohen Rücklaufquote von knapp 51% ergeben sich einige interessante Hinweise über die Einführung und den Einsatz von Personalinformationssystemen in Schweizer Grossunternehmen:

- 82% der befragten Schweizer Grossunternehmen arbeiten im Personalbereich mit einem Personalinformationssystem. Der Einsatz dieser Systeme ist signifikant von der Anzahl Mitarbeiter der Unternehmen abhängig. Der Verbreitungsgrad von Personalinformationssystemen wird im Verlaufe der nächsten Jahre auf ungefähr 96% steigen. In beinahe jedem zweiten Unternehmen wird über die Einführung eines neuen Personalinformationssystems diskutiert oder ist diese bereits beschlossen.

- 90% der befragten Unternehmen setzen im Personalbereich neben dem zentralen EDV-System noch andere personalspezifische EDV-Systeme (z. B. Zeiterfassungssysteme) ein. 35% dieser Systeme werden als isolierte Systeme mit einer manuellen Doppelerfassung einzelner Daten betrieben.

- 63% der Personalinformationssysteme werden auf Grossrechnern betrieben. Der Anteil der Client-Server-Systeme beträgt 35%. Dieser Anteil wird in der Zukunft stark steigen.

- Bei den eingesetzten Personalinformationssystemen beträgt der Anteil der Eigenentwicklungen 20%. Der 80%-Anteil der Standard-Personalinformationssysteme wird in der Zukunft weiter steigen.

- Der sekundäre Wirtschaftssektor weist im Vergleich zum tertiären Sektor einen höheren Anteil an Client-Sever-Systemen (44% zu 29%) und eine deutlich grössere Verbreitung der Standard-Personalinformationssysteme (91% zu 72%) auf. Das durchschnittliche Alter der Systeme ist ungefähr gleich hoch.

- Bei den Standard-Personalinformationssystemen weist das Modul HR des Systems R/3 von SAP die grösste Verbreitung auf. Auch bei der Frage nach der Einführung eines neuen Personalinformationssystems wurde R/3 HR am häufigsten genannt.

- Von den antwortenden Unternehmen, welche ein Standard-Personalinformationssystem einsetzen, passten 91% die Software durch die Einstellung von Parametern (sog. Customizing) an. 78% der Unternehmen nahmen durch die

Erstellung von Schnittstellen zu Fremdsystemen Anpassungen vor, und 38% der Unternehmen realisierten umfangreiche Programmänderungen.

- In 48% der Unternehmen verfügen nur die Personalchefs oder die Mitarbeiter des Personalbereichs über eine direkte Zugriffsmöglichkeit auf die Datenbestände des Personalinformationssystems.

- Die Beurteilung der Personalinformationssysteme zeigt, dass die Antwortenden mit den eingesetzten Systemen im Mittel nicht ganz zufrieden sind. Verbesserungen wären insbesondere bei der Dokumentation resp. dem Hilfesystem, der Systemunabhängigkeit und der Anpassungsfähigkeit bezüglich neuer Anforderungen erwünscht.

- Mit dem Einsatz eines Personalinformationssystems werden gleichzeitig verschiedenste Ziele verfolgt. Die Erhaltung und Stärkung der Anpassungsfähigkeit bezüglich neuer Anforderungen ist dabei das wichtigste Ziel. Im Schnitt sind die Antwortenden mit dem Ausmass der Erreichung der Ziele nicht ganz zufrieden. Am unzufriedensten sind die befragten Unternehmen mit dem Ausmass der Erreichung des als relativ wichtig angesehenen Ziels der Integration verschiedener Anwendungssysteme.

- Im Zusammenhang mit der Aufgabenunterstützung durch das Personalinformationssystem ist man nur bei einzelnen administrativen Aufgaben (z. B. Stammdatenverwaltung, Lohn- und Gehaltsabrechnung) zufrieden bis sehr zufrieden. Mit der Unterstützung insgesamt und insbesondere mit der Unterstützung der dispositiven Aufgaben ist man mehrheitlich nicht ganz zufrieden.

- Die antwortenden Unternehmen sind mit der als wichtig bis sehr wichtig bezeichneten Unterstützung des Berichtswesens und des Personalcontrollings bzw. der Kennziffern-Berechnung am unzufriedensten. Diese beiden Aufgaben sind gleichzeitig auch diejenigen, deren EDV-Unterstützung in der Zukunft am stärksten an Bedeutung gewinnen wird.

- Bei einer allfälligen Einführung eines Personalinformationssystems würden 76% der befragten Unternehmen die Personalabteilung bei der Projektleitung zumindest mitbeteiligen. Dies bedeutet, dass in beinahe jedem vierten Unternehmen die Personalabteilung als primär betroffene Fachabteilung an der Projektleitung nicht beteiligt wäre.

- Als das bedeutendste potentielle Einführungsproblem erwies sich der Zeitmangel bzw. die Arbeitsüberlastung.

- Die Wahl eines zuverlässigen Partners, der eine qualifizierte und umfassende Unterstützung anbieten kann, sowie die detaillierte und verbindliche Festlegung der Anforderungen stellten sich als die wichtigsten Einführungsmassnahmen heraus.

4.3 Vergleich zwischen Vorstudie und Hauptstudie

Der Fragebogen der Hauptstudie wurde unter Berücksichtigung der in der Vorstudie gesammelten Erfahrungen[1] geringfügig abgeändert. Ein direkter Vergleich der Ergebnisse der beiden Studien ist daher nicht ohne weiteres möglich. Dennoch lassen sich einzelne Unterschiede und Gemeinsamkeiten ausmachen.[2]

Als Ursache für die Unterschiede zwischen den Ergebnissen der beiden Studien kommt einerseits die zeitliche Differenz zwischen den Befragungen (ein knappes Jahr) in Betracht. Andererseits dürften aber auch die unterschiedlichen Stichproben zu Differenzen geführt haben. (In der Vorstudie wurden nur acht Unternehmen, welche im Verlaufe der vorangegangenen Jahre ein Personalinformationssystem eingeführt hatten, in der Hauptstudie dagegen 452 Unternehmen befragt.)

Die wesentlichsten Unterschiede und Gemeinsamkeiten sollen im folgenden kurz aufgezeigt werden:

- Bei der Beurteilung der Personalinformationssysteme fällt auf, dass die Unternehmen der Hauptstudie in bezug auf den Datenschutz zufriedener sind als die Unternehmen der Vorstudie. Gerade umgekehrt verhält es sich hingegen bei der Anpassungsfähigkeit bezüglich neuer Anforderungen, bei der Systemunabhängigkeit und bei den Unterstützungsleistungen durch den Anbieter. Ausserdem sind die Dokumentation resp. das Hilfesystem und die Effizienz für die Unternehmen der Vorstudie wichtiger als für die Unternehmen der Hauptstudie. (Vgl. Abbildung 4.2 und Abbildung 4.29)

- Die Anpassungsfähigkeit bezüglich neuer Anforderungen stellte sich bei beiden Studien als dasjenige Merkmal heraus, das in der Zukunft am stärksten an Bedeutung gewinnen wird. (Vgl. Abbildung 4.3 und Abbildung 4.31)

- Beide Studien ergaben, dass mit dem Einsatz eines Personalinformationssystems verschiedene Ziele gleichzeitig verfolgt werden. Das Ziel der erhöhten Anpassungsfähigkeit bezüglich neuer Anforderungen stellte sich jeweils als das wichtigste heraus. (Vgl. Abbildung 4.4 und Abbildung 4.32)

- Bei den Zielen, die in der Zukunft am stärksten an Bedeutung gewinnen werden, wurde wiederum die erhöhte Anpassungsfähigkeit bezüglich neuer Anforderungen in beiden Studien am häufigsten genannt. Die bessere Verfügbarkeit von Informationen erhielt in der Hauptstudie ebenfalls die höchste

---

[1] *Beispielsweise wurden im Rahmen der Interviews einzelne Verständnisschwierigkeiten festgestellt.*

[2] *Dabei muss allerdings von der Annahme ausgegangen werden, dass die leicht unterschiedlich benannten Beurteilungsprädikate die Antworten nicht wesentlich beeinflussten.*

Anzahl Nennungen. In der Vorstudie wurde dieses Ziel hingegen nur am vierthäufigsten genannt. (Vgl. Abbildung 4.5 und Abbildung 4.34)

- Der Unterstützung der Stammdatenverwaltung sowie der Lohn- und Gehaltsabrechnung wird in beiden Studien die grösste Bedeutung zugemessen. Die Unterstützung dieser Aufgaben wird jeweils als sehr zufriedenstellend angesehen. Eine grosse Bedeutung kommt in beiden Studien ausserdem der Unterstützung des Berichtswesens und des Personalcontrollings bzw. der Kennziffern-Berechnung zu. Die Unternehmen der Hauptstudie sind im Gegensatz zu denjenigen der Vorstudie mit der Unterstützung dieser Aufgaben allerdings am unzufriedensten. (Vgl. Abbildung 4.6 und Abbildung 4.35)

- Die Unternehmen der Hauptstudie sind in bezug auf die Unterstützung der Bestandesplanung und Bedarfsplanung zufriedener als die Unternehmen der Vorstudie. Gerade umgekehrt verhält es sich hingegen mit der Unterstützung der Zeitwirtschaft, der Aus- und Weiterbildungsplanung und der Terminüberwachung. (Vgl. Abbildung 4.6 und Abbildung 4.35)

- Das Personalcontrolling bzw. die Kennziffern-Berechnung und das Berichtswesen stellten sich in beiden Studien als diejenigen Aufgaben heraus, deren Unterstützung in der Zukunft am stärksten an Bedeutung gewinnen wird. (Vgl. Abbildung 4.7 und Tabelle 4.21)

- Sowohl in der Vorstudie als auch in der Hauptstudie wurden der Zeitmangel bzw. die Arbeitsüberlastung, die Unterschätzung des Aufwands bzw. der Kosten sowie die Schwierigkeiten mit der Kompatibilität und den Schnittstellen als die drei häufigsten Einführungsprobleme genannt. (Vgl. Abbildung 4.8 und Abbildung 4.39)

- In beiden Studien stellte sich die sorgfältige Wahl eines zuverlässigen Partners, der eine qualifizierte und umfassende Unterstützung anbietet, als die bedeutendste Einführungsmassnahme heraus. (Vgl. Abbildung 4.10 und Abbildung 4.40)

In den befragten Unternehmen der Vorstudie sind die Mitarbeiter im Personalbereich mit dem Einsatz und insbesondere mit der Einführung der Personalinformationssysteme unzufriedener als die Personalchefs bzw. -leiter. Da die Ergebnisse der Hauptstudie mehrheitlich auf Antworten von Personalchefs bzw. -leitern beruhen, ist anzunehmen, dass auch in diesen Unternehmen die Mitarbeiter im Personalbereich mit den eingesetzten Personalinformationssystemen noch unzufriedener sind.

5. Verfahren zur Einführung von Personalinformationssystemen

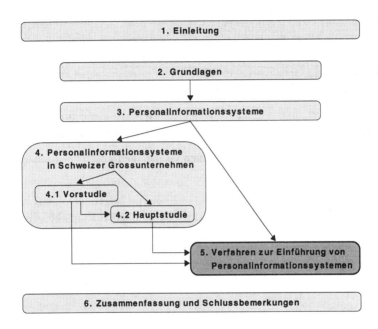

Abbildung 5.1: Positionierung des fünften Teils

Im fünften Teil wird auf der Basis der Vor- und der Hauptstudie sowie der theoretischen Betrachtungen des zweiten und dritten Teils ein Verfahren zur Einführung von Personalinformationssystemen vorgeschlagen.

Aufgrund der Überlegungen in Kapitel 1.1 sollen mit dem Verfahren insbesondere die Vertreter des Personalbereichs unterstützt werden. Im Sinne einer Orientierungshilfe bietet das Verfahren deshalb eine übersichtliche Gesamtstrukturierung des Einführungsprozesses und zeigt die wichtigsten Zusammenhänge und zu beachtenden Aspekte auf. In bezug auf die bedeutendsten Entscheidungen sind aber auch inhaltliche Empfehlungen enthalten. Wegen des zunehmenden Einsatzes von Standard-Personalinformationssystemen ist dieses Verfahren primär auf die Einführung solcher Systeme ausgerichtet.

Die methodischen und inhaltlichen Hilfestellungen dieses Verfahrens sollen den Vertretern des Personalbereichs bei der Einführung eines Personalinformationssystems eine aktive Mitarbeit und insbesondere eine nachhaltige Mitgestaltung ermöglichen. Dies ist eine wichtige Voraussetzung für ein Personalinformationssystem, das den fachspezifischen Anforderungen entspricht.

Der Aufbau des Verfahrens und die inhaltlichen Empfehlungen sollen sicherstellen, dass während der gesamten Einführung eines Personalinformationssystems die organisatorischen und menschlichen Aspekte mitberücksichtigt werden. Diese Aspekte stehen vor allem bei der Einführung umfassender Personalinformationssysteme, die vorwiegend in Grossunternehmen eingesetzt werden, im Vordergrund. Im Rahmen der inhaltlichen Empfehlungen werden auch Hinweise auf zu beachtende schweizerische Aspekte abgegeben.

Im *ersten Kapitel* wird zuerst darauf eingegangen, weshalb ein heuristisches Verfahren vorgeschlagen wird und was die Merkmale eines solchen Verfahrens sind.

Im *zweiten Kapitel* werden die verschiedenen Grundlagen des heuristischen Verfahrens aufgelistet.

Im *dritten Kapitel* geht es schliesslich darum, das Verfahren detailliert vorzustellen und zu erläutern sowie die zugehörigen substantiellen Empfehlungen aufzuzeigen.

5.1 Charakterisierung des zu entwickelnden Verfahrens

Die Charakterisierung des zu entwickelnden Verfahrens[1] basiert auf den allgemeinen Ausführungen über Verfahren (vgl. Kapitel 2.7) und auf den Betrachtungen zu den Personalinformationssystemen (vgl. 3. Teil).

Die Einführung eines Personalinformationssystems stellt für das betreffende Unternehmen in der Regel ein bedeutendes und umfassendes Projekt dar, das sorgfältig geplant, geleitet und kontrolliert werden muss. Da die Projektabwicklung stark von unternehmensspezifischen Gegebenheiten und den unternehmensindividuellen Anforderungen abhängt, scheint es nicht zweckmässig zu sein, pauschale Rezepte abzugeben. Vielmehr wird versucht, die Praxis durch ein strukturiertes Verfahren zu unterstützen, indem die wichtigsten Arbeitsschritte und Entscheidungen aufgezeigt und einzelne Empfehlungen und Hinweise gegeben werden.

Im Rahmen der Einführung eines Personalinformationssystems müssen auf verschiedenen Ebenen verschiedenartigste Aspekte berücksichtigt werden (z. B. Anforderungen verschiedener Abteilungen, Informatikstrategie, Datenschutz, notwendige Unterstützung von Aufgaben mit Verknüpfungen zu anderen Unternehmensbereichen, unterschiedliche Benutzergruppen). Es ist daher unmöglich, dass ein solches System mit einem einzigen Entscheid abschliessend eingeführt werden kann. Vielmehr sind auf verschiedenen Stufen zahlreiche Einzelentscheide notwendig.

Infolge der notwendigen Einzelentscheide und der oben erwähnten allgemeinen Ausführungen über Verfahren wird davon ausgegangen, dass für die Einführung eines Personalinformationssystems ein komplexes Verfahren erforderlich ist. Infolge derselben Ausführungen kann zudem gesagt werden, dass die Bedingungen für ein Optimierungsverfahren nicht erfüllt sind. Für die Einführung eines Personalinformationssystems stehen daher diejenigen Verfahren, die eine suboptimale Lösung liefern, im Vordergrund (vgl. Kapitel 2.7).

Die Einführung eines Personalinformationssystems kann ausserdem als Gestaltungsproblem angesehen werden, weil primär nicht ein einzelner Wahlakt das Problem lösen kann, sondern im Rahmen eines komplexen Such- und Entwicklungsprozesses schrittweise akzeptable Alternativen erarbeitet werden müssen.[2] Innerhalb der Verfahren mit suboptimaler Lösung können die Simulationsverfahren eher zur Bewältigung von Wahlproblemen eingesetzt werden. Folglich

---

[1] *Diese Ausführungen basieren auf den Überlegungen von Grünig, 1990, S. 73ff.*

[2] *Vgl. Grünig, 1990, S. 74; Kühn, 1978, S. 135*

kommt zur Lösung des komplexen Gestaltungsproblems der Einführung eines Personalinformationssystems primär ein heuristisches Verfahren in Frage.[1]

Ein heuristisches Verfahren zeichnet sich durch folgende Eigenschaften aus:[2]

- Die Regeln der Informationsbeschaffung und -verarbeitung können auch bei schlecht definierten und schlecht strukturierten Problemen angewendet werden.[3]

- Statt einer Maximierung der Lösungsqualität wird ein günstiges Verhältnis zwischen dem Aufwand der Lösungserarbeitung und der Qualität der Problemlösung angestrebt.[4]

- Aus der Anwendung des Verfahrens resultiert in der Regel eine suboptimale Lösung, die aber meist hinreichend gut ist. Eine optimale Lösung liefert das Verfahren nur per Zufall. In Ausnahmefällen kann es zudem vorkommen, dass das Verfahren zu gar keiner Lösung führt. Es fehlt folglich eine Lösungsgarantie.

Im Rahmen eines heuristischen Verfahrens gelangen normalerweise verschiedene heuristische Prinzipien zur Anwendung. Unter einem heuristischen Prinzip wird „eine elementare Regel der Umschreibung, Transformation, Strukturierung und/oder Lösung von Problemen verstanden, welche bei der Entwicklung eines heuristischen Verfahrens zur Bewältigung einer bestimmten Klasse von Entscheidproblemen als Baustein verwendet werden kann."[5] Die Zerlegung des Problems in

---

[1] *Vgl. Grünig, 1990, S. 74*

[2] *Vgl. Grünig, 1990, S. 74f.; Kühn, 1978, S. 144ff.; Vogt, 1981, S. 128ff.*

[3] *Ein Problem ist schlecht definiert, wenn operationale Entscheidungskriterien zur Messung der prognostizierten Konsequenzen der verschiedenen Lösungsalternativen nicht eindeutig formuliert werden können. Dadurch kann nur anhand subjektiver, nicht nachprüfbarer Wertungen über die Alternativen entschieden werden.*

Ein Problem ist schlecht strukturiert, wenn insbesondere kein Rechenverfahren (Algorithmus) bekannt ist, mit dem, bei zeitlich und wirtschaftlich vertretbarem Aufwand, das Problem gelöst werden kann. Schlecht strukturierte Probleme zeichnen sich beispielsweise dadurch aus, dass wesentliche Elemente der Aufgabenstellung bzw. der Problemumschreibung unbekannt sind oder sich einer genaueren Erfassung entziehen.

Eine detailliertere Umschreibung von schlecht definierten und schlecht strukturierten Problemen ist bei Kühn zu finden. Vgl. Kühn, 1978, S. 160ff.

[4] *Der Aufwand zur Lösungserarbeitung wird durch die Anwendung von heuristischen Prinzipien reduziert. Vgl. dazu die Ausführungen weiter unten.*

[5] *Grünig, 1990, S. 79*

Teilprobleme, die Reduktion des Problems auf die wesentlichen Elemente und die Senkung des Anspruchsniveaus können als Beispiele genannt werden.[1]

Bei der Abarbeitung eines heuristischen Verfahrens werden die einzelnen Phasen mit den jeweiligen heuristischen Prinzipien in der Regel mehrmals durchlaufen, bzw. es wird zu einer vorangehenden Phase zurückgesprungen, um die Ergebnisse zu überarbeiten. Dieser Prozess läuft in der Regel so lange, bis eine hinreichend gute Lösung gefunden worden ist (sog. heuristische Schlaufen).[2]

Als Vorteile von heuristischen Verfahren können folglich deren Anwendbarkeit bei schlecht definierten und schlecht strukturierten Problemen sowie das günstige Verhältnis zwischen dem Aufwand der Lösungserarbeitung und der Qualität der Problemlösung angesehen werden. Dabei müssen allerdings die Nachteile der fehlenden Lösungsgarantie und die Tatsache, dass heuristische Verfahren in der Regel nur suboptimale Lösungen liefern, in Kauf genommen werden.[3]

Die Einführung eines Personalinformationssystems muss aufgrund der obigen Ausführungen als schlecht definiertes und schlecht strukturiertes Analyse- und Gestaltungsproblem angesehen werden. Ein heuristisches Verfahren eignet sich folglich zur Lösung dieses Problems. Dabei sind allerdings die erwähnten Nachteile hinzunehmen. Dies hat für die praktische Anwendung des zu entwickelnden Verfahrens keine allzu grossen negativen Auswirkungen. Durch ein heuristisches Verfahren wird nämlich in der Regel eine hinreichend gute Lösung gefunden. Ausserdem fördert das günstige Verhältnis zwischen dem Aufwand der Lösungserarbeitung und der Qualität der Problemlösung die praktische Anwendung des Verfahrens.

---

[1] *Einen umfassenden Überblick über die wichtigsten heuristischen Prinzipien geben unter anderem folgende Ausführungen: Kühn, 1978, S. 176ff.; Vogt, 1981, S. 199ff.; Schregenberger, 1982, S. 39ff.*

[2] *Vgl. Vogt, 1981, S. 199ff.*

[3] *Vgl. Grünig, 1990, S. 74f.; Kühn, 1978, S. 144ff.*

5.2 Grundlagen des heuristischen Verfahrens

Das im Rahmen dieser Arbeit entwickelte heuristische Verfahren beruht auf verschiedenen Grundlagen, die im folgenden kurz dargelegt werden.[1]

Die Literatur über den Bereich, für den das Verfahren entwickelt wurde, stellt eine *erste Grundlage* dar. Die wichtigsten Aspekte des Personalmanagements sind in Kapitel 3.1 enthalten. In Kapitel 3.3 wird ausserdem ausführlich auf Personalinformationssysteme eingegangen.

Die in der Literatur beschriebenen Verfahrensvorschläge bilden die *zweite Grundlage*. Die in bezug auf das entwickelte Verfahren bedeutendsten Vorgehensweisen sind in Kapitel 3.4 dargestellt.[2]

Eine *dritte Grundlage* stellen die Publikationen über die Entscheidmethodik dar. Einerseits sind bei der Verfahrensentwicklung vor allem die heuristischen Prinzipien von Bedeutung. Die in bezug auf das entwickelte Verfahren zentralen heuristischen Prinzipien sind bei Kühn, Vogt und Schregenberger ausführlich dargestellt.[3] Andererseits sind bei der Entwicklung eines heuristischen Verfahrens auch die allgemeinen Vorschläge zur Strukturierung von Entscheidprozessen und die entscheidlogischen Aussagen von Nutzen.[4] In diesem Zusammenhang wird auf die weiterführende Fachliteratur verwiesen.[5]

Eine *vierte Grundlage* bilden die im vierten Teil vorgestellten empirischen Studien. Die Ergebnisse der Vor- und Hauptstudie enthalten wichtige Informationen, die bei der Entwicklung des Verfahrens berücksichtigt wurden. Vor allem die im Rahmen der Vorstudie durch halbstrukturierte Interviews erhobenen Angaben über den Einführungsprozess und über die Erfahrungen der verantwortlichen Personen stellen für das Verfahren eine wichtige Grundlage dar.

---

[1] *Vgl. Grünig, 1990, S. 76ff.; Kühn, 1978, S. 216ff.*

[2] *Bei der Entwicklung des Verfahrens wurde insbesondere folgende Literatur zusätzlich berücksichtigt: Barbitsch, 1996, S. 95ff.; Becker et al., 1995, S. 193ff.; Domsch, 1980, S. 36ff.; Grünig, 1989, S. 79ff.; Hildebrand, Szidzek, 1995, S. 42ff.; Hoffmann, 1984, S. 131ff.; Nedess, 1991, S. 20ff.; Österle et al., 1992, S. 284ff.; Schreiber, 1994, S. 13ff.; Vetter, 1990, S. 205ff.*

[3] *Vgl. Kühn, 1978, S. 176ff.; Vogt, 1981, S. 199ff.; Schregenberger, 1982, S. 39ff.*

[4] *Vgl. Grünig, 1990, S. 76f.; Kühn, 1978, S. 216ff.*

[5] *Vgl. beispielsweise Vogt, 1981; Schregenberger, 1982*

5.3 Heuristisches Verfahren zur Einführung von Personalinformationssystemen

Das heuristische Verfahren zur Einführung von Personalinformationssystemen gliedert den Einführungsprozess in acht Phasen mit jeweils spezifischen Arbeitsschritten. Dies ermöglicht ein schrittweises Vorgehen und erleichtert den Überblick (vgl. Abbildung 5.2).

Von den Unternehmen, welche in der Hauptstudie befragt wurden und ein neues Personalinformationssystem einführen wollen, ziehen 95% eine Standard-Anwendungssoftware einer Eigenentwicklung vor (vgl. Kapitel 4.2.9.5). Das hier vorgestellte Verfahren wurde daher primär auf die Einführung von Standard-Personalinformationssystemen ausgerichtet. Für die Einführung einer Eigenentwicklung muss auf die in Kapitel 3.4 beschriebenen Vorgehensmodelle und die dort erwähnte weiterführende Literatur verwiesen werden.

76% der in der Hauptstudie befragten Unternehmen würden bei einer allfälligen Einführung eines Personalinformationssystems einen Vertreter des Personalbereichs mit der Projektleitung beauftragen oder ihn zumindest daran beteiligen (vgl. Kapitel 4.2.13.1). Dies dürfte auf den ebenfalls festgestellten vermehrten Einsatz von Standard-Personalinformationssystemen zurückzuführen sein. Dadurch kann teilweise auch erklärt werden, weshalb jedes fünfte Unternehmen die mangelnden Kenntnisse über ein geeignetes Vorgehen als bedeutendes Problem bei der Einführung eines Personalinformationssystems betrachtet (vgl. Kapitel 4.2.13.2). Das hier vorgestellte Verfahren zeigt deshalb die wichtigsten Schritte und zu beachtenden Punkte auf.

Das Verfahren ist so aufgebaut, dass systematisch und zielgerichtet ein den unternehmensspezifischen Anforderungen entsprechendes Personalinformationssystem realisiert werden kann. Durch die Aufteilung in Phasen bietet sich zudem immer wieder die Möglichkeit, die Zwischenergebnisse zu überprüfen, die zukünftigen Aktivitäten sowie die allfälligen Risiken zu überdenken und allenfalls über einen Projektabbruch zu entscheiden.

Bei der Abarbeitung einer Phase oder eines Arbeitsschritts kann es erforderlich werden, die Ergebnisse einer vorangehenden Phase oder eines früheren Arbeitsschritts im Rahmen einer heuristischen Schlaufe zu überarbeiten. Da die Notwendigkeit solcher Schlaufen teilweise von der konkreten Situation abhängt, wurden diese auch aus Gründen der Übersichtlichkeit in den folgenden Abbildungen nicht eingezeichnet. Bei der Abarbeitung eines Arbeitsschritts kann ausserdem der in Kapitel 3.4.1.2 beschriebene Problemlösungszyklus eingesetzt werden.

1. Phase: Initialisierung

1.1 Marktübersicht Standard-Personalinformationssysteme
1.2 Grobe Ist-Analyse und Zusammenstellung der wichtigsten Projektziele
1.3 Vor- und Nachteile eines neuen Personalinformationssystems
1.4 Schätzung der Kosten und des Zeitbedarfs des Projekts
1.5 Entscheidung Individual- oder Standard-Anwendungssoftware
1.6 Erstellung des Projektantrags

2. Phase: Vorbereitung

2.1 Organisation des Projekts
2.2 Abgrenzung des Untersuchungsbereichs
2.3 Erarbeitung der Rahmenbedingungen
2.4 Detaillierung der Projektziele
2.5 Festlegung des Vorgehens und des Zeitplans
2.6 Information über das Projekt
2.7 Abschätzung des Qualifikationsbedarfs

3. Phase: Ist-Analyse

3.1 Erfassung der bestehenden Organisation
3.2 Erfassung der bestehenden Soft- und Hardware
3.3 Bestimmung des Informationsbedarfs
3.4 Erarbeitung der Stärken und Schwächen

4. Phase: Grobkonzeption

4.1 Entscheidung Software- oder Organisationsanpassungen
4.2 Erarbeitung der neuen Organisation
4.3 Grobkonzeption des neuen Personalinformationssystems
4.4 Erarbeitung des Anforderungskatalogs
4.5 Wahl der Implementierungsstrategie
4.6 Review

5. Phase: Systemauswahl

5.1 Vorauswahl
5.2 Endauswahl
5.3 Vertragsverhandlungen für Hard-, Software und Anpassungen

6. Phase: Detailkonzeption und Erstellung des Prototyps

6.1 Durchführung der systemspezifischen Schulungen
6.2 Schaffung der technischen Voraussetzungen
6.3 Erstellung des Detailkonzepts
6.4 Erstellung und Beurteilung des Prototyps
6.5 Implementierungsplanung
6.6 Planung der Benutzerschulungen und der Informationsveranstaltungen

7. Phase: Realisierung und Überprüfung

7.1 Realisierung der Softwareanpassungen und der Schnittstellen
7.2 Realisierung der Organisationsänderungen und der baulichen Massnahmen
7.3 Erstellung der Schnittstelle für die Datenübernahme
7.4 Durchführung der Tests
7.5 Erstellung der Dokumentationen
7.6 Durchführung der Benutzerschulungen und der Informationsveranstaltungen
7.7 Übernahme oder Erfassung der Daten
7.8 Realisierung des Parallelbetriebs

8. Phase: Inbetriebnahme, Unterhalt, Weiterentwicklung

Abbildung 5.2: Verfahren zur Einführung von Personalinformationssystemen

Das im folgenden beschriebene heuristische Verfahren ist an die unternehmensspezifischen Gegebenheiten anzupassen. Bei Bedarf können unter anderem Phasen
übersprungen werden. Zum Beispiel ist keine Systemauswahl notwendig, wenn bei
einer Konzerngesellschaft die Einführung eines bestimmten Personalinformationssystems durch den Konzern vorgeschrieben ist. Allenfalls ist es auch möglich,
einzelne Arbeitsschritte parallel auszuführen, um dadurch die Projektdauer zu
verkürzen.

Unter der Qualität einer Software wird die Eigenschaft verstanden, die Anforderungen einer spezifischen Einsatzsituation zu erfüllen (vgl. Kapitel 3.3.7.1). Um
eine hohe Qualität zu erreichen, müssen daher während des ganzen Einführungsprozesses diese Anforderungen im Vordergrund stehen. Dies kann beispielsweise
durch eine umfassende Beteiligung der Benutzer unterstützt werden. Da die Qualität nicht nachträglich erprüft werden kann, wurde auf einen solchen Arbeitsschritt
vor der Inbetriebnahme verzichtet. Stattdessen wird an verschiedenen Stellen im
Verfahren, beispielsweise durch Reviews, Prototypen und Tests, die Ausrichtung
auf die unternehmensspezifischen Anforderungen angestrebt.

5.3.1 Phase 1: Initialisierung

In der Regel geben allzu grosse Differenzen zwischen der aktuellen Situation (Ist-
Zustand) und den Vorstellungen, wie es sein sollte (Soll-Zustand), den Anstoss zur
Einführung eines neuen Personalinformationssystems. Beispielsweise können die
folgenden Gründe ausschlaggebend sein:

- Neue Informatikstrategie (z. B. ein integriertes System oder eine neue
  Hardware-Plattform für das ganze Unternehmen)
- Das alte System ist den neuen Anforderungen nicht mehr gewachsen.
- Der Aufwand für die Wartung und Weiterentwicklung des alten Systems
  wurde zu gross.

Im Rahmen der Initialisierung geht es darum, das Projekt anzubahnen. Unter
Umständen sind nämlich umfangreiche Vorabklärungen notwendig, um einen
fundierten Projektantrag stellen zu können. Da diese Vorabklärungen eine
wichtige Grundlage des Projekts darstellen, sind sie sorgfältig durchzuführen.

Es empfiehlt sich, die folgenden Vorabklärungen durch einen Vertreter des Personalbereichs erledigen zu lassen. Auch wenn der Anstoss zur Einführung eines
neuen Personalinformationssystems von ausserhalb des Personalbereichs kommt,
ist es sehr wichtig, dass dieser primär betroffene Bereich vollständig hinter der
Neueinführung steht.

1. Phase: Initialisierung
1.1 Marktübersicht Standard-Personalinformationssysteme
1.2 Grobe Ist-Analyse und Zusammenstellung der wichtigsten Projektziele
1.3 Vor- und Nachteile eines neuen Personalinformationssystems
1.4 Schätzung der Kosten und des Zeitbedarfs des Projekts
1.5 Entscheidung Individual- oder Standard-Anwendungssoftware
1.6 Erstellung des Projektantrags

Abbildung 5.3: Struktur der Phase 1: Initialisierung

Arbeitsschritt 1.1: Marktübersicht Standard-Personalinformationssysteme

Das Ziel des ersten Arbeitsschritts ist es, sich einen Überblick über die angebotenen Standard-Personalinformationssysteme sowie über deren Möglichkeiten
und Grenzen zu erarbeiten. Gewisse Hinweise dazu sind in den Kapiteln 4.2.9.6
sowie 4.2.12 enthalten. Die im Rahmen dieses Arbeitsschritts erarbeiteten Informationen sollen bei den übrigen Arbeitsschritten als Grundlage dienen. Insbesondere soll dadurch erreicht werden, dass in bezug auf das neue Personalinformationssystem keine utopischen Erwartungen gestellt werden. Bei der
Erarbeitung der Marktübersicht sind auch Informationen in bezug auf die
Berücksichtigung der landesspezifischen Gegebenheiten durch die einzelnen
Systeme zusammenzutragen.

Arbeitsschritt 1.2: Grobe Ist-Analyse und Zusammenstellung der wichtigsten
                   Projektziele

Im Rahmen dieses Arbeitsschritts gilt es zunächst, die Ist-Situation grob zu analysieren. Insbesondere geht es dabei darum, die wichtigsten Rahmenbedingungen
festzuhalten, kurz den zu deckenden Informationsbedarf darzulegen sowie die
grössten Stärken und Schwächen der bestehenden Situation aufzuzeigen. Die
erarbeiteten Informationen sollen als Grundlage für den im Arbeitsschritt 1.5 zu
treffenden Entscheid und für den Projektantrag dienen. Die Kenntnisse über die
Ist-Situation werden später (in der dritten Phase) weiter vertieft.

Ausserdem sind in diesem Arbeitsschritt die bedeutendsten Ziele des Projekts zu
formulieren. Dadurch wird eine wichtige Grundlage für die weitere Projektarbeit
gelegt. Hinweise auf mögliche Ziele können sich unter anderem aus den zuvor
erarbeiteten Schwächen der bestehenden Situation ergeben. Detailliertere Hinweise
zur Zielformulierung sind im Arbeitsschritt 2.4 enthalten.

Arbeitsschritt 1.3: Vor- und Nachteile eines neuen Personalinformationssystems

Unter Berücksichtigung der Informationen aus den vorangehenden Arbeitsschritten sind die Vor- und Nachteile sowie die Chancen und Risiken eines neuen Personalinformationssystems bzw. der wichtigsten Alternativen aufzuzeigen. Dies kann beispielsweise in der Form einer Argumentenbilanz (allenfalls mit einer Gewichtung der einzelnen Punkte) geschehen. Dadurch soll die Notwendigkeit des Projekts dokumentiert werden.

Arbeitsschritt 1.4: Schätzung der Kosten und des Zeitbedarfs des Projekts

In diesem Arbeitsschritt sind die Kosten des Projekts, das weitere Vorgehen und der notwendige Zeitbedarf in den wesentlichen Zügen zu erarbeiten. Allenfalls ist dabei zwischen den wichtigsten Alternativen zu unterscheiden.

Arbeitsschritt 1.5: Entscheidung Individual- oder Standard-Anwendungssoftware

Aufgrund der bisher erarbeiteten Informationen ist jetzt grundsätzlich zu entscheiden, ob das neue Personalinformationssystem selbst entwickelt oder ob eine Standard-Anwendungssoftware eingeführt werden soll. Bezüglich der Vor- und Nachteile von Standard-Anwendungssoftware im Vergleich zu Individualsoftware kann auf das Kapitel 3.2.4 verwiesen werden. Diese Vor- und Nachteile sprechen klar für den Einsatz eines Standard-Personalinformationssystems, da durch den Einsatz eines solchen Systems selten Wettbewerbsvorteile verloren gehen (vgl. Kapitel 3.2.4). Der in der Hauptstudie festgestellte Trend zur zunehmenden Verbreitung von Standard-Personalinformationssystemen (vgl. Kapitel 4.2.9.5) ist dadurch verständlich.

Da sich Standard-Personalinformationssysteme nur beschränkt an unternehmensindividuelle Anforderungen anpassen lassen, ist es wichtig, dass der Entscheid des zweiten Arbeitsschritts bewusst und in Kenntnis aller Nachteile gefällt wird. So kann späteren Überraschungen und Enttäuschungen entgegengewirkt werden.

Die grundsätzliche Entscheidung bezüglich der Einführung einer Individual- oder einer Standard-Anwendungssoftware soll bewusst relativ früh gefällt werden. Dadurch wird eine zielstrebige und effiziente Einführung des neuen Personalinformationssystems ermöglicht.

Arbeitsschritt 1.6: Erstellung des Projektantrags

Abschliessend ist aufgrund der zuvor erarbeiteten Informationen der Projektantrag abzufassen. In ihm sollten insbesondere grobe Angaben zu den Projektzielen, zur angestrebten Software-Art, zu den Vor- und Nachteilen bzw. Chancen und

Risiken des Projekts, zu den Kosten, zum Zeitbedarf, zum weiteren Vorgehen und zur Projektorganisation enthalten sein. Ausserdem ist ein Projektleiter vorzuschlagen.

Die Hauptaufgabe des Projektleiters ist es, das Projekt zu planen, zu steuern, zu überwachen und dadurch zu einem erfolgreichen Abschluss zu bringen. Es ist von zentraler Bedeutung, dass er sich mit der Projektidee identifizieren kann. Zudem sollte er ein umfassendes Fach- und Methodenwissen besitzen und über eine ausgeprägte Sozialkompetenz verfügen.

Da es bei der Einführung eines Standard-Personalinformationssystems primär darum geht, ein bereits programmiertes System an die spezifischen Anforderungen des Personalbereichs anzupassen und Organisationsänderungen durchzuführen, ist es empfehlenswert, einem Vertreter des Personalbereichs die Projektleitung zu übertragen. Falls zuwenig Informatikkenntnisse vorhanden sind, ist es allenfalls auch möglich, die Projektleitung auf einen Vertreter des Fachbereichs und einen internen oder externen EDV-Fachmann, der für die technischen Belange zuständig ist, zu verteilen.

Infolge der grossen Komplexität moderner Personalinformationssysteme sollte in Betracht gezogen werden, den Projektleiter von der täglichen Arbeit freizustellen. Einerseits können damit hohe Honorare für die externen Berater „gespart" werden, und andererseits kann dadurch im Unternehmen ein umfassendes Knowhow über das neue Personalinformationssystem aufgebaut werden. Falls der Projektleiter nebenbei auch noch sein Tagesgeschäft erledigen muss, ist die Gefahr gross, dass das neue Personalinformationssystem unsorgfältig eingeführt wird. Dies kann für den späteren Betrieb weitreichende negative Folgen haben.

Durch die Bewilligung des Projektantrags entsteht ein Projektauftrag. Dieser bildet den Beginn der eigentlichen Projektarbeit. Auf diese Projektarbeit wird in den nächsten Phasen detailliert eingegangen.

Die folgenden Phasen sind primär auf die Einführung eines Standard-Personalinformationssystems zugeschnitten. Für die Einführung einer Eigenentwicklung muss auf die in Kapitel 3.4 beschriebenen Vorgehensmodelle und die dort erwähnte weiterführende Literatur verwiesen werden.

5.3.2 Phase 2: Vorbereitung

Nach der Bewilligung des Projektantrags sind in der Vorbereitungsphase die formalen und organisatorischen Voraussetzungen für das Projekt zu schaffen. Da diese Grundlagen einen grossen Einfluss auf den Projekterfolg haben können, ist ihnen die notwendige Aufmerksamkeit zu schenken.

2. Phase: Vorbereitung
2.1 Organisation des Projekts
2.2 Abgrenzung des Untersuchungsbereichs
2.3 Erarbeitung der Rahmenbedingungen
2.4 Detaillierung der Projektziele
2.5 Festlegung des Vorgehens und des Zeitplans
2.6 Information über das Projekt
2.7 Abschätzung des Qualifikationsbedarfs

Abbildung 5.4: Struktur der Phase 2: Vorbereitung

Arbeitsschritt 2.1: Organisation des Projekts

Im ersten Arbeitsschritt dieser Phase ist das Projekt zu organisieren. Beispielsweise ist das Projektteam und ein Entscheidungsgremium zu bilden. Auch deren hierarchische Einordnung sowie die Kompetenzen und Verantwortungen sollten definiert werden. Zudem sind die notwendigen finanziellen Mittel und die Infrastruktur (z. B. gemeinsamer Arbeitsraum, Sitzungszimmer, Informationstechnologien, Werkzeuge) bereitzustellen. Aber auch projektinterne Standards und Richtlinien (z. B. zur Projektdokumentation) sind zu erstellen. Um Missverständnisse und allfällige Diskussionen zu vermeiden, ist es beispielsweise empfehlenswert, alle Entscheidungen schriftlich festzuhalten und zentral zu verwalten.

Bei der Bildung des Projektteams ist einerseits darauf zu achten, dass alle betroffenen Unternehmensbereiche sowie EDV- und allenfalls Organisationsspezialisten im Projektteam vertreten sind. Andererseits sollte das Projektteam auch nicht zu gross werden (z. B. mehr als sieben Personen). Allenfalls ist eine Aufteilung in ein Kernteam und ein Unterstützungsteam empfehlenswert.

Der Einbezug der zukünftigen Benutzer in das Projekt oder zumindest die Berücksichtigung der Benutzerinteressen erhöht in der Regel die Akzeptanz gegenüber dem neuen System, da die Benutzer direkt an dessen Gestaltung mitarbeiten können. Dadurch wird aus dem übermächtigen und komplexen System ein verständliches Werkzeug zur besseren Erledigung der Aufgaben (vgl. Kapitel 3.5.1).

Durch die frühzeitige und umfassende Benutzerbeteiligung kann zudem erreicht werden, dass das Know-how der Fachabteilungen von Beginn weg direkt in das neue Personalinformationssystem einfliessen kann. Dadurch können allfällige Probleme und Unstimmigkeiten rechtzeitig erkannt und angegangen werden. Ein weiterer Vorteil des Einbezugs von Benutzern aus verschiedenen Abteilungen ist, dass das Wissen über das neue System bereits in einer frühen Phase auf verschiedene Personen aus unterschiedlichen Abteilungen breit verteilt wird. Dies kann unter anderem zu einer höheren Akzeptanz gegenüber dem neuen System führen.

Bei der Auswahl der Benutzer, die ins Projekt miteinbezogen werden, ist neben den fachlichen Qualifikationen darauf zu achten, dass die zukünftigen Projektmitarbeiter motiviert, interessiert, teamfähig und offen für Neues sind. Frustrierte und desinteressierte Projektmitarbeiter, die gegen jegliche Änderungen sind und nur aufgrund ihrer Funktion oder Hierarchiestufe ausgewählt wurden, können die Einführung des neuen Personalinformationssystems erschweren.

Das Engagement der am Projekt beteiligten Benutzer sollte mit den Fachabteilungen klar besprochen und geregelt werden. Die Projektmitarbeiter sind beispielsweise von der täglichen Arbeit teilweise freizustellen. Denkbar sind auch materielle oder immaterielle Anreize (z. B. finanzielle Prämien), um eine engagierte Projektmitarbeit zu garantieren.

Wichtig ist, dass das Entscheidungsgremium so zusammengestellt wird, dass die Beschlüsse definitiv gefasst und die Ergebnisse einzelner Phasen oder Arbeitsschritte endgültig genehmigt werden können. Ausserdem sollte dem Entscheidungsgremium mindestens ein Mitglied der Unternehmensleitung angehören, das sich als Promotor engagiert für das neue Personalinformationssystem einsetzt. Ansonsten ist die Gefahr gross, dass die Einführung des neuen Systems des Personalbereichs zugunsten von Projekten, die in den Frontabteilungen direkte Verbesserungen bringen, zurücktreten muss.

Damit auch die Akzeptanz der Arbeitnehmer erhöht wird, sind einzelne Vertreter direkt ins Projekt einzubeziehen. Durch die aktive Mitarbeit können die durch die Datenverarbeitung Betroffenen zu Beteiligten gemacht werden. Dies führt zu einem grösseren Verständnis sowie zu mehr Transparenz, was die Ängste abbauen hilft.

Es ist zudem sinnvoll, bereits in den frühen Phasen des Projekts den Datenschutzbeauftragten und die Kontrollstellen in die Projektarbeit miteinzubeziehen. Dadurch können deren Anregungen und Anforderungen rechtzeitig berücksichtigt und spätere aufwendige Anpassungen vermieden werden.

Allenfalls kann dem Projektteam auch ein kompetentes Beraterteam zur Seite gestellt werden. Die Aufgabe dieser internen oder externen Berater ist es dann, das Projektteam mit Rat und Tat zu unterstützen. Für spezifische Themen können Spezialisten unter Umständen auch vorübergehend in das Beraterteam aufgenommen werden.

Arbeitsschritt 2.2: Abgrenzung des Untersuchungsbereichs

Für die weitere Projektarbeit ist es wichtig, dass der Untersuchungsbereich (in der Regel das System und seine Umgebung) genau herausgearbeitet und abgegrenzt wird. Da ein Personalinformationssystem immer Verbindungen zu anderen Systemen und Abteilungen aufweist, muss genau festgelegt werden, was alles untersucht und neu gestaltet werden soll. Zum Beispiel ist festzulegen, welche Aufgaben mit dem neuen System zu unterstützen sind. Ausserdem ist festzuhalten, mit welchen bestehenden Systemen (z. B. Zeiterfassung, Pensionskasse, Rechnungswesen) das Personalinformationssystem in welcher Form zusammenarbeiten muss.

Arbeitsschritt 2.3: Erarbeitung der Rahmenbedingungen

Um klare Verhältnisse zu schaffen, empfiehlt es sich, die zu beachtenden Rahmenbedingungen bzw. Auflagen und Restriktionen detailliert zu erfassen. Denkbar ist beispielsweise, dass im Unternehmen eine Hardware-Plattform oder ein bestimmtes Datenbankverwaltungssystem durch die Informatikstrategie vorgegeben ist. Unter Umständen bestehen auch zu beachtende Kostenlimiten, personelle Randbedingungen oder räumliche Beschränkungen. Allenfalls existieren im Personalbereich auch bereits Teilsysteme, die mit dem neuen Personalinformationssystem verbunden werden müssen.

Insbesondere in Konzerngesellschaften können zum Beispiel auch Vorgaben in bezug auf die zu liefernden Informationen oder den Informationsaustausch an sich bestehen. Infolge von negativen Erfahrungen mit „Kinderkrankheiten" von Pilotinstallationen kann auch die Auflage bestehen, dass in der Regel nur Standard-Anwendungssoftware, die sich in der Praxis bereits bewährt hat, eingeführt werden darf.

Arbeitsschritt 2.4: Detaillierung der Projektziele

Die bereits bestehenden Ziele sind unter Berücksichtigung der beiden vorangehenden Arbeitsschritte zu detaillieren und in Ober- sowie Unterziele zu gliedern. Die Ziele sollten realistisch, quantitativ bewertbar und aufgrund klarer Vorgaben kontrollierbar sein. Die Ziele müssen daher in bezug auf den Inhalt, den Massstab, das Ausmass und den zeitlichen Bezug präzise Aussagen enthalten.

Die Ziele können beispielsweise umschreiben, was mit dem Einsatz des Personalinformationssystems erreicht werden soll (z. B. Senkung der Personalkosten, Qualitätsverbesserungen). Andererseits können sich die Ziele auch auf das System (z. B. Benutzbarkeit, Verfügbarkeit) oder das Projekt (z. B. Termin- und Kostenziele) beziehen. Bei der Erarbeitung der Ziele ist unter anderem vom Informationsbedarf des Unternehmens auszugehen. Falls ein bestehendes Personalinformationssystem abgelöst werden soll, können bei der Zielformulierung auch die Mängel dieses Systems als Basis dienen.

Die Ausarbeitung der Projektziele ist ein bedeutender Arbeitsschritt. Die Ziele stellen nämlich eine Richtschnur und einen Massstab für alle folgenden Projektaktivitäten dar. Konkrete Ziele bilden ausserdem eine bedeutende Grundlage für den zentralen Arbeitsschritt 4.4, in dem die Anforderungen an das neue Personalinformationssystem erarbeitet werden. Für die Zielformulierung wichtige Hinweise sind in Kapitel 3.3.3 enthalten.

Arbeitsschritt 2.5: Festlegung des Vorgehens und des Zeitplans

Aufgrund der bisher erarbeiteten Informationen ist nun das weitere Vorgehen festzulegen und ein Zeitplan aufzustellen. Die in diesem Verfahren vorgestellten Phasen und Arbeitsschritte sind dabei an die spezifischen Verhältnisse anzupassen und weiter zu spezifizieren. Allfällige Kapazitätseinschränkungen der beteiligten Mitarbeiter (z. B. Abwesenheiten, Tagesgeschäft) sind zu berücksichtigen. Zudem ist es empfehlenswert, genügend Zeitreserven für Unvorhergesehenes einzubauen.

Die Termin- und Kapazitätsplanung ist während der folgenden Phasen dauernd an die neuen Verhältnisse anzupassen. Deshalb lohnt es sich, ein entsprechendes Projektmanagementwerkzeug einzusetzen.

Arbeitsschritt 2.6: Information über das Projekt

Zumindest die durch das neue Personalinformationssystem betroffenen Abteilungen und Benutzer sind im Rahmen dieses Arbeitsschritts umfassend und zuvorkommend über das Projekt und das Projektteam zu informieren. Da aber alle Mitarbeiter durch das Personalinformationssystem betroffen werden und die Datenschutzproblematik in der Öffentlichkeit eine immer grössere Beachtung findet, ist es empfehlenswert, alle Mitarbeiter und vor allem deren Vertreter rechtzeitig und detailliert zu orientieren.

Gerüchte, ablehnende Haltungen oder gar Widerstände beruhen oft auf Unwissenheit und können bei der Einführung eines Personalinformationssystems umfangreiche Ressourcen binden oder grössere Verzögerungen verursachen. Es ist daher wichtig, dass durch eine offene und rechtzeitige Informationspolitik das Vertrauen der Mitarbeiter gewonnen wird, damit den erwähnten Entwicklungen frühzeitig entgegengewirkt werden kann. Im Rahmen von Informationsveranstaltungen sind beispielsweise die möglichen Nachteile eines neuen Personalinformationssystems aufzuzeigen und den Vorteilen gegenüberzustellen. Ausserdem ist der Nutzen und der Sinn solcher Personalinformationssysteme darzulegen. Einwände und Kritiken sollten dabei ernst genommen und als Chancen für klärende Worte oder Verbesserungen angesehen werden.

Bei dieser Informationsarbeit ist allerdings darauf zu achten, dass konkrete Informationen (z. B. über mögliche Auswirkungen) gegeben werden können. Zu allgemeine Angaben oder blosse Andeutungen können ebenfalls zu einer grossen Verunsicherung der Mitarbeiter führen. Es gilt daher, das Optimum zwischen möglichst früher und konkreter Information zu finden.

Eine zusätzliche Erhöhung der Akzeptanz gegenüber dem neuen Personalinformationssystem ist möglich, wenn im Laufe der weiteren Projektarbeit die obigen Personengruppen in regelmässigen Abständen (beispielsweise am Ende jeder Phase) über den konkreten Projektfortschritt informiert werden.

Arbeitsschritt 2.7: Abschätzung des Qualifikationsbedarfs

Am Schluss dieser Phase ist noch der Qualifikationsbedarf innerhalb des Projektteams abzuschätzen. Durch das neue System bedingte Qualifikationen können natürlich erst nach der definitiven Wahl eines Systems bezeichnet werden. Bereits während der beiden folgenden Phasen ist es allerdings möglich, grundlegende Qualifikationen, zum Beispiel durch Schulungen, zu erwerben. Dies ist wichtig, weil ein gut qualifiziertes Projektteam eine bedeutende Voraussetzung für den Projekterfolg darstellt.

Die Benutzer und die EDV-Spezialisten verfügen über ganz unterschiedliche Ausgangslagen, Denkstrukturen und Erfahrungen. Auf der einen Seite ist es daher wichtig, dass den beteiligten Benutzern das für die Mitarbeit notwendige Wissen (z. B. EDV-Kenntnisse, methodisches Wissen) vermittelt wird. Auf der anderen Seite müssen sich auch die EDV-Spezialisten Kenntnisse über den Personalbereich aneignen. Allenfalls ist es ausserdem sinnvoll, die soziale und kommunikative Kompetenz sowie das Bewusstsein für gruppendynamische Prozesse innerhalb des Projektteams gezielt zu verbessern. Dadurch soll eine konstruktive und enge Zusammenarbeit ermöglicht werden.

5.3.3 Phase 3: Ist-Analyse

In der dritten Phase ist in bezug auf den Personalbereich das aufgrund des Arbeitsschritts 1.2 bereits bestehende Bild der aktuellen Situation zu detaillieren. Dabei stehen vor allem die unternehmensspezifischen Besonderheiten, der Informationsbedarf sowie die Schwachstellen des aktuellen Zustands im Vordergrund.

Da eine Festschreibung der aktuellen Situation durch das neue Personalinformationssystem vermieden werden soll, ist ausser bei der Analyse des bestehenden Informationsbedarfs nicht zu stark ins Detail zu gehen. Die Ist-Analyse ist allerdings notwendig, um wertvolle Verbesserungsvorschläge und Erfahrungen bei der späteren Neugestaltung berücksichtigen zu können. Ausserdem soll das neue System oft auch die Funktionen eines alten abdecken, und die bestehende Organisation muss in der Regel zumindest an die neuen Verhältnisse angepasst werden. Es ist daher wichtig, dass die wesentlichen Elemente der Ausgangssituation durch eine Ist-Analyse aufgezeigt werden.

Durch die Darstellung des Ist-Zustands wird zudem den unternehmensexternen Projektmitarbeitern der Einstieg stark erleichtert. Auch für die internen Mitarbeiter kann diese Analyse insbesondere durch das Erarbeiten von Stärken und Schwächen eine klärende Wirkung haben. Durch einen Vergleich des späteren Soll-Konzepts mit dem Ist-Zustand können zudem Veränderungen erklärt sowie bewertet und die Vollständigkeit des Konzepts überprüft werden.

---

3. Phase: Ist-Analyse

3.1 Erfassung der bestehenden Organisation

3.2 Erfassung der bestehenden Soft- und Hardware

3.3 Bestimmung des Informationsbedarfs

3.4 Erarbeitung der Stärken und Schwächen

Abbildung 5.5: Struktur der Phase 3: Ist-Analyse

Arbeitsschritt 3.1: Erfassung der bestehenden Organisation

Zunächst sind die wichtigsten Elemente der bestehenden Organisation im Personalbereich zu erfassen. Dabei steht die Aufbau- und Ablauforganisation im Vordergrund. Zudem sind die zentralen Aufgaben sowie der Beleg- und der Informationsfluss grob darzulegen.

Allenfalls kann es auch sinnvoll sein, zusätzliche Faktoren, die ein Personalinformationssystem beeinflussen (z. B. Lohn- und Gehaltspolitik), detailliert zu durchleuchten. Ausserdem sollten mögliche unternehmensinterne und -externe Entwicklungstendenzen, die auf das Personalinformationssystem einen Einfluss ausüben könnten, aufgezeigt werden.

Arbeitsschritt 3.2: Erfassung der bestehenden Soft- und Hardware

Im Rahmen dieses Arbeitsschritts ist die im Personalbereich eingesetzte Software und Hardware zu erfassen. Vor allem ist aufzuzeigen, welche Aufgaben bereits durch EDV-Systeme abgedeckt werden. Ausserdem ist auch der Datenaustausch innerhalb des Personalbereichs und mit den anderen Abteilungen (z. B. Rechnungswesen) zu dokumentieren. Auch in bezug auf die Hard- und Software sind mögliche unternehmensinterne und -externe Entwicklungstendenzen darzulegen.

Das Datengerüst und die Datenqualität der allenfalls abzulösenden Systeme sind ebenfalls zu bestimmen. Das Datengerüst soll Angaben über die bisherigen Datenarten und Datenmengen enthalten. Die Qualität eines Informationssystems hängt entscheidend von der Qualität der enthaltenen Daten ab. Deshalb sind die bestehenden Daten auf Vollständigkeit, Aktualität und Korrektheit zu überprüfen, damit allfällige Korrekturmassnahmen vor der Inbetriebnahme des neuen Personalinformationssystems eingeleitet werden können.

Arbeitsschritt 3.3: Bestimmung des Informationsbedarfs

Beispielsweise durch Benutzerbefragungen ist ausserdem der Informationsbedarf zu erheben und zu analysieren. Dadurch sollte es möglich werden, das neue Personalinformationssystem so zu konzipieren, dass es die erwarteten Informationen in der benötigten Form tatsächlich liefert, die Benutzer aber auch nicht mit überflüssigen Informationen überflutet.

Arbeitsschritt 3.4: Erarbeitung der Stärken und Schwächen

Abschliessend sind die Stärken und Schwächen des bestehenden Systems und der dazugehörigen Organisation detailliert zu erarbeiten und in einem Katalog zusammenzustellen. Für die Schwächen sollten zudem die möglichen Ursachen ermittelt werden. Dadurch wird es möglich, diese Aspekte bei der Realisierung des neuen Personalinformationssystems zu berücksichtigen.

Aufgrund der Ergebnisse der Ist-Analyse ist es unter Umständen notwendig, die im Arbeitsschritt 2.4 erarbeiteten Ziele im Rahmen einer heuristischen Schlaufe zu modifizieren, bevor mit der nächsten Phase begonnen wird.

5.3.4 Phase 4: Grobkonzeption

In der Phase Grobkonzeption wird auf der Basis der gesetzten Ziele, der aktuellen Situation im Unternehmen, des erhobenen Informationsbedarfs, der ausgewiesenen Stärken und Schwächen, der bekannten Entwicklungstendenzen, des Marktangebots sowie der angestrebten Veränderungen und Ergänzungen ein neuer Soll-Zustand grob erarbeitet. Um bei der Entwicklung des für die spezifischen Unternehmensverhältnisse optimalen Soll-Konzepts die nötigen Freiräume zu haben, geschieht dies noch völlig unabhängig von einem konkreten Standard-Personalinformationssystem.

Durch die Berücksichtigung der Ergebnisse der Ist-Analyse soll verhindert werden, dass das neue System eingeführt wird, ohne die bisherigen Erfahrungen und organisatorischen Verbesserungsmöglichkeiten zu nutzen. Durch die Berücksichtigung der angebotenen Standard-Personalinformationssysteme soll zudem sichergestellt werden, dass bei der Grobkonzeption die Realität und das Machbare nicht ganz aus den Augen verloren geht. Die in diesen Systemen enthaltenen Ansätze geben für die Neukonzeption zudem wertvolle Hinweise, wodurch vermieden werden kann, dass das Rad neu erfunden werden muss.

Der erarbeitete Soll-Zustand ist schliesslich durch unternehmensindividuelle Anforderungen zu spezifizieren, damit in der folgenden Auswahlphase das geeignetste Standard-Personalinformationssystem gewählt werden kann.

4. Phase: Grobkonzeption
4.1 Entscheidung Software- oder Organisationsanpassungen
4.2 Erarbeitung der neuen Organisation
4.3 Grobkonzeption des neuen Personalinformationssystems
4.4 Erarbeitung des Anforderungskatalogs
4.5 Wahl der Implementierungsstrategie
4.6 Review

Abbildung 5.6: Struktur der Phase 4: Grobkonzeption

Arbeitsschritt 4.1: Entscheidung Software- oder Organisationsanpassungen

Zunächst ist grundsätzlich zu entscheiden, ob im Rahmen der Einführung Software- oder Organisationsanpassungen im Vordergrund stehen sollen:

- Einerseits kann ein Unternehmen eine unternehmensspezifische Lösung mit vielen und umfangreichen Softwareanpassungen an die bestehende Organisation anstreben. Die Abänderung einer Standard-Anwendungssoftware ist allerdings oft eine sehr heikle Sache, da häufig nur deren Entwickler die Konsequenzen vollständig abschätzen können. Ausserdem ist bei zukünftigen Release-Wechseln mit sehr grossen Aufwänden zu rechnen, da das Standardsystem zu einer Individual-Anwendungssoftware verbogen wird.

• Andererseits kann sich ein Unternehmen auch mit einem Standard-Personalinformationssystem, das allenfalls durch die Einstellung von Parametern und die Erstellung von Schnittstellen leicht angepasst wird, zufrieden geben. Diese Lösung erfordert vielfach relativ umfangreiche Anpassungen an der bestehenden Organisation des Unternehmens, was unter Umständen zu Widerständen führen kann. Im Gegenzug sind jedoch spätere Release-Wechsel mit relativ geringem Aufwand durchführbar. Durch die Anpassung an einen Standard können allerdings gewisse Wettbewerbsvorteile verloren gehen. Durch diese Anpassung können aber auch wieder neue Vorteile und Chancen entstehen (vgl. Kapitel 3.2.4).

Die Übergänge zwischen diesen beiden Extremvarianten sind fliessend. Es ist jedoch wichtig, dass ein Konsens darüber besteht, was prinzipiell angestrebt werden soll.

Da im Personalbereich in der Regel Standardabläufe vorherrschen, besteht nur eine geringe Gefahr, dass durch den Einsatz eines Standard-Personalinformationssystems Wettbewerbsvorteile verloren gehen (vgl. Kapitel 3.2.4). Die Einführung eines neuen Personalinformationssystems sollte vielmehr als Chance betrachtet werden, die bestehende Organisation zu hinterfragen und an die neuen Verhältnisse anzupassen und dadurch insgesamt zu optimieren. Infolge der genannten Gründe ist es nicht empfehlenswert, sich an das Bestehende festzuklammern und dieses um jeden Preis im neuen System abzubilden.

Arbeitsschritt 4.2: Erarbeitung der neuen Organisation

Nach den grundsätzlichen Überlegungen sind nun die wesentlichen Elemente der neuen Organisation zu erarbeiten. Im speziellen sollten die Abläufe aufgrund der bekannten Schwachstellen optimiert und die Zuständigkeiten und Kompetenzen klar verteilt werden. Beispielsweise ist zu überlegen, welche Eingabe-, Verarbeitungs- und Auswertungsprozesse zentral und welche dezentral angesiedelt werden sollen.

Allenfalls kann es auch sinnvoll sein, andere Faktoren, die ein Personalinformationssystem beeinflussen (z. B. Lohn- und Gehaltspolitik), zu überarbeiten und wenn möglich zu vereinfachen. Dadurch wird erreicht, dass das neue Personalinformationssystem direkt auf diesen überarbeiteten Grundlagen aufgebaut wird und spätere Anpassungen vermieden werden können.

Arbeitsschritt 4.3: Grobkonzeption des neuen Personalinformationssystems

Im Rahmen dieses Arbeitsschritts ist das neue Personalinformationssystem grob zu konzipieren. Dabei ist zuerst festzulegen, welcher Teil des im Arbeitsschritt 3.3 festgestellten Informationsbedarfs durch das neue System abgedeckt werden soll. Danach sind beispielsweise die wichtigsten Funktionen sowie deren Zusammenhang zu definieren. Zudem ist aufzuzeigen, welche Daten benötigt werden und welche logischen Verknüpfungen diese aufweisen. Allenfalls sind auch Aussagen über die Hardware-Plattform und die Schnittstellen zu benachbarten Systemen oder Unternehmensbereichen zu machen.

Unter Umständen ist es im Rahmen einer heuristischen Schlaufe notwendig, die im letzten Arbeitsschritt entworfene neue Organisation unter Berücksichtigung des soeben neu konzipierten Personalinformationssystems zu überarbeiten.

Arbeitsschritt 4.4: Erarbeitung des Anforderungskatalogs

Aufgrund der zuvor erarbeiteten Informationen ist jetzt ein Katalog aller Anforderungen an das neue Personalinformationssystem zu erstellen. Die wichtigsten Anforderungskategorien sind in Kapitel 3.3.7 aufgeführt. Diese Anforderungskategorien gilt es anhand der Ziele des Arbeitsschritts 2.4 und der unternehmensindividuellen Bedürfnisse zu detaillieren. Der dadurch entstehende Anforderungskatalog ermöglicht es, in der nächsten Phase die verschiedenen Personalinformationssysteme vor dem Hintergrund der spezifischen Situation im Unternehmen miteinander zu vergleichen.

Die Anforderungen an das neue Personalinformationssystem sollten sorgfältig und detailliert erarbeitet werden, da allfällige Änderungen in späteren Phasen grosse Verzögerungen und hohe Kosten verursachen können. Es ist daher wichtig, dass die durch das neue Personalinformationssystem direkt betroffenen Abteilungen vor allem während dieser Phase intensiv beteiligt werden. Allenfalls sollten diese Abteilungen für die fachlichen Anforderungen sogar die alleinige Verantwortung tragen.

Bei der Definition der Anforderungen ist von den Bedürfnissen des Unternehmens auszugehen. Es ist aber auch hilfreich, aufgrund des Arbeitsschritts 1.1 die Möglichkeiten verschiedener Standard-Personalinformationssysteme und die diesen Systemen zugrundeliegenden Philosophien zu kennen. Dadurch kann gewährleistet werden, dass keine utopischen, sondern nur die technisch machbaren Anforderungen gestellt werden. Auf diese Weise kann zudem erreicht werden, dass in den Phasen 6 und 7 kein übermässiger Aufwand für Softwareanpassungen notwendig ist.

Im Anforderungskatalog sind insbesondere auch die landesspezifischen Gegebenheiten zu berücksichtigen. Beispielsweise muss ein in der Schweiz eingesetztes
Personalinformationssystem die notwendigen Berechnungen im Zusammenhang
mit den Sozialabgaben durchführen sowie die entsprechenden Berichte erstellen
können. Das System sollte unter anderem auch in der Lage sein, die allenfalls
notwendigen Quellensteuerabzüge automatisch in Abhängigkeit des Wohnkantons
abzuziehen. Falls diese landesspezifischen Anforderungen nicht berücksichtigt
werden, können später unter Umständen relativ hohe Anpassungskosten entstehen.

Arbeitsschritt 4.5: Wahl der Implementierungsstrategie

In bezug auf die Implementierungsstrategie ist einerseits zu entscheiden, ob das
neue System oder ein Teil davon im Rahmen einer Stichtagsumstellung oder eines
Parallelbetriebs in Betrieb genommen werden soll. Bei der Stichtagsumstellung
wird ohne eine Übergangsphase direkt und unwiderruflich vom alten auf das neue
System umgestellt. Beim Parallelbetrieb wird das neue System hingegen zu Test-
und Kontrollzwecken während einer gewissen Zeit neben dem alten betrieben. Da
es während dieser Phase immer noch möglich wäre, die Einführung des neuen
Systems abzubrechen, kann durch den Parallelbetrieb das Engagement für das
neue System beeinträchtigt werden. Detailliertere Hinweise zum Parallelbetrieb
sind im Arbeitsschritt 7.8 enthalten.

Andererseits ist in bezug auf die Implementierungsstrategie zu überlegen, ob das
neue Personalinformationssystem als Ganzes oder die verschiedenen Teile
sukzessive in Betrieb genommen werden sollen. Umfassende Systeme werden in
der Regel gestaffelt in Betrieb genommen. Dies wird durch den modularen
Aufbau moderner Standard-Anwendungssoftware erleichtert. Die gestaffelte Inbetriebnahme hat den Vorteil, dass die Verantwortlichen das neue System langsam
kennenlernen können. Zudem können auch die Benutzer in Etappen geschult
werden. Dadurch ist es möglich, die Schulungen aufgrund der Erfahrungen zu
verbessern, und einen innerbetrieblichen Know-how-Transfer in Gang zu bringen.

Bei der gestaffelten Inbetriebnahme sind allerdings oft kostenintensive Schnittstellen für relativ kurze Übergangszeiten notwendig. Diese entfallen, wenn das
komplette System auf einmal in Betrieb genommen wird. Diese sogenannte Big-
Bang-Strategie enthält allerdings infolge der Komplexität grössere Risiken, stellt
höhere Anforderungen an das Projektmanagement und kann ausserdem zu
Kapazitätsengpässen führen.

Falls die verschiedenen Teile eines Personalinformationssystems in Etappen eingeführt werden sollen, sind unter Wahrung der logischen Abhängigkeit jene Teile
zu bevorzugen, welche einfach realisiert und ohne grosse Anpassungen implemen-

tiert werden können. Wenn diese Teile zudem den Benutzern rasch einen grossen Nutzen bringen, wird der mögliche Widerstand geringer ausfallen.

Arbeitsschritt 4.6: Review

Abschliessend sind die Anforderungen und das Grobkonzept durch verschiedene Personen (z. B. Vertreter der Unternehmensleitung, der betroffenen Abteilungen und der Arbeitnehmer) kritisch zu hinterfragen und zu bewerten. Als Basis dienen dabei die gesetzten Ziele, die aktuelle Situation im Unternehmen, der erhobene Informationsbedarf, die ausgewiesenen Stärken und Schwächen, die bekannten Entwicklungstendenzen, das Marktangebot sowie die angestrebten Veränderungen und Ergänzungen.

Im Rahmen einer heuristischen Schlaufe sind die Ergebnisse dieses Reviews bei der Überarbeitung des Grobkonzepts und der Anforderungen zu berücksichtigen. Dieser iterative Prozess läuft so lange, bis das Grobkonzept und die Anforderungen eine für alle Beteiligten akzeptierbare Form angenommen haben. Es ist wichtig, einen Konsens zu finden, da das Grobkonzept und die Anforderungen die wichtigsten Grundlagen für die folgenden Phasen darstellen.

5.3.5 Phase 5: Systemauswahl

Das Ziel dieser Phase ist es, anhand der zuvor erarbeiteten Anforderungen das für das Unternehmen geeignetste Standard-Personalinformationssystem zu wählen. Indem das neue System erst nach der Phase Grobkonzeption ausgewählt wird, soll sichergestellt werden, dass die Möglichkeit der Reorganisation genutzt und die alte Organisation nicht einfach ohne eine Hinterfragung an das neue System angepasst und dadurch „zementiert" wird.

Die Auswahl eines bestimmten Personalinformationssystems ist sorgfältig durchzuführen, da sich das Unternehmen in der Regel für mehrere Jahre an dieses System und dessen Anbieter bindet. Ausserdem kann durch die Wahl eines Anbieters, welcher qualifizierte und umfassende Unterstützungsleistungen anbietet, die Einführung des Personalinformationssystems stark erleichtert werden. Es ist daher wichtig, dass für diese Phase genügend Zeit vorgesehen ist, damit sie ohne Zeitdruck abgewickelt werden kann.

5. Phase: Systemauswahl
5.1 Vorauswahl: • Bestimmung der Muss-Kriterien • Bewertung • Auswahl 5.2 Endauswahl: • Einholung von Offerten • Erstellung der Bewertungsdokumente • Beschaffung zusätzlicher Informationen • Bewertung • Auswahl 5.3 Vertragsverhandlungen für Hard-, Software und Anpassungen

Abbildung 5.7: Struktur der Phase 5: Systemauswahl

Arbeitsschritt 5.1: Vorauswahl

Durch eine Vorauswahl ist das breite Marktangebot auf eine überblickbare Anzahl grundsätzlich geeigneter Systeme zu reduzieren. Als Ausgangsbasis dient dabei die bereits erarbeitete Übersicht über die angebotenen Personalinformationssysteme. Bei der Vorauswahl kann in folgenden Teilschritten vorgegangen werden:

- In einem *ersten Teilschritt* sind aus den bereits erarbeiteten Anforderungen einige, für das Unternehmen zentrale Kriterien, welche erfüllt sein müssen (z. B. Einsetzbarkeit auf bestimmten Hardware-Plattformen, Abdeckung spezieller Aufgabenbereiche, Preisobergrenze), auszuwählen. Diese Muss-Kriterien sollten ohne grossen Aufwand überprüfbar sein und das Angebot erheblich einschränken.

- Im *zweiten Teilschritt* sind die angebotenen Personalinformationssysteme in bezug auf die Erfüllung der soeben erarbeiteten Muss-Kriterien zu bewerten.

- Im Rahmen des *dritten Teilschritts* sind schliesslich aufgrund der erfolgten Bewertung die zwei bis vier geeignetsten Personalinformationssysteme zu wählen.

Arbeitsschritt 5.2: Endauswahl

Im Rahmen der Endauswahl sind die durch die Vorauswahl gewählten Systeme anhand aller Anforderungen genauer zu untersuchen. Abschliessend ist dann das geeignetste System zu bestimmen.

Im wesentlichen geht es bei der Endauswahl darum, die verschiedenen Varianten, anhand der aus den Anforderungen abgeleiteten Merkmalen, mit den Kosten und den zu erwartenden positiven und negativen Folgen zu vergleichen. Durch die Anwendung dieser Beurteilungskriterien soll die Entscheidungssituation transparenter gestaltet und dadurch der Auswahlentscheid objektiviert werden. Für die Durchführung dieses Vergleichs bietet sich beispielsweise die Nutzwertanalyse an. Dabei werden die verschiedenen Systeme anhand der soeben erwähnten Kriterien einzeln beurteilt. Diese Beurteilungen werden dann gemäss der Bedeutung des jeweiligen Kriteriums gewichtet und für die einzelnen Varianten zusammengezählt. Diejenige Alternative mit der höchsten Punktzahl ist dann die geeignetste.[1]

Bei der Endauswahl kann in folgenden Teilschritten vorgegangen werden:

- Im *ersten Teilschritt* gilt es, sich durch das Einholen von Offerten detaillierte Informationen über die in Frage kommenden Systeme zu beschaffen. Dabei lohnt es sich, die Anbieter anhand eines Pflichtenhefts ein Angebot unterbreiten zu lassen. Im Pflichtenheft sollten neben Informationen über das Unternehmen auch Angaben zur Aufgabenstellung, zu den Anforderungen und zum Mengengerüst sowie gezielte Fragen enthalten sein. Durch die Fragen werden die Anbieter gezwungen, die gewünschten Antworten explizit zu geben, was den Vergleich der verschiedenen Offerten stark erleichtert.[2]

- Im *zweiten Teilschritt* sind aufgrund der in der letzten Phase erarbeiteten unternehmensspezifischen Anforderungen die Beurteilungsdokumente und Bewertungsraster zu erstellen, anhand derer die verschiedenen Systeme miteinander verglichen werden sollen.

- Im *dritten Teilschritt* sind durch Systembesichtigungen bei den Anbietern und bei Referenzkunden gezielt zusätzliche Informationen zu sammeln. Vor allem durch die Besuche bei Referenzkunden soll versucht werden, anhand der Erfahrungen des Anwenders die Stärken und Schwächen des jeweiligen Systems und dessen Anbieters kennenzulernen. Bei Systembesichtigungen ist es wichtig, dass man im voraus genau mitteilt, was man sehen will, und darauf auch besteht. Insbesondere sollte man sich auch Abläufe zeigen lassen, damit man nicht nur weiss, dass man eine bestimmte Tätigkeit mit Systemunterstützung erledigen kann, sondern auch sieht, wie man es macht.

  Es ist beispielsweise auch empfehlenswert, die Release-Politik des Anbieters genauer zu betrachten. In gewissen Abständen ist ein neuer Release notwendig, damit neue Anforderungen abgedeckt werden können. Falls allerdings in sehr kurzen Abständen immer wieder ein neuer Release eingeführt werden muss, so führt dies zu einem grossen Aufwand und zu einer gewissen Unruhe.

---

[1] *Auf verschiedene Methoden zur Durchführung dieser Vergleiche wird beispielsweise bei Becker et al., 1995, S. 326ff.; Schreiber, 1994, 122ff.; Haberfellner et al., 1994, S. 196ff.; Böhm, Wenger, 1996, S. 225ff. eingegangen.*

[2] *Detailliertere Hinweise zur Erstellung von Pflichtenheften sind beispielsweise bei Becker et al., 1995, S. 314ff., und bei Schreiber, 1994, 36ff. enthalten.*

- Anhand der vorbereiteten Dokumente sind im *vierten Teilschritt* die verschiedenen alternativen Systeme aufgrund der erhobenen Informationen zu bewerten. Diese Bewertungen gilt es dann, allenfalls unter der Berücksichtigung von Gewichten, gemäss der gewählten Methode zusammenzufassen.

- Im *fünften Teilschritt* ist schliesslich aufgrund der erfolgten Bewertung das für das Unternehmen geeignetste System zu wählen.

Arbeitsschritt 5.3: Vertragsverhandlungen für Hard-, Software und Anpassungen

Nach der Wahl eines Systems sind die Vertragsverhandlungen für Hard-, Software, deren Wartung sowie für allfällige Dienstleistungen (z. B. Anpassungen) zu führen. Dabei sollte darauf geachtet werden, dass alle Verpflichtungen, Leistungen, Kosten, Termine, Wartungs- und Dienstleistungsbedingungen möglichst detailliert umschrieben bzw. fixiert werden. Auch allfällige Konsequenzen des Nichteinhaltens einzelner Vertragsbestimmungen sind zu regeln.[1] Dies wirkt späteren Unklarheiten und Unsicherheiten entgegen. Es lohnt sich daher nicht, die Vertragsverhandlungen überstürzt abzuschliessen.

Je nach Marktstellung des Anbieters können durch eine geschickte Verhandlungstaktik unter Umständen Preisreduktionen, verbesserte Zahlungsbedingungen, zusätzliche unentgeltliche Einführungsunterstützungen, erweiterte Garantien, zusätzliche oder verbesserte Funktionen erreicht werden. Allerdings lohnt es sich nicht, zwei Anbieter gegeneinander auszuspielen, da eine konstruktive Zusammenarbeit nur möglich ist, wenn das Geschäft für beide Seiten interessant ist.

Infolge der im Arbeitsschritt 2.6 angeführten Überlegungen ist es sinnvoll, das Management und die Mitarbeiter des Unternehmens über das gewählte System, die wichtigsten Auswirkungen und das weitere Vorgehen zu informieren (vgl. Arbeitsschritt 2.6). Allenfalls lohnt es sich, die direkt betroffenen Abteilungen gemäss den spezifischen Bedürfnissen gezielt und detailliert zu informieren.

---

[1] *Ausführliche Informationen über die Rechtsverhältnisse im Informatikbereich sowie Hinweise für die Gestaltung einzelner Verträge sind bei Becker et al., 1995, S. 365ff. aufgeführt.*

5.3.6 Phase 6: Detailkonzeption und Erstellung des Prototyps

Das Ziel dieser Phase ist es, das neue System mit den technischen und organisatorischen Anpassungen detailliert zu konzipieren. Dabei kommt der intensiven Beteiligung der Benutzer eine grosse Bedeutung zu, weil dadurch ihr Fachwissen und ihre Detailanforderungen einfliessen können. Dies kann beispielsweise zu einer steigenden Akzeptanz gegenüber dem neuen System und zu einem frühzeitigen Kennenlernen desselben führen. Die Benutzerbeteiligung wird durch die Erstellung eines Prototyps stark erleichtert.

---

6. Phase: Detailkonzeption und Erstellung des Prototyps

6.1 Durchführung der systemspezifischen Schulungen

6.2 Schaffung der technischen Voraussetzungen

6.3 Erstellung des Detailkonzepts:
- Definition der Bildschirmansichten, Formulare, Auswertungen und Berichte
- Erarbeitung der Softwareanpassungen
- Erarbeitung der Organisationsänderungen
- Erstellung der Datenschutz- und Datensicherheitskonzepte
- Entscheid Datenübernahme oder Neuerfassung

6.4 Erstellung und Beurteilung des Prototyps

6.5 Implementierungsplanung

6.6 Planung der Benutzerschulungen und der Informationsveranstaltungen

---

Abbildung 5.8: Struktur der Phase 6: Detailkonzeption und Erstellung des Prototyps

Arbeitsschritt 6.1: Durchführung der systemspezifischen Schulungen

Zunächst gilt es, beispielsweise durch die Installation eines Demonstrationssystems das neue Personalinformationssystem detailliert kennenzulernen. Für das Projektteam und die zukünftigen Systemverantwortlichen sind gezielte interne oder externe Schulungen zu organisieren, damit sie sich die für die Projektabwicklung notwendigen Kenntnisse über das neue System aneignen können.

Arbeitsschritt 6.2: Schaffung der technischen Voraussetzungen

Im Rahmen dieses Arbeitsschritts sind die technischen Voraussetzungen für das neue System zu schaffen. Beispielsweise ist die neue Hardware und die Standard-Anwendungssoftware zu installieren.

Arbeitsschritt 6.3: Erstellung des Detailkonzepts

Das bereits erarbeitete Grobkonzept ist nun mit dem gewählten Standard-Personalinformationssystem und dem darin enthaltenen betriebswirtschaftlichen Konzept abzugleichen und zu detaillieren. Bei grösseren Projekten kann es sinnvoll sein, das Projektteam gemäss den Aufgabenbereichen des neuen Systems aufzuteilen und durch interne oder externe Fach- und EDV-Spezialisten zu verstärken.

Bei der Detailkonzeption kann in folgenden Teilschritten vorgegangen werden:

- In einem *ersten Teilschritt* sind aufgrund des im Arbeitsschritt 3.3 bestimmten Informationsbedarfs die notwendigen Bildschirmansichten, Formulare, Auswertungen und Berichte zu definieren. Neben der inhaltlichen Definition geht es auch darum, die Form und allenfalls die Empfänger sowie die Häufigkeit der Erstellung zu bestimmen. Dabei ist zu beachten, dass die Benutzer die erwarteten Informationen in der benötigten Form erhalten und nicht mit überflüssigen Informationen überflutet werden.

  Insbesondere ist darauf zu achten, dass die in der Schweiz notwendigen Auswertungen und Berichte direkt im System erstellt werden können. (Z. B. Abrechnungen und Listen für die Ausgleichskassen, Berichte für das Bundesamt für Statistik, Lohnausweise für die Steuererklärung, Arbeitslosenbestätigungen)

- Im *zweiten Teilschritt* sind auf der Grundlage des vorangehenden Teilschritts die notwendigen Softwareanpassungen zu erarbeiten und genau zu spezifizieren. Im speziellen ist aufzuzeigen, inwiefern die vorhandene Datenstruktur der Standard-Anwendungssoftware an die unternehmensspezifischen Bedürfnisse anzupassen ist. In ausländischen Personalinformationssystemen sind zum Beispiel oft keine Felder für den Heimatort oder die militärische Einteilung vorgesehen. Abschliessend sind auch die vorgesehenen Schnittstellen sorgfältig und detailliert zu definieren.

- Im *dritten Teilschritt* sind unter Berücksichtigung der bisherigen Überlegungen und des neuen Personalinformationssystems die Organisationsänderungen zu erarbeiten. Auf der einen Seite geht es darum, die Organigramme und Stellenbeschreibungen zu überarbeiten. Auf der anderen Seite sind aber auch die Abläufe an die neuen Gegebenheiten anzupassen. Zentrale Abläufe können allenfalls durch das neue Personalinformationssystem unterstützt werden. Vor allem bei umfangreichen Organisationsänderungen sollten die möglichen Risiken und allfällige Gegenmassnahmen erarbeitet werden.

- Im *vierten Teilschritt* sind die Datenschutz- und Sicherheitskonzepte zu entwerfen. Innerhalb des Personalinformationssystems ist beispielsweise das Berechtigungssystem so aufzubauen, dass den einzelnen Benutzern ihren

Aufgaben entsprechende Berechtigungen für einzelne Funktionen und Daten zweidimensional vergeben werden können. Aber auch die Zugriffsmöglichkeiten auf der Ebene des Datenbanksystems und des Betriebssystems sind sorgfältig zu definieren. Ausserdem sind technische, organisatorische und bauliche Massnahmen vorzusehen, damit die Sicherheit der Daten gewährleistet werden kann.

Bei der Erarbeitung dieser Konzepte ist unter anderem das Datenschutzgesetz des Bundes und die dazugehörige Verordnung zu berücksichtigen. Detaillierte Hinweise sind in den Kapiteln 3.5.3 und 3.5.4 enthalten.

- Im *fünften Teilschritt* ist aufgrund der Datenqualität im alten System und der technischen Möglichkeiten zu entscheiden, ob Daten aus dem alten System direkt übernommen werden können oder von Hand im neuen System erfasst werden müssen. In der Regel wird versucht, die Daten direkt über eine Schnittstelle ins neue System zu importieren. Allenfalls sind dabei noch Umformungen notwendig. Anschliessend sollte allerdings nicht vergessen werden, die Datenqualität im neuen System zu überprüfen und allfällige Korrekturen sowie Ergänzungen manuell durchzuführen.

Die manuelle Neuerfassung der Daten ist im Vergleich zum Direktimport mit einem höheren Aufwand verbunden, führt aber bei einer ungenügenden Qualität der bestehenden Daten zu einer höheren Datenqualität. Ausserdem lernen die Benutzer durch die Erfassungstätigkeit das neue System kennen und sind dadurch besser auf den produktiven Einsatz vorbereitet.

Arbeitsschritt 6.4: Erstellung und Beurteilung des Prototyps

Die Erstellung eines Prototyps dient primär der Überprüfung und Beurteilung des im vorangehenden Arbeitsschritt erarbeiteten Detailkonzepts. Vor allem soll der Prototyp es den späteren Benutzern ermöglichen, einen ersten Eindruck von wesentlichen Teilen des künftigen Personalinformationssystems zu erhalten und auf dieser Basis Änderungsvorschläge sowie Anregungen einzubringen. Durch die intensive Auseinandersetzung mit dem neuen Personalinformationssystem wird aber auch die Akzeptanz gegenüber diesem neuen System erhöht. Aufgrund der gleichen Überlegung ist es unter Umständen auch sinnvoll, die Vertreter der Arbeitnehmer bei diesen Beurteilungen miteinzubeziehen.

Anhand des Prototyps ist speziell zu überprüfen, ob der festgestellte Informationsbedarf korrekt und vollständig abgedeckt wird. Das dazu notwendige System und die zugehörige Organisation sollten dabei so einfach wie möglich aufgebaut sein. Ausserdem sollten die verursachten Kosten in einem vernünftigen Verhältnis zum erzielten Nutzen stehen.

Gemäss dem heuristischen Prinzip „erzeugen und testen", ist aufgrund der Beurteilung des Prototyps das Detailkonzept zu überarbeiten und zu ergänzen sowie durch einen modifizierten Prototyp beurteilen zu lassen. Dieser iterative Prozess läuft so lange, bis die Ziele erreicht und die Anforderungen erfüllt sind.

Arbeitsschritt 6.5: Implementierungsplanung

Aufgrund der bekannten Informationen und der Überlegungen im Arbeitsschritt 4.5 ist nun die Implementierung gründlich zu planen. Dabei sind primär die verschiedenen Termine aufeinander abzustimmen. Es empfiehlt sich, genügend zeitliche Reserven für Unvorhergesehenes zu berücksichtigen, da eine gut vorbereitete Inbetriebnahme eines funktionierenden Systems im Vergleich zum frühzeitigen Einsatz eines fehlerhaften Systems sicher vorteilhafter ist.

Arbeitsschritt 6.6: Planung der Benutzerschulungen und der Informationsveranstaltungen

Innerhalb dieses Arbeitsschritts sind die verschiedenen Benutzerschulungen zu planen und vorzubereiten. Ausserdem sollten für die durch das neue Personalinformationssystem betroffenen Mitarbeiter spezielle Informationsveranstaltungen vorbereitet werden. Diesbezüglich kann auf die Ausführung zum Arbeitsschritt 2.6 verwiesen werden.

Durch eine rechtzeitige (vor der Inbetriebnahme) und umfassende Benutzerschulung kann die Akzeptanz gegenüber dem neuen System stark erhöht werden. Eine richtige und ausreichende Qualifikation der Mitarbeiter stellt gleichzeitig eine der wichtigsten Bedingungen für ein einwandfreies Funktionieren des neuen Personalinformationssystems dar.

Im Rahmen der Schulung ist unter anderem das System als Ganzes inklusive der neuen Organisation den Benutzern näher zu bringen, um dadurch ein gewisses Systemverständnis zu schaffen. Infolge der Komplexität moderner Personalinformationssysteme ist es nämlich wichtig, dass die Benutzer auch die Zusammenhänge kennen und dadurch abschätzen können, was sie mit einer bestimmten Mutation alles auslösen.

Die Benutzerschulungen werden mangels alternativer EDV-Infrastrukturen oft direkt am Arbeitsplatz abgehalten. Die ungeeigneten Raumverhältnisse und die Störungen durch das Tagesgeschäft sprechen allerdings klar für die Benutzung eines unternehmensinternen oder -externen Schulungsraums. Dies ist freilich mit höheren Kosten verbunden.

Unternehmensspezifische Schulungen sind den allgemeinen Schulungen des Anbieters vorzuziehen, da bei den letzeren die Benutzer durch die in ihrem Unternehmen nicht vorhandenen Module oder Funktionen oft stark verwirrt werden. In unternehmensspezifischen Schulungen ist es ausserdem möglich, gezielt auf die für das Unternehmen wesentlichen Funktionen und allfällig vorgenommene Anpassungen einzugehen. Dadurch wird den Benutzern der Wissenstransfer von der Schulung in die Praxis stark erleichtert, was Hemmschwellen abbauen hilft.

Es empfiehlt sich, für die Benutzerschulung ein spezielles Schulungssystem aufzubauen. Dieses System sollte dem effektiven im Aufbau und in der Funktionalität entsprechen, aber nur fiktive Daten enthalten. Dadurch können die Benutzer ohne ständige Angst, wertvolle Daten zu löschen, alle Funktionen hemmungslos ausprobieren.

Ausserdem ist es ratsam, die Benutzerschulungen modular aufzubauen. Dadurch ist es jedem Benutzer möglich, nur diejenigen Kursblöcke zu besuchen, die für seine Tätigkeit von Bedeutung sind. Beispielsweise macht es keinen Sinn, wenn ein Benutzer, der nur einfache Informationen über einzelne Mitarbeiter benötigt, sich durch einen Kursblock quält, in dem sämtliche und teilweise komplexen Abfragemöglichkeiten im Detail behandelt werden. Unter Umständen ist es sogar sinnvoll, für Angehörige des Kaders eine spezielle Schulung vorzubereiten, die darauf ausgerichtet ist, die Grundzüge des Systems und das rasche Abrufen einzelner Informationen aufzuzeigen.

Immer häufiger wird bei der Ausbildung der Benutzer auch das Computer Based Training (CBT) als kostengünstige Alternative eingesetzt. Dabei wird der Computer mit seinen Multimedia-Fähigkeiten zur Wissensvermittlung verwendet. Der Lernende kann dadurch den Zeitpunkt und das Tempo selbst bestimmen. Dieses Hilfsmittel eignet sich vor allem für die Vermittlung von Grundkenntnissen. Darauf aufbauend kann dann das Wissen beispielsweise in einer normalen Schulung gezielt und unternehmensspezifisch vertieft werden. Durch die Ergänzung mit einer Schulung wird es insbesondere möglich, Fragen zu stellen und zu diskutieren sowie Erfahrungen auszutauschen.

Wichtig ist, dass die Benutzer das im Kurs angeeignete Wissen bei der täglichen Arbeit bald anwenden und dadurch festigen können. Andernfalls gehen die neuen Kenntnisse rasch vergessen.

5.3.7 Phase 7: Realisierung und Überprüfung

Das Ziel dieser Phase ist es, das neue Personalinformationssystem einzurichten, die Anpassungen und Organisationsänderungen zu realisieren sowie die abschliessenden Tests durchzuführen.

7. Phase: Realisierung und Überprüfung
7.1 Realisierung der Softwareanpassungen und der Schnittstellen
7.2 Realisierung der Organisationsänderungen und der baulichen Massnahmen
7.3 Erstellung der Schnittstelle für die Datenübernahme
7.4 Durchführung der Tests
7.5 Erstellung der Dokumentationen
7.6 Durchführung der Benutzerschulungen und der Informationsveranstaltungen
7.7 Übernahme oder Erfassung der Daten
7.8 Realisierung des Parallelbetriebs

Abbildung 5.9: Struktur der Phase 7: Realisierung und Überprüfung

Arbeitsschritt 7.1: Realisierung der Softwareanpassungen und der Schnittstellen

Die Standard-Anwendungssoftware ist jetzt durch die Einstellung der Parameter oder allenfalls durch Programmänderungen an die unternehmensspezifischen Anforderungen anzupassen. Ausserdem sind die vorgesehenen Schnittstellen zu anderen Systemen zu realisieren.

Arbeitsschritt 7.2: Realisierung der Organisationsänderungen und der baulichen Massnahmen

Die vorgesehenen organisatorischen Veränderungen und baulichen Massnahmen sind nun umzusetzen. Die baulichen Massnahmen können durch das Sicherheitskonzept oder durch die Organisationsänderungen bedingt werden.

Arbeitsschritt 7.3: Erstellung der Schnittstelle für die Datenübernahme

Falls im Arbeitsschritt 6.3 entschieden wurde, Daten aus dem alten System direkt zu übernehmen, ist jetzt die notwendige Schnittstelle mit den allfälligen Konvertierungsprogrammen zu erstellen. Diese ist anschliessend durch einen probeweisen Import der Daten zu testen.

Arbeitsschritt 7.4: Durchführung der Tests

Zunächst sind die einzelnen Funktionen des neuen Personalinformationssystems durch verschiedene Tests zu überprüfen. Danach ist auch das Zusammenwirken einzelner Funktionen und das System als Ganzes detailliert zu testen. Ausserdem sind auch die Schnittstellen zu benachbarten Systemen und die neuen Arbeitsabläufe sorgfältig zu prüfen. Das Ziel ist es, ein einwandfrei und stabil funktionierendes Personalinformationssystem mit einer ebensolchen Organisation in Betrieb nehmen zu können.

Bei der Durchführung der Tests ist darauf zu achten, dass alle Programmteile miteinbezogen und alle programmierten Prüfungen und Kontrollen angesprochen werden. Zudem ist die korrekte Behandlung von Sonderfällen zu überprüfen.

Durch die an den Tests beteiligten Benutzer ist vor allem zu überprüfen, ob die Anforderungen durch das neue Personalinformationssystem erfüllt werden. Falls dies nicht der Fall ist oder sogar Fehler auftreten, sind im Rahmen einer heuristischen Schlaufe die nötigen Anpassungen zu realisieren, bevor die Tests wiederholt werden.

Arbeitsschritt 7.5: Erstellung der Dokumentationen

Falls es noch nicht geschehen ist, sind nun die systemspezifischen Dokumentationen zu erstellen. Ihnen kommt eine zentrale Bedeutung zu, wenn später Personen, welche an der Einführung nicht beteiligt waren, Änderungen oder Weiterentwicklungen vornehmen müssen. Auch die notwendigen Informationen für die Systembedienung sind schriftlich festzuhalten.

Obwohl die meisten Standard-Personalinformationssysteme über ein Online-Hilfesystem verfügen, empfiehlt es sich, zumindest eine kurze Benutzerdokumentation zu erstellen. Die Benutzerdokumentation kann allenfalls modular aufgebaut werden, wodurch es möglich wird, jedem Benutzer nur die für ihn relevanten Teile abzugeben.

Arbeitsschritt 7.6: Durchführung der Benutzerschulungen und der Informationsveranstaltungen

Die Benutzer sind jetzt umfassend zu schulen und sorgfältig auf die Inbetriebnahme vorzubereiten. Zudem ist den Benutzern die im letzten Arbeitsschritt erstellte Benutzerdokumentation näherzubringen. Weitere Hinweise zur Benutzerschulung sind in den Ausführungen zum Arbeitsschritt 6.6 enthalten.

Neben den durch die Einführung direkt betroffenen Fachbereichen sind auch die übrigen Mitarbeiter des Unternehmens in bezug auf die bevorstehende Inbetriebnahme des neuen Personalinformationssystems und allfällige Änderungen zu orientieren. Dabei sollte auch die Möglichkeit bestehen, Fragen zu stellen.

Arbeitsschritt 7.7: Übernahme oder Erfassung der Daten

In Abhängigkeit des Entscheids im Arbeitsschritt 6.3 hat nun entweder die direkte Datenübernahme aus dem alten System definitiv zu erfolgen oder die Neuerfassung der Daten von Hand stattzufinden. Insbesondere nach einer direkten Datenübernahme ist die Datenqualität im neuen System zu kontrollieren. Auch allfällige Ergänzungen oder Korrekturen sind auszuführen.

Arbeitsschritt 7.8: Realisierung des Parallelbetriebs

Der Parallelbetrieb ist jetzt einzurichten, falls im Arbeitsschritt 4.5 ein solcher vorgesehen wurde. Während einer Zeitspanne von zwei bis drei Monaten wird dann das neue Personalinformationssystem parallel zum alten betrieben. Dies hat den Vorteil, dass allfällige Fehler durch den Vergleich mit dem alten System gefunden und rechtzeitig vor der effektiven Inbetriebnahme korrigiert werden können. Aufgrund des Vorteils der hohen Sicherheit wird der Parallelbetrieb oft bei der Einführung eines neuen Lohn- und Gehaltsabrechnungssystems eingesetzt. Infolge des Parallelbetriebs müssen allerdings alle Mutationen doppelt ausgeführt werden, was für die Benutzer eine erhebliche Mehrbelastung bedeutet.

5.3.8 Phase 8: Inbetriebnahme, Unterhalt, Weiterentwicklung

Mit der Inbetriebnahme beginnt die Phase der produktiven Nutzung des neuen Personalinformationssystems. Es ist zu empfehlen, zumindest das Lohn- und Gehaltsabrechnungssystem zu Beginn eines Jahres in Betrieb zu nehmen, damit die Jahresauswertungen ohne Mehraufwand erstellt werden können. Unmittelbar nach der Inbetriebnahme gilt es alle Abläufe speziell zu überwachen, damit mögliche Unregelmässigkeiten oder Fehler frühzeitig erkannt und beseitigt werden können. Sobald sich die Situation stabilisiert hat, ist der Betrieb ausserdem durch technische und organisatorische Massnahmen zu optimieren.

Während der ersten Wochen des produktiven Einsatzes ist es besonders wichtig, dass die Benutzer bei Bedarf eine gezielte und fachkundige Unterstützung am Arbeitsplatz erhalten. Auch auf eine von Beginn weg funktionierende Datensicherung ist grosses Gewicht zu legen.

Um im folgenden einen korrekten und zufriedenstellenden Betrieb des Systems zu ermöglichen, ist es wichtig, dass dieses dauernd unterhalten und gepflegt wird. Dabei sind die Aufgaben klar zwischen der Informatik- und den Fachabteilungen aufzuteilen. Da sich ausserdem die Umgebung des Systems ständig verändert, ist das System bei Bedarf durch Weiterentwicklungen immer wieder an die neuen Anforderungen anzupassen.

Zudem empfiehlt es sich, den Erfahrungsaustausch unter den Benutzern und mit anderen Anwendern zu unterstützen und zu pflegen. Der Erfahrungsaustausch unter den Benutzern hilft vor allem, die Akzeptanz gegenüber dem Personalinformationssystem weiter zu steigern. Der Erfahrungsaustausch mit anderen Unternehmen, welche das gleiche Standard-Personalinformationssystem einsetzen, fördert das Verständnis und die Kenntnisse über das System. Zudem können notwendige Ergänzungen und Weiterentwicklungen beim Anbieter gemeinsam mit Nachdruck vorgeschlagen werden.

5.4 Schlussbemerkungen zum Verfahren

Die Einführung eines Personalinformationssystems stellt ein komplexes Analyse- und Gestaltungsproblem dar. Das vorgestellte heuristische Verfahren hilft durch seine Struktur, den Überblick über eine solche Einführung zu erhalten, und enthält ausserdem Empfehlungen und Hinweise zu wichtigen Entscheidungen. Beim alleinigen Einsatz dieses Verfahrens kann allerdings keine zweckmässige Lösung garantiert werden. Vielmehr ist es wichtig, dass dieses Verfahren auf der Basis der unternehmensspezifischen Gegebenheiten und der unternehmensindividuellen Anforderungen mit weiteren Empfehlungen des Projekt- und Personalmanagements verbunden wird.

Das präsentierte Verfahren zur Einführung von Personalinformationssystemen weist im wesentlichen die folgenden Unterschiede zu den in Kapitel 3.4 vorgestellten Vorgehensweisen auf. Einerseits ist das Verfahren aufgrund der Tatsache, dass in der Zukunft in den Personalbereichen hauptsächlich Standard-Anwendungssoftware eingeführt werden soll, auf die Einführung solcher Systeme ausgerichtet. Andererseits wird gleichzeitig ein umfassender Überblick über alle Arbeitsschritte, die bei einer solchen Einführung notwendig sind, gegeben.

6. Zusammenfassung und Schluss-bemerkungen

Der zweite und dritte Teil dieser Arbeit enthalten theoretische Betrachtungen im Zusammenhang mit Personalinformationssystemen. Diese bilden die Grundlage des vierten und des fünften Teils.

Im vierten Teil wird aufgezeigt, wie Schweizer Grossunternehmen Personalinformationssysteme einführen und einsetzen. Anhand der empirischen Erhebungen ist insbesondere dargestellt:

- wie die Einsatzsituation der Personalinformationssysteme aussieht (Verbreitung, Umfeld, Hard- und Software, Zugriffsmöglichkeiten)
- wie die eingesetzten Personalinformationssysteme beurteilt werden
- wie die durch den Personalinformationssystem-Einsatz angestrebten Ziele beurteilt werden
- wie die Aufgabenunterstützung durch das Personalinformationssystem beurteilt wird
- wie Personalinformationssysteme eingeführt werden (Vorgehensweise, gemachte Erfahrungen, Einführungsprobleme und -massnahmen, Anpassungsarten).

Durch die empirischen Erhebungen konnte unter anderem gezeigt werden, dass:

- 82% der befragten Schweizer Grossunternehmen im Personalbereich mit einem Personalinformationssystem arbeiten. Dieser Anteil wird im Verlaufe der nächsten Jahre auf ungefähr 96% steigen.
- 63% der Personalinformationssysteme auf Grossrechnern betrieben werden. Der Anteil der Client-Server-Systeme beträgt 35%. Dieser Anteil wird in der Zukunft stark steigen.
- der 80%-Anteil der Standard-Personalinformationssysteme in der Zukunft weiter steigen wird.
- in bezug auf die Personalinformationssysteme bei der Dokumentation resp. dem Hilfesystem, der Systemunabhängigkeit und der Anpassungsfähigkeit bezüglich neuer Anforderungen Verbesserungen erwünscht wären.
- die Antwortenden mit dem Ausmass der Erreichung des als relativ wichtig angesehenen Ziels der Integration verschiedener Anwendungssysteme am unzufriedensten sind.

- die Antwortenden mit der als wichtig bis sehr wichtig bezeichneten Unterstützung des Berichtswesens und des Personalcontrollings bzw. der Kennziffern-Berechnung am unzufriedensten sind.

- 76% der befragten Unternehmen bei einer allfälligen Einführung eines Personalinformationssystems die Personalabteilung bei der Projektleitung zumindest mitbeteiligen würden.

- der Zeitmangel bzw. die Arbeitsüberlastung als das bedeutendste Einführungsproblem angesehen wird.

- die Wahl eines zuverlässigen Partners, der eine qualifizierte und umfassende Unterstützung anbieten kann, als die wichtigste Einführungsmassnahme angesehen wird.

Die Abbildung 6.1 gibt einen Überblick über das im fünften Teil erarbeitete Verfahren zur Einführung von Personalinformationssystemen. In der Abbildung sind die Phasen mit den jeweils wichtigsten Aktivitäten dargestellt. Die Basis dieses Verfahrens bilden die theoretischen Betrachtungen sowie die empirischen Erhebungen dieser Arbeit.

Aufgrund der Überlegungen in Kapitel 1.1 sollen mit dem Verfahren insbesondere die Vertreter des Personalbereichs unterstützt werden. Im Sinne einer Orientierungshilfe bietet das Verfahren deshalb eine übersichtliche Gesamtstrukturierung des Einführungsprozesses und zeigt die wichtigsten Zusammenhänge und zu beachtenden Aspekte auf. In bezug auf die bedeutendsten Entscheidungen sind aber auch inhaltliche Empfehlungen enthalten. Wegen des zunehmenden Einsatzes von Standard-Personalinformationssystemen ist dieses Verfahren primär auf die Einführung solcher Systeme ausgerichtet.

Die methodischen und inhaltlichen Hilfestellungen dieses Verfahrens sollen den Vertretern des Personalbereichs bei der Einführung eines Personalinformationssystems eine aktive Mitarbeit und insbesondere eine nachhaltige Mitgestaltung ermöglichen. Dies ist eine wichtige Voraussetzung für ein Personalinformationssystem, das den fachspezifischen Anforderungen entspricht.

Der Aufbau des Verfahrens und die inhaltlichen Empfehlungen sollen sicherstellen, dass während der gesamten Einführung eines Personalinformationssystems die organisatorischen und menschlichen Aspekte mitberücksichtigt werden. Diese Aspekte stehen vor allem bei der Einführung umfassender Personalinformationssysteme, die vorwiegend in Grossunternehmen eingesetzt werden, im Vordergrund. Im Rahmen der inhaltlichen Empfehlungen werden auch Hinweise auf zu beachtende schweizerische Aspekte gegeben.

1. Phase: Initialisierung

Anbahnung des Projekts und insbesondere Durchführung von Vorabklärungen zur Erstellung eines fundierten Projektantrags.

2. Phase: Vorbereitung

Nach der Bewilligung des Projektantrags sind die formalen und organisatorischen Voraussetzungen für das Projekt zu schaffen.

3. Phase: Ist-Analyse

Erarbeitung eines groben Bilds des aktuellen Zustands im Personalbereich. Besonderheiten, Informationsbedarf und Schwachstellen stehen dabei im Vordergrund.

4. Phase: Grobkonzeption

Noch unabhängig von einem konkreten Standard-Personalinformationssystem wird aufgrund der vorangehenden Phasen ein neuer Soll-Zustand erarbeitet.

5. Phase: Systemauswahl

Anhand der erarbeiteten Anforderungen wird in zwei Schritten das geeignetste Personalinformationssystem ausgewählt.

6. Phase: Detailkonzeption und Erstellung des Prototyps

Detaillierte Konzeption der technischen und organisatorischen Anpassungen. Erleichterung der Benutzerbeteiligung durch die Erstellung eines Prototyps.

7. Phase: Realisierung und Überprüfung

Einrichtung des neuen Personalinformationssystems, Realisierung der organisatorischen Anpassungen sowie Durchführung der Tests.

8. Phase: Inbetriebnahme, Unterhalt, Weiterentwicklung

Beginn der produktiven Nutzung, Optimierung des Betriebs durch technische und organisatorische Massnahmen, ständiger Unterhalt und bei Bedarf Weiterentwicklung.

Abbildung 6.1: Verfahren zur Einführung von Personalinformationssystemen

Die Bedeutung von Personalinformationssystemen wird in der Zukunft weiter steigen. Dies kann auf den immer schnelleren ökonomischen, technologischen, sozio-kulturellen sowie rechtlich-politischen Wandel zurückgeführt werden. Aus diesem Wandel resultiert unter anderem eine zunehmende Bedeutung der Mitarbeiter für den Unternehmenserfolg. Ausserdem bewirkt dieser Wandel auch die geschilderten absehbaren Veränderungen im Bereich der Personalarbeit (vgl. Kapitel 3.1.4). Diese Entwicklungen führen zu den folgenden Tendenzen:

- Die Anpassungsfähigkeit bezüglich neuer Anforderungen wird immer bedeutender. Die Systeme müssen deshalb noch einfacher an neue Anforderungen angepasst werden können (z. B. durch einfache und benutzerfreundliche Parametersteuerungen und Berichtsgeneratoren).

- Die Integration verschiedener Aufgaben innerhalb des Personalbereichs und des Unternehmens wird immer wichtiger. Deshalb dürften in der Zukunft integrierte, modular aufgebaute Systeme, welche den gesamten Personalbereich abdecken und unternehmensweite Datenmodelle unterstützen, eine immer wichtigere Rolle spielen. Eine andere zukunftsträchtige Systemstruktur besteht aus Einzelsystemen, die durch leistungsfähige und standardisierte Schnittstellen miteinander verbunden werden.

- Die bessere und bedarfsgerechte Verfügbarkeit der Informationen wird immer entscheidender. Die individuellen Auswertungsmöglichkeiten müssen deshalb weiter vereinfacht und benutzerfreundlicher gestaltet werden. Dadurch sollten auch unregelmässige Benutzer (z. B. Führungskräfte) problemlos die gewünschten Informationen rasch ihren Bedürfnissen entsprechend abrufen können.

- Das Berichtswesen und das Personalcontrolling werden in der Zukunft stark an Bedeutung gewinnen. Diese Aufgaben müssen daher durch die Personalinformationssysteme noch umfassender und flexibler unterstützt werden.

Wichtig ist, dass das Personalinformationssystem auch in der Zukunft nur ein flexibles Instrument darstellt, das die Mitarbeiter des Personalbereichs und die Führungskräfte bei der Personalarbeit unterstützt sowie entlastet.

Anhang

Anhang 1: Interviewleitfaden Vorstudie

Angaben über das Interview:

Datum: ....

Firma: ....

Name des Interviewpartners: ....

Vielen Dank für Ihre Bereitschaft, dieses Interview durchzuführen. Die folgenden Hinweise und Informationen sollen Ihnen die Beantwortung der Fragen erleichtern.

Ziel dieser Studie:

Im Rahmen einer Dissertation an der Universität Freiburg i. Ü. sollen mit dieser Studie Informationen über den Einsatz von Personalinformationssystemen in Schweizer Unternehmen erhoben werden.

Personalinformationssystem:

Unter einem Personalinformationssystem wird ein computergestütztes, vorwiegend im Personalbereich eingesetztes Führungs- und Verwaltungssystem verstanden. Es deckt verschiedenste Anwendungsbereiche ab und weist neben einem Lohn- und Gehaltsabrechnungssystem insbesondere auch eine Abfragemöglichkeit auf. Damit können neben den Informationsbedürfnissen der Mitarbeiter im Personalbereich auch diejenigen der Führungskräfte abgedeckt werden.

Hinweis zu den Beurteilungen:

Bei der Beurteilung eines Sachverhaltes werden Sie jeweils zuerst gebeten, in bezug auf das in Ihrem Unternehmen eingesetzte Personalinformationssystem Ihre Zufriedenheit mit den einzelnen Aspekten anzugeben (Beurteilung der Ist-Situation). Danach werden Sie jeweils gebeten, losgelöst von dem in Ihrem Unternehmen eingesetzten Personalinformationssystem die Wichtigkeit bzw. Bedeutung der einzelnen Aspekte zu beurteilen. Dadurch wird der Soll-Zustand charakterisiert.

Vertrauliche Behandlung Ihrer Antworten:

Ich garantiere Ihnen eine streng vertrauliche Behandlung Ihrer Antworten. Aus den Ergebnissen dieser Studie können keine Rückschlüsse auf Sie oder auf Ihr Unternehmen gezogen werden.

Personenbegriffe beziehen sich stets auf die weibliche und männliche Form.

1. EDV im Personalbereich

1.1 Machen Sie bitte die folgenden Angaben über das in Ihrem Unternehmen eingesetzte Personalinformationssystem bzw. dessen wichtigstes Element.

Produktname: .... Einführungsdatum: ....

Anzahl verwalteter Personen: .... Mitarbeiter .... Bewerber

.... Pensionierte .... Andere Personen: ....

Art der Software: ❑ Eigenentwicklung

❑ Standardsoftware mit geringfügigen Anpassungen ⎫
❑ Standardsoftware mit umfassenden Anpassungen ⎭ Name des Herstellers/Produzenten:

....

1.2 Falls in Ihrem Unternehmen die Einführung eines neuen Personalinformationssystems geplant wird, dann machen Sie bitte darüber die folgenden Angaben.

Produktname: .... Einführungsdatum: ....

Anzahl verwalteter Personen: .... Mitarbeiter .... Bewerber

.... Pensionierte .... Andere Personen: ....

Art der Software: ❑ Eigenentwicklung

❑ Standardsoftware mit geringfügigen Anpassungen ⎫
❑ Standardsoftware mit umfassenden Anpassungen ⎭ Name des Herstellers/Produzenten:

....

1.3 Welche der folgenden Integrationsformen weist die EDV in Ihrer Personalabteilung auf?

❑ Ein umfassendes System (allenfalls mit verschiedenen Modulen), das eine Datenbasis besitzt.

❑ Verschiedene Anwendungssysteme (allenfalls verschiedener Hersteller), die auf eine gemeinsame Datenbasis zugreifen. Bitte nennen Sie die Aufgaben dieser Systeme:

....

❑ Verschiedene Anwendungssysteme (allenfalls verschiedener Hersteller), die ihre Daten automatisch periodisch abgleichen. Bitte nennen Sie die Aufgaben dieser Systeme:

....

1.4 Bestehen im Personalbereich noch andere Systeme mit einer eigenen, isolierten Datenbasis?

❑ Nein

❑ Ja: Bitte nennen Sie die Aufgaben dieser Systeme.

....

1.5 Wer kann direkt auf die im Personalinformationssystem verwalteten Daten zugreifen?

❏ Personalchef bzw. -leiter ❏ Sonstige Linienvorgesetzte
❏ Mitarbeiter des Personalbereichs ❏ Mitarbeiter von Stabsstellen
❏ Unternehmensleiter ❏ Mitarbeiter (eigene Daten einsehen)
❏ Bereichsleiter (dem obersten Leiter direkt ❏ Andere: ....
   unterstellt oder Mitglied der GL)

2. Personalinformationssystem-Beurteilung

2.1 Wie zufrieden sind Sie in bezug auf folgende Merkmale mit dem in Ihrem Unternehmen eingesetzten Personalinformationssystem?

	sehr zufrieden	zufrieden	unzufrieden	sehr unzufrieden
Funktionsumfang (Anzahl und Vollständigkeit der Funktionen)	❏	❏	❏	❏
Funktionsqualität (Funktionen, die den Anwenderbedürfnissen entsprechen)	❏	❏	❏	❏
Effizienz (geringer Bedarf an Computerressourcen, Bedienungsaufwand und kurze Verarbeitungs- und Antwortzeiten)	❏	❏	❏	❏
Zuverlässigkeit/System-Verfügbarkeit	❏	❏	❏	❏
Benutzerfreundlichkeit	❏	❏	❏	❏
Datenschutz (korrekte/unversehrte Daten nur für Berechtigte)	❏	❏	❏	❏
Sicherheit (Schutz vor Datenverlust)	❏	❏	❏	❏
Anpassungsfähigkeit (an neue Anforderungen)	❏	❏	❏	❏
Systemunabhängigkeit (Einsatz auf verschiedenen Hardware- und Betriebssystem-Plattformen sowie Datenbanken möglich)	❏	❏	❏	❏
Dokumentation/Hilfe-System	❏	❏	❏	❏
Unterstützungsleistungen durch Anbieter	❏	❏	❏	❏
Kosten-Nutzen-Verhältnis (Anschaffungs- und Betriebskosten in bezug auf den quantitativen und qualitativen Nutzen)	❏	❏	❏	❏
Andere Merkmale:	❏	❏	❏	❏

2.2 Wie wichtig sind für Sie bei einem Personalinformationssystem die folgenden Merkmale?

	sehr wichtig	wichtig	unwichtig	sehr unwichtig
Funktionsumfang (Anzahl und Vollständigkeit der Funktionen)	❏	❏	❏	❏
Funktionsqualität (Funktionen, die den Anwenderbedürfnissen entsprechen)	❏	❏	❏	❏
Effizienz (geringer Bedarf an Computerressourcen, Bedienungsaufwand und kurze Verarbeitungs- und Antwortzeiten)	❏	❏	❏	❏
Zuverlässigkeit/System-Verfügbarkeit	❏	❏	❏	❏
Benutzerfreundlichkeit	❏	❏	❏	❏
Datenschutz (korrekte/unversehrte Daten nur für Berechtigte)	❏	❏	❏	❏
Sicherheit (Schutz vor Datenverlust)	❏	❏	❏	❏
Anpassungsfähigkeit (an neue Anforderungen)	❏	❏	❏	❏
Systemunabhängigkeit (Einsatz auf verschiedenen Hardware- und Betriebssystem-Plattformen sowie Datenbanken möglich)	❏	❏	❏	❏
Dokumentation/Hilfe-System	❏	❏	❏	❏
Unterstützungsleistungen durch Anbieter	❏	❏	❏	❏
Kosten-Nutzen-Verhältnis (Anschaffungs- und Betriebskosten in bezug auf den quantitativen und qualitativen Nutzen)	❏	❏	❏	❏
Andere Merkmale:	❏	❏	❏	❏

2.3 Nennen Sie bitte drei Merkmale, die in Zukunft stark an Bedeutung gewinnen werden.

....

....

....

3. Ziele des Personalinformationssystem-Einsatzes

3.1 Wie zufrieden sind Sie in bezug auf das in Ihrem Unternehmen eingesetzte Personal-informationssystem mit den folgenden Aspekten?

	sehr zufrieden	zufrieden	unzufrieden	sehr unzufrieden
Integration verschiedener Anwendungssysteme	❏	❏	❏	❏
Transparenz und Systematik im Personalbereich (einheitliche und standardisierte Abläufe)	❏	❏	❏	❏
Umfang und Aktualität der Informationsbasis	❏	❏	❏	❏
Verfügbarkeit der Informationen	❏	❏	❏	❏
Effizienz im Personalbereich	❏	❏	❏	❏
Höhe der Personal- und Verwaltungskosten im Personalbereich	❏	❏	❏	❏
Anpassungsfähigkeit an neue EDV-technische Entwicklungen	❏	❏	❏	❏
Anpassungsfähigkeit an neue Anforderungen (z.B. wegen gesetz-licher Änderungen oder neuer Aufgaben im Personalbereich)	❏	❏	❏	❏
Unterstützung der verschiedenen Personalaufgaben	❏	❏	❏	❏
Arbeitssituation im Personalbereich	❏	❏	❏	❏
Betreuung der Mitarbeiter des Unternehmens	❏	❏	❏	❏
Andere Aspekte:	❏	❏	❏	❏

3.2 Wie wichtig sind für Sie beim Einsatz eines Personalinformationssystems die folgenden Aspekte?

	sehr wichtig	wichtig	unwichtig	sehr unwichtig
Integration verschiedener Anwendungssysteme	❏	❏	❏	❏
Transparenz und Systematik im Personalbereich (einheitliche und standardisierte Abläufe)	❏	❏	❏	❏
Umfang und Aktualität der Informationsbasis	❏	❏	❏	❏
Verfügbarkeit der Informationen	❏	❏	❏	❏
Effizienz im Personalbereich	❏	❏	❏	❏
Höhe der Personal- und Verwaltungskosten im Personalbereich	❏	❏	❏	❏
Anpassungsfähigkeit an neue EDV-technische Entwicklungen	❏	❏	❏	❏
Anpassungsfähigkeit an neue Anforderungen (z.B. wegen gesetz-licher Änderungen oder neuer Aufgaben im Personalbereich)	❏	❏	❏	❏
Unterstützung der verschiedenen Personalaufgaben	❏	❏	❏	❏
Arbeitssituation im Personalbereich	❏	❏	❏	❏
Betreuung der Mitarbeiter des Unternehmens	❏	❏	❏	❏
Andere Aspekte:	❏	❏	❏	❏

3.3 Nennen Sie bitte drei Aspekte, die in Zukunft stark an Bedeutung gewinnen werden.

....

....

....

4. Aufgabenunterstützung durch das Personalinformationssystem

4.1 Wie zufrieden sind Sie mit der Unterstützung folgender Aufgaben durch das in Ihrem Unternehmen eingesetzte Personalinformationssystem?

		sehr zufrieden	zufrieden	unzufrieden	sehr unzufrieden	wird nicht unterstützt
Personalverwaltung:	Personaldatenverwaltung	❑	❑	❑	❑	❑
	Führung von Personaldossiers	❑	❑	❑	❑	❑
Entgelt-Abrechnung:	Lohn- und Gehaltsabrechnung	❑	❑	❑	❑	❑
	Spesen-/Reisekostenabrechnung	❑	❑	❑	❑	❑
Zeitwirtschaft:	Zeiterfassung, Absenzenverwaltung, ...	❑	❑	❑	❑	❑
Berichtswesen:	Statistiken, Auswertungen, Grafiken, ...	❑	❑	❑	❑	❑
Stellenbewirtschaftung:	Stellenplan und Organigramm	❑	❑	❑	❑	❑
	Verwaltung von Stelleninformationen (Anforderungen, Stellenbeschreibungen usw.)	❑	❑	❑	❑	❑
Personalentwicklung:	Personalbeurteilung / Qualifikation	❑	❑	❑	❑	❑
	Vergleich Qualifik.-Anforderungen Stelle	❑	❑	❑	❑	❑
	Aus-/Weiterbildungsplanung	❑	❑	❑	❑	❑
	Nachfolgeplanung	❑	❑	❑	❑	❑
	Karriereplanung	❑	❑	❑	❑	❑
Personalplanung:	Bestandesplanung	❑	❑	❑	❑	❑
	Bedarfsplanung	❑	❑	❑	❑	❑
	Beschaffungsplanung	❑	❑	❑	❑	❑
	Einsatzplanung	❑	❑	❑	❑	❑
	Kostenplanung/Budgetierung	❑	❑	❑	❑	❑
	Freistellungsplanung	❑	❑	❑	❑	❑
Vorsorge:	Rentnerverwaltung/Rentenauszahlung	❑	❑	❑	❑	❑
	Pensionskassenverwaltung	❑	❑	❑	❑	❑
Ergänzende Aufgaben:	Textverarbeitung/Korrespondenz	❑	❑	❑	❑	❑
	Terminüberwachung	❑	❑	❑	❑	❑
	Bewerberverwaltung	❑	❑	❑	❑	❑
	Verwaltung von Anreizsystemen	❑	❑	❑	❑	❑
	Kursverwaltung	❑	❑	❑	❑	❑
	Vorschlagswesen	❑	❑	❑	❑	❑
Personalcontrolling / Kennziffern-Berechnung		❑	❑	❑	❑	❑
Andere Aufgabe:		❑	❑	❑	❑	❑

4.2 Wie wichtig ist für Sie beim Einsatz eines Personalinformationssystems die Unterstützung folgender Aufgaben?

		sehr wichtig	wichtig	unwichtig	sehr unwichtig
Personalverwaltung:	Personaldatenverwaltung	❑	❑	❑	❑
	Führung von Personaldossiers	❑	❑	❑	❑
Entgelt-Abrechnung:	Lohn- und Gehaltsabrechnung	❑	❑	❑	❑
	Spesen-/Reisekostenabrechnung	❑	❑	❑	❑
Zeitwirtschaft:	Zeiterfassung, Absenzenverwaltung, ...	❑	❑	❑	❑
Berichtswesen:	Statistiken, Auswertungen, Grafiken, ...	❑	❑	❑	❑
Stellenbewirtschaftung:	Stellenplan und Organigramm	❑	❑	❑	❑
	Verwaltung von Stelleninformationen (Anforderungen, Stellenbeschreibungen usw.)	❑	❑	❑	❑

Personalentwicklung:	Personalbeurteilung / Qualifikation	❏	❏	❏	❏
	Vergleich Qualifik.-Anforderungen Stelle	❏	❏	❏	❏
	Aus-/Weiterbildungsplanung	❏	❏	❏	❏
	Nachfolgeplanung	❏	❏	❏	❏
	Karriereplanung	❏	❏	❏	❏
Personalplanung:	Bestandesplanung	❏	❏	❏	❏
	Bedarfsplanung	❏	❏	❏	❏
	Beschaffungsplanung	❏	❏	❏	❏
	Einsatzplanung	❏	❏	❏	❏
	Kostenplanung/Budgetierung	❏	❏	❏	❏
	Freistellungsplanung	❏	❏	❏	❏
Vorsorge:	Rentnerverwaltung/Rentenauszahlung	❏	❏	❏	❏
	Pensionskassenverwaltung	❏	❏	❏	❏
Ergänzende Aufgaben:	Textverarbeitung/Korrespondenz	❏	❏	❏	❏
	Terminüberwachung	❏	❏	❏	❏
	Bewerberverwaltung	❏	❏	❏	❏
	Verwaltung von Anreizsystemen	❏	❏	❏	❏
	Kursverwaltung	❏	❏	❏	❏
	Vorschlagswesen	❏	❏	❏	❏
Personalcontrolling / Kennziffern-Berechnung		❏	❏	❏	❏
Andere Aufgabe:		❏	❏	❏	❏

4.3 Nennen Sie bitte drei Aufgaben, deren EDV-Unterstützung in Zukunft stark an Bedeutung gewinnen wird.

....

....

....

5. Auswahl, Anpassung und Einführung

5.1 Wer regte in Ihrem Unternehmen den Einsatz eines neuen Personalinformationssystems an und wer leitete das Projekt?

	Initiator	Leitung		Initiator	Leitung
Personalabteilung	❏	❏	Geschäftsleitung	❏	❏
Informatikabteilung	❏	❏	Externe Berater	❏	❏
			Andere:	❏	❏

5.2 Wie sind Sie bei der Auswahl, Anpassung und Einführung des neuen Personalinformationssystems vorgegangen? Beschreiben Sie bitte die wichtigsten Schritte.

....

....

....

....

....

....

5.3 Was würden Sie aufgrund Ihrer Erfahrungen jetzt anders angehen? Bitte beschreiben Sie kurz und begründen Sie.

....

....

....

....

5.4 Welche der folgenden Aussagen trifft am ehesten auf die Auswahl, Anpassung und Einführung des neuen Personalinformationssystems in Ihrem Unternehmen zu?

❏ Im wesentlichen standen technische Aspekte im Vordergrund.

❏ Der ganze Vorgang wurde als vorwiegend technisches Problem angesehen. Begleitend wurden aber organisatorische und benutzerbezogene Massnahmen ergriffen. Die Benutzer wurden informiert und wirkten teilweise bei der Projektarbeit mit.

❏ Bei der Einführung wurden technische, organisatorische und benutzerbezogene Aspekte gleichberechtigt berücksichtigt. Die Benutzer wirkten daher in jeder Phase der Projektarbeit konsequent mit.

5.5 Auf welche Art wurde das neue Personalinformationssystem in Betrieb genommen?

❏ Einführung des neuen Systems als Ganzes in einem Schritt und dabei:
  ❏ Umstellung vom alten auf das neue System an einem Stichtag
  ❏ Parallelbetrieb des alten und des neuen Systems

❏ Sukzessive Einführung einzelner Module in mehreren Stufen und dabei:
  ❏ Umstellung vom alten auf das neue Modul an einem Stichtag
  ❏ Parallelbetrieb des alten und des neuen Moduls
  ❏ Je nach Modul stichtagsbezogene Einführung oder Parallelbetrieb

5.6 Würden Sie heute eine andere Einführungsart wählen?

❏ Nein

❏ Ja   Begründung: ....

5.7 Nennen Sie bitte vier Bereiche, die in Ihrem Unternehmen bei der Auswahl, Anpassung und Einführung des Personalinformationssystems Probleme verursacht haben.

❏ Unterschätzung Aufwand und Kosten
❏ Zeitmangel/Arbeitsüberlastung
❏ Restriktionen durch Investitionsbudget
❏ Einschränkung durch vorhandene EDV
❏ Datenübernahme, -eingabe
❏ Kompatibilitäts-, Schnittstellenprobleme
❏ Anpassung der Standardsoftware
❏ Anpassung der Organisation
❏ Kurzfristig ändernde Anforderungen

❏ Datenschutz
❏ Widerstand der Benutzer
❏ Widerstand der Unternehmensleitung
❏ Widerstand der Arbeitnehmer bzw. ihrer Vertreter
❏ Mangelndes Fachwissen
❏ Kommunikation im Projektteam
❏ Wirtschaftlichkeit ist nicht transparent
❏ Fehlender Promotor im Personalbereich
❏ Andere: ....

5.8 Welche drei Probleme werden in Zukunft stark an Bedeutung gewinnen?

....

....

....

5.9 Nennen Sie bitte vier Massnahmen, die in Ihrem Unternehmen bei der Auswahl, Anpassung und Einführung des Personalinformationssystems im Vordergrund standen.

- ❏ Sorgfältige Evaluation der in Frage kommenden Software-Pakete
- ❏ Zuverlässiger Partner mit qualifizierten Unterstützungsleistungen
- ❏ Konzentration aufs Wesentliche (Unterscheidung Musts / Nice to have)
- ❏ Alle betroffenen Gruppen ins Projekt einbeziehen
- ❏ Straffes und qualifiziertes Projektmanagement
- ❏ Qualifizierungsmassnahmen im Projektteam
- ❏ Genügend personelle Ressourcen
- ❏ Detaillierte Vorbereitung und Planung
- ❏ Detaillierte und verbindliche Definition der Anforderungen
- ❏ Schrittweise Einführung des neuen Systems
- ❏ Frühzeitige und umfassende Ausbildung der Benutzer
- ❏ Genügend Test- und Parallelläufe
- ❏ Umfassende Datenschutzmassnahmen
- ❏ Nutzen, Sinn, Vorteile und Funktionsweise den Betroffenen aufzeigen
- ❏ Offene Informationspolitik (laufende Orientierung über das Projekt)
- ❏ Flexibles und anpassungsfähiges System wählen
- ❏ Automatische Datenübernahme aus dem alten System sicherstellen
- ❏ Einwände und Bedenken ernst nehmen und wenn möglich berücksichtigen
- ❏ Andere Massnahmen: ....

5.10 Nennen Sie bitte drei Massnahmen, denen Sie aufgrund Ihrer Erfahrungen grösseres Gewicht beimessen würden.

....

....

....

5.11 Wie zufrieden waren Sie in bezug auf die in Ihrem Unternehmen erfolgte Auswahl, Anpassung und Einführung eines Personalinformationssystems mit den folgenden Massnahmen?

	sehr zufrieden	zufrieden	unzufrieden	sehr unzufrieden
Qualität der Benutzerschulung	❏	❏	❏	❏
Umfang der Benutzerschulung	❏	❏	❏	❏
Qualität der Benutzerunterstützung (bei der Arbeit)	❏	❏	❏	❏
Umfang der Benutzerunterstützung (bei der Arbeit)	❏	❏	❏	❏
Berücksichtigung der Benutzerinteressen	❏	❏	❏	❏
Partizipation der Benutzer (Mitwirkung im Projekt)	❏	❏	❏	❏

5.12 Wie wichtig sind für Sie bei der Auswahl, Anpassung und Einführung eines Personal-informationssystems die folgenden Massnahmen?

	sehr wichtig	wichtig	unwichtig	sehr unwichtig
Benutzerschulung	❑	❑	❑	❑
Benutzerunterstützung (bei der Arbeit)	❑	❑	❑	❑
Berücksichtigung der Benutzerinteressen	❑	❑	❑	❑
Partizipation der Benutzer (Mitwirkung im Projekt)	❑	❑	❑	❑

5.13 Nennen Sie bitte vier Datenschutzmassnahmen, die in Ihrem Unternehmen im Vordergrund stehen.

❑ Mitarbeiterdossiers unter Verschluss
❑ Systemzugriff mit Passwort geschützt
❑ Passwortgeschützter Systemzugriff durch verschiedene Benutzerprofile differenziert
❑ Nur diejenigen Mitarbeiter, die Personendaten für ihre Aufgabenerledigung zwingend be-nötigen, können auf diese Daten zugreifen
❑ Besondere Instruktion für die Mitarbeiter mit Zugang zu Personendaten
❑ Vetragszusatz für die Mitarbeiter mit Zugang zu Personendaten
❑ Kontrolle des Zutritts zur Hardware des Personalinformationssystems
❑ Hardware und dessen Bedienung in der bzw. durch die Personalabteilung
❑ Protokollierung der Mutationen an den Daten im System
❑ Datenverschlüsselung im Netzwerk
❑ Mitarbeiter hat ein Recht auf Einsicht in die über ihn verwalteten Daten
❑ Schriftliche Einwilligung der Mitarbeiter für die elektronische Verarbeitung ihrer Daten
❑ Datenschutzbeauftragter, der auch für den Personalbereich zuständig ist
❑ Andere Datenschutzmassnahmen: ....

6. Statistische Angaben

1. In welcher Branche ist Ihr Unternehmen hauptsächlich tätig? ....

2. Anzahl Mitarbeiter im Unternehmen (gewichteter Bestand): ....

3. Anzahl Mitarbeiter im Personalbereich (gewichteter Bestand): ....

4. Welche Funktion nehmen Sie in Ihrem Unternehmen wahr? ....

7. Anmerkungen

Für zusätzliche Anregungen und Hinweise bin ich Ihnen sehr dankbar.

....

....

....

Vielen Dank für Ihre wertvolle Unterstützung!

Anhang 2: Fragebogen Hauptstudie

Studie über den Einsatz von Personalinformationssystemen in der Schweiz

Institut für Informatik
Universität Freiburg

Rue Faucigny 2
CH–1700 Freiburg
Fax 026–300 97 26

	Für Ergänzungen bzw. Korrekturen:
MUSTER AG	Firma: ....
HERR R. MEIER	Name des Beantworters: ....
MUSTERSTR. 16	Strasse: ....
8000 ZÜRICH	PLZ, Ort: ....
01 / 000 00 00	Telefon: ....

Sehr geehrter Herr Meier

Bitte berücksichtigen Sie im Zusammenhang mit diesem Fragebogen die folgenden Hinweise.

Ziel dieser Studie: Im Rahmen einer Dissertation an der Universität Freiburg i. Ü. sollen mit dieser Studie Informationen über den Einsatz von Personalinformationssystemen in Schweizer Unternehmen erhoben werden.

Personalinformationssystem: Unter einem Personalinformationssystem wird ein computer-gestütztes, vorwiegend im Personalbereich eingesetztes Führungs- und Verwaltungssystem verstanden. Es deckt verschiedenste Anwendungsbereiche ab und weist neben einem Lohn- und Gehaltsabrechnungssystem insbesondere auch eine Abfragemöglichkeit auf.

Beantwortung der Fragen: Ihre Antworten sollten die Situation Ende Mai 1997 wiedergeben.
- ❏ Bei den meisten Fragen sind mögliche Antworten aufgelistet. Bitte lesen Sie jeweils zuerst alle Antworten und beantworten Sie dann die Frage, indem Sie eines oder mehrere Kästchen ankreuzen.
- ..... Bei einzelnen Fragen können Sie auf diesen Linien Ihre Antwort niederschreiben.

Bei Unklarheiten und Fragen steht Ihnen Urs Steiner (Tel. 01 / 371 12 69) gerne zur Verfügung.

Vertrauliche Behandlung Ihrer Antworten: Wir garantieren Ihnen eine streng vertrauliche Behandlung Ihrer Antworten. Aus den Ergebnissen dieser Studie können keine Rückschlüsse auf Sie oder auf Ihr Unternehmen gezogen werden.

Rücksendung: Bitte senden Sie den ausgefüllten Fragebogen mit beiliegendem Couvert bis am 22. Juli 1997 an folgende Adresse: Herr U. Steiner, Institut für Informatik, Universität Freiburg, Rue Faucigny 2, 1700 Freiburg.

Personenbegriffe beziehen sich stets auf die weibliche und männliche Form.

> **Auch wenn in Ihrem Unternehmen kein Personalinformationssystem eingesetzt wird, bitten wir Sie, die Fragen der Bereiche eins, fünf und sechs zu beantworten.**

Vielen Dank für Ihre wertvolle Unterstützung!

1. EDV im Personalbereich

1.1 Bitte charakterisieren Sie den EDV-Einsatz im Personalbereich Ihres Unternehmens.

❑ Wir arbeiten mit einem Personalinformationssystem, das die Lohn- und Gehaltsabrechnung sowie andere Personalaufgaben unterstützt. Zudem können verschiedenartigste
Informationen abgefragt werden.

❑ Wir arbeiten mit einem Lohn- und Gehaltsabrechnungssystem. Ausser den abrechnungs-
relevanten Daten können keine Informationen abgefragt werden. (Bitte beantworten Sie
nun noch die Fragen 1.2, 1.4, 1.5 sowie diejenigen der Bereiche 5 und 6.)

**1.2 Bestehen im Personalbereich neben dem System, über das die Lohn- und
Gehaltsabrechnung läuft, noch andere EDV-Systeme?**

❑ Nein

❑ Ja: Bitte geben Sie die Aufgabengebiete dieser Systeme und die Art der Verbindung zum
Lohn- und Gehaltsabrechnungssystem an.

	Isoliertes System, manuelle Doppeler- fassung der Daten	Isoliertes System, automatische Aktuali- sierung der Daten	Zugriff auf die Daten des Lohn- & Gehaltssystems
❑ Zeiterfassung	❑	❑	❑
❑ Pensionskasse	❑	❑	❑
❑ Personalbeurteilung	❑	❑	❑
❑ Kursverwaltung	❑	❑	❑
❑ Andere:	❑	❑	❑

**1.3 Machen Sie bitte die folgenden Angaben über das in Ihrem Unternehmen eingesetzte
Personalinformationssystem.**

Produktname: ....   Einführungsdatum: ....

Anzahl verwalteter Personen: ....

Art der Hardware: ❑ Einplatzsystem ❑ Client/Server-System ❑ Grossrechner

Art der Software: ❑ Eigenentwicklung
   ❑ Standardsoftware mit Anpassungen durch: ⎫ Name des Herstellers
      ❑ Eingabe von Parametern (Customizing)   ⎬ bzw. des Produzenten
      ❑ Erstellung von Schnittstellen   ⎪ der Standardsoftware:
      ❑ umfangreiche Programmänderungen   ⎭ ....

**1.4 Ist die Einführung eines neuen Personalinformationssystems in Ihrem Unternehmen
ein Thema?**

❑ Nein (Bitte fahren Sie mit der Frage 1.6 auf der nächsten Seite fort.)

❑ Ja: Die Einführung eines neuen Systems ❑ wird diskutiert. ❑ ist beschlossen.

**1.5 Machen Sie bitte die folgenden Angaben über das zukünftige Personalinformations-
system Ihres Unternehmens.**

Produktname: ....   Voraussichtliches Einführungsdatum:

Anzahl verwalteter Personen: ....

Art der Hardware: ❑ Einplatzsystem ❑ Client/Server-System ❑ Grossrechner

Art der Software: ❑ Eigenentwicklung
   ❑ Standardsoftware mit Anpassungen durch: ⎫ Name des Herstellers
      ❑ Eingabe von Parametern (Customizing)   ⎬ bzw. des Produzenten
      ❑ Erstellung von Schnittstellen   ⎪ der Standardsoftware:
      ❑ umfangreiche Programmänderungen   ⎭ ....

1.6 Wer kann direkt auf die im Personalinformationssystem verwalteten Daten zugreifen?

❑ Personalchef bzw. -leiter
❑ Mitarbeiter des Personalbereichs
❑ Unternehmensleiter
❑ Bereichsleiter (dem obersten Leiter direkt unterstellt oder Mitglied der GL)

❑ Sonstige Linienvorgesetzte
❑ Mitarbeiter von Stabsstellen
❑ Mitarbeiter (eigene Daten einsehen)
❑ Andere: ....

2. Personalinformationssystem-Beurteilung

2.1 Bedeutung einzelner Merkmale eines Personalinformationssystems

Wie wichtig ist/sind für Sie persönlich bei einem Personal-informationssystem ...

	sehr wichtig	wichtig	weniger wichtig	unwichtig
... die Funktionen (Umfang und Qualität)	❑	❑	❑	❑
... die Integration (verschiedener Aufgaben)	❑	❑	❑	❑
... die Schnittstellen (zu anderen Anwendungen)	❑	❑	❑	❑
... der Datenschutz (korrekte/unversehrte Daten nur für Berechtigte)	❑	❑	❑	❑
... die Sicherheit (Schutz vor Datenverlust)	❑	❑	❑	❑
... die Benutzerfreundlichkeit	❑	❑	❑	❑
... die Effizienz (geringer Bedarf an Computerressourcen)	❑	❑	❑	❑
... die Zuverlässigkeit / die System-Verfügbarkeit	❑	❑	❑	❑
... die Anpassungsfähigkeit (an neue Anforderungen)	❑	❑	❑	❑
... die Systemunabhängigkeit (Einsatz auf verschiedenen Hardware- und Betriebssystem-Plattformen sowie Datenbanken möglich)	❑	❑	❑	❑
... die Dokumentation / das Hilfe-System	❑	❑	❑	❑
... die Unterstützungsleistungen durch den Anbieter	❑	❑	❑	❑
... ein anderes Merkmal:	❑	❑	❑	❑

2.2 Zufriedenheit mit dem Personalinformationssystem Ihres Unternehmens

Wie zufrieden sind Sie mit dem Personalinformationssystem Ihres Unternehmens bezüglich ...

	sehr zufrieden	zufrieden	weniger zufrieden	unzufrieden
... den Funktionen (Umfang und Qualität)	❑	❑	❑	❑
... der Integration (verschiedener Aufgaben)	❑	❑	❑	❑
... den Schnittstellen (zu anderen Anwendungen)	❑	❑	❑	❑
... dem Datenschutz (korrekte/unversehrte Daten nur für Berechtigte)	❑	❑	❑	❑
... der Sicherheit (Schutz vor Datenverlust)	❑	❑	❑	❑
... der Benutzerfreundlichkeit	❑	❑	❑	❑
... der Effizienz (geringer Bedarf an Computerressourcen)	❑	❑	❑	❑
... der Zuverlässigkeit / der System-Verfügbarkeit	❑	❑	❑	❑
... der Anpassungsfähigkeit (an neue Anforderungen)	❑	❑	❑	❑
... der Systemunabhängigkeit (Einsatz auf verschiedenen Hardware- und Betriebssystem-Plattformen sowie Datenbanken möglich)	❑	❑	❑	❑
... der Dokumentation / dem Hilfe-System	❑	❑	❑	❑
... den Unterstützungsleistungen durch den Anbieter	❑	❑	❑	❑
... anderen Merkmalen:	❑	❑	❑	❑

2.3 Nennen Sie bitte zwei Merkmale aus der Liste der Frage 2.1, die in der Zukunft stark an Bedeutung gewinnen werden.

....

....

3. Ziele des Personalinformationssystem-Einsatzes

3.1 Bedeutung der Ziele, die mit dem Einsatz eines Personalinformationssystems verfolgt werden können.

Wie wichtig ist für Sie persönlich beim Einsatz eines
Personalinformationssystems ...

	sehr wichtig	wichtig	weniger wichtig	unwichtig
... der grössere Umfang / die Aktualität der Informationsbasis	❏	❏	❏	❏
... die bessere Verfügbarkeit der Informationen	❏	❏	❏	❏
... die verbesserte Integration verschiedener Anwendungssysteme	❏	❏	❏	❏
... die erhöhte Transparenz und Systematik im Personalbereich (einheitliche und standardisierte Abläufe)	❏	❏	❏	❏
... die grössere Effizienz im Personalbereich	❏	❏	❏	❏
... die Senkung der Personal- und Verwaltungskosten im Personalbereich	❏	❏	❏	❏
... die erhöhte Anpassungsfähigkeit an EDV-technische Entwicklungen	❏	❏	❏	❏
... die erhöhte Anpassungsfähigkeit an neue Anforderungen (z.B. wegen gesetzlicher Änderungen oder neuer Aufgaben im Personalbereich)	❏	❏	❏	❏
... die verbesserte Unterstützung der verschiedenen Personalaufgaben	❏	❏	❏	❏
... die verbesserte allgemeine Arbeitssituation im Personalbereich	❏	❏	❏	❏
... die verbesserte Betreuung der Mitarbeiter des Unternehmens	❏	❏	❏	❏
... ein anderer Aspekt:	❏	❏	❏	❏

3.2 Zufriedenheit mit der Erreichung möglicher Ziele durch den Einsatz eines Personalinformationssystems in Ihrem Unternehmen

Wie zufrieden sind Sie in bezug auf das Personalinformationssystem Ihres Unternehmens mit ...

	sehr zufrieden	zufrieden	weniger zufrieden	unzufrieden
... dem Umfang und der Aktualität der Informationsbasis	❏	❏	❏	❏
... der Verfügbarkeit der Informationen	❏	❏	❏	❏
... der Integration verschiedener Anwendungssysteme	❏	❏	❏	❏
... der Transparenz und Systematik im Personalbereich (einheitliche und standardisierte Abläufe)	❏	❏	❏	❏
... der Effizienz im Personalbereich	❏	❏	❏	❏
... der Höhe der Personal-, Verwaltungskosten im Personalbereich	❏	❏	❏	❏
... der Anpassungsfähigkeit an EDV-technische Entwicklungen	❏	❏	❏	❏
... der Anpassungsfähigkeit an neue Anforderungen (z.B. wegen gesetzlicher Änderungen oder neuer Aufgaben im Personalbereich)	❏	❏	❏	❏
... der Unterstützung der verschiedenen Personalaufgaben	❏	❏	❏	❏
... der allgemeinen Arbeitssituation im Personalbereich	❏	❏	❏	❏
... der Betreuung der Mitarbeiter des Unternehmens	❏	❏	❏	❏
... anderen Aspekten:	❏	❏	❏	❏

3.3 Nennen Sie bitte zwei Ziele aus der Liste der Frage 3.1, die in der Zukunft stark an Bedeutung gewinnen werden.

....

....

4. Aufgabenunterstützung durch das Personalinformationssystem

4.1 Bedeutung der Aufgabenunterstützung durch ein Personalinformationssystem

Wie wichtig ist für Sie persönlich beim Einsatz eines
Personalinformationssystems die Unterstützung ...

		sehr wichtig	wichtig	weniger wichtig	unwichtig
Personalverwaltung:	... der Stammdatenverwaltung	❑	❑	❑	❑
	... der Verwaltung von Informationen über Ausbildung, Kenntnisse, Fähigkeiten	❑	❑	❑	❑
	... der Führung von Personaldossiers	❑	❑	❑	❑
Entgelt-Abrechnung:	... der Lohn- und Gehaltsabrechnung	❑	❑	❑	❑
	... der Spesen-/Reisekostenabrechnung	❑	❑	❑	❑
Zeitwirtschaft:	... der Zeiterfassung, Absenzenverwaltung	❑	❑	❑	❑
Berichtswesen:	... der Statistiken, Auswertungen, Grafiken	❑	❑	❑	❑
Personaleinsatz:	... des Stellenplans/Organigramme	❑	❑	❑	❑
	... der Anforderungsprofile der Stellen	❑	❑	❑	❑
	... der Stellenbeschreibungen	❑	❑	❑	❑
Personalentwicklung:	... der Personalbeurteilung/Qualifikation	❑	❑	❑	❑
	... des Vergleichs zwischen Qualifikationen der Mitarbeiter und Anforderungen der Stellen	❑	❑	❑	❑
	... der Aus-/Weiterbildungsplanung	❑	❑	❑	❑
	... der Nachfolgeplanung	❑	❑	❑	❑
	... der Karriereplanung	❑	❑	❑	❑
Personalplanung:	... der Bestandesplanung	❑	❑	❑	❑
	... der Bedarfsplanung	❑	❑	❑	❑
	... der Beschaffungsplanung	❑	❑	❑	❑
	... der Einsatzplanung	❑	❑	❑	❑
	... der Kostenplanung/Budgetierung	❑	❑	❑	❑
	... der Freistellungsplanung	❑	❑	❑	❑
Vorsorge:	... der Rentnerverwaltung/Rentenzahlung	❑	❑	❑	❑
	... der Pensionskassenverwaltung	❑	❑	❑	❑
Ergänzende Aufgaben:	... der Textverarbeitung/Vertragswesen	❑	❑	❑	❑
	... der Terminüberwachung	❑	❑	❑	❑
	... der Bewerberverwaltung	❑	❑	❑	❑
	... der Verwaltung von Anreizsystemen	❑	❑	❑	❑
	... der Kursverwaltung	❑	❑	❑	❑
	... des Vorschlagswesens	❑	❑	❑	❑
	... des Personalcontrollings/Kennziffern-Berechnung	❑	❑	❑	❑
	... anderer Aufgaben:	❑	❑	❑	❑

4.2 Zufriedenheit mit der Aufgabenunterstützung durch das Personalinformationssystem Ihres Unternehmens

Wie zufrieden sind Sie mit dem Personalinformationssystem
Ihres Unternehmens bezüglich der Unterstützung ...

		sehr zufrieden	zufrieden	weniger zufrieden	unzufrieden	wird nicht unterstützt / benützt
Personalverwaltung:	... der Stammdatenverwaltung	❑	❑	❑	❑	❑
	... der Verwaltung von Informationen über Ausbildung, Kenntnisse, Fähigkeiten	❑	❑	❑	❑	❑
	... der Führung von Personaldossiers	❑	❑	❑	❑	❑
Entgelt-Abrechnung:	... der Lohn- und Gehaltsabrechnung	❑	❑	❑	❑	❑
	... der Spesen-/Reisekostenabrechnung	❑	❑	❑	❑	❑
Zeitwirtschaft:	... der Zeiterfassung, Absenzenverwaltung	❑	❑	❑	❑	❑
Berichtswesen:	... der Statistiken, Auswertungen, Grafiken	❑	❑	❑	❑	❑
Personaleinsatz:	... des Stellenplans/Organigramme	❑	❑	❑	❑	❑
	... der Anforderungsprofile der Stellen	❑	❑	❑	❑	❑
	... der Stellenbeschreibungen	❑	❑	❑	❑	❑
Personalentwicklung:	... der Personalbeurteilung/Qualifikation	❑	❑	❑	❑	❑
	... des Vergleichs zwischen Qualifikationen der Mitarbeiter und Anforderungen der Stellen	❑	❑	❑	❑	❑
	... der Aus-/Weiterbildungsplanung	❑	❑	❑	❑	❑
	... der Nachfolgeplanung	❑	❑	❑	❑	❑
	... der Karriereplanung	❑	❑	❑	❑	❑
Personalplanung:	... der Bestandesplanung	❑	❑	❑	❑	❑
	... der Bedarfsplanung	❑	❑	❑	❑	❑
	... der Beschaffungsplanung	❑	❑	❑	❑	❑
	... der Einsatzplanung	❑	❑	❑	❑	❑
	... der Kostenplanung/Budgetierung	❑	❑	❑	❑	❑
	... der Freistellungsplanung	❑	❑	❑	❑	❑
Vorsorge:	... der Rentnerverwaltung/Rentenzahlung	❑	❑	❑	❑	❑
	... der Pensionskassenverwaltung	❑	❑	❑	❑	❑
Ergänzende Aufgaben:	... der Textverarbeitung/Vertragswesen	❑	❑	❑	❑	❑
	... der Terminüberwachung	❑	❑	❑	❑	❑
	... der Bewerberverwaltung	❑	❑	❑	❑	❑
	... der Verwaltung von Anreizsystemen	❑	❑	❑	❑	❑
	... der Kursverwaltung	❑	❑	❑	❑	❑
	... des Vorschlagswesens	❑	❑	❑	❑	❑
... des Personalcontrollings/Kennziffern-Berechnung		❑	❑	❑	❑	❑
... anderer Aufgaben:		❑	❑	❑	❑	❑

4.3 Nennen Sie bitte zwei Aufgaben aus der Liste der Frage 4.2, deren EDV-Unterstützung in der Zukunft stark an Bedeutung gewinnen wird.

....

....

5. Einführung[1] von Personalinformationssystemen

Nehmen Sie für die drei folgenden Fragen bitte an, dass in Ihrem Unternehmen nächstes Jahr ein neues Personalinformationssystem eingeführt wird.

5.1 Wo würden Sie die Projektleitung für diese Einführung ansiedeln?

❑ Geschäftsleitung
❑ Personalabteilung

❑ Informatikabteilung
❑ Externer Berater

5.2 Welches wären im Rahmen dieser Einführung die drei grössten Problembereiche?

❑ Datenschutz
❑ Widerstand der Benutzer
❑ Widerstand der Unternehmensleitung
❑ Widerstand der Arbeitnehmer/-Vertreter
❑ Fachwissen im Personalbereich
❑ Informatikkenntnisse im Personalbereich
❑ Unterstützung durch Informatikabteilung
❑ Kenntnisse über geeignetes Vorgehen
❑ Promotor im Personalbereich
❑ Promotor in der Geschäftsleitung
❑ Kommunikation im Projektteam

❑ Unterschätzung Aufwand und Kosten
❑ Zeitmangel/Arbeitsüberlastung
❑ Restriktionen durch Investitionsbudget
❑ Einschränkung durch vorhandene EDV
❑ Datenübernahme, -eingabe
❑ Kompatibilität, Schnittstellen
❑ Anpassung der Standardsoftware
❑ Anpassung der Organisation
❑ Wirtschaftlichkeit/Nutzen des Systems
❑ Kurzfristig ändernde Anforderungen
❑ Andere: ....

5.3 Welche drei Massnahmen würden Sie im Rahmen dieser Einführung in den Vordergrund stellen?

❑ Ist-Zustand kritisch hinterfragen
❑ Anforderungen detailliert und verbindlich festlegen
❑ Konzentration auf das Wesentliche
❑ Sorgfältige Evaluation der Software-Pakete
❑ Anpassungsfähiges System wählen
❑ Zuverlässiger Partner mit qualifizierten Unterstützungsleistungen wählen
❑ Detaillierte Vorbereitung und Planung
❑ Schrittweises Vorgehen
❑ Straffes, qualifiziertes Projektmanagement
❑ Genügend personelle Ressourcen
❑ Berücksichtigung der Benutzerinteressen
❑ Partizipation der Benutzer (Mitwirkung)
❑ Alle betroffenen Gruppen ins Projekt einbeziehen (z.B. auch Arbeitnehmer)

❑ Offene Informationspolitik
❑ Einwände und Bedenken ernst nehmen
❑ Umfassende Datenschutzeinrichtungen
❑ Anpassung der Organisation an Software
❑ Anpassung der Software an Organisation
❑ Spezielle Ausbildung des Projektteams
❑ Genügend Test- und Parallelläufe
❑ Etappenweise Einführung des Systems
❑ Frühzeitige, intensive Benutzerausbildung
❑ Unterstützung der Benutzer bei der Arbeit
❑ Automatische Datenübernahme aus dem alten System
❑ Manuelle Datenübernahme aus dem alten System
❑ Sorgfältige Erarbeitung der Schnittstellen zu anderen Anwendungen
❑ Andere Massnahmen: ....

---

[1] Unter Einführung wird in dieser Studie der ganze Prozess von der Evaluation über die Anpassung bis zum produktiven Einsatz einer Software verstanden.

6. Statistische Angaben

1. In welcher Branche ist Ihr Unternehmen hauptsächlich tätig? ....

2. Anzahl Mitarbeiter im Unternehmen (in Vollzeitstellen): ....

3. Welche Funktion nehmen Sie in Ihrem Unternehmen wahr? ....

7. Anmerkungen

Für zusätzliche Anregungen und Hinweise sind wir Ihnen sehr dankbar.

....

....

....

....

....

....

Bitte senden Sie den Fragebogen mit beiliegendem Couvert bis am 22. Juli 1997 zurück.

Gerne lassen wir Ihnen danach eine mehrseitige Zusammenfassung der wichtigsten Ergebnisse dieser Studie zukommen. Zudem können Sie die Dissertation mit den detaillierten Ergebnissen schon jetzt zu einem Vorzugspreis bestellen.

❑ **Ja, ich bestelle die Dissertation über den Einsatz und die Einführung von Personalinformationssystemen in der Schweiz zu einem Vorzugspreis von sFr. 80.-** (Wird erst 1998 erscheinen.)

Ort: ....   Datum: ....

Name: ....   Unterschrift: ....

Die Zusammenfassung und die allenfalls bestellte Dissertation werden an die auf der ersten Seite vermerkte Adresse gesandt. Bitte benützen Sie die folgenden Zeilen, falls Sie die Sendung an eine andere Adresse wünschen.

....

....

....

....

Nochmals vielen Dank für Ihre wertvolle Unterstützung!

organisatorische Prozeß-, Funktions-, Daten-, Informationsfluß- und Warenflußmodelle – Komplexitätsreduzierte Darstellung und Gestaltung der Beziehung zwischen Konsumgüterindustrie und -handel.

Urs Steiner

Personalinformationssysteme

Einführung und Einsatz
in Schweizer Grossunternehmen

*Bern, Berlin, Frankfurt/M., New York, Paris,
Wien, 1998. 288 S., zahlr. Abb. und Tab.
Europäische Hochschulschriften: Reihe 5,
Volks- und Betriebswirtschaft. Bd. 2372
ISBN 3-906761-57-6 br.
sFr. 58.– / DM 73.– / öS 483.– /
US-$ 41.95 / £ 25.– / FF 232.–*

Ein Personalinformationssystem stellt im Personalbereich vieler Unternehmen ein wichtiges Arbeitsinstrument und eine bedeutende Grundlage für ein modernes Personalmanagement dar. Es unterstützt die personalbezogenen Führungs- und Verwaltungsaufgaben flexibel und umfassend. Aufgrund der immer dynamischeren Umwelt werden an Personalinformationssysteme laufend neue Anforderungen gestellt. Doch was ist eigentlich im Detail unter einem Personalinformationssystem zu verstehen? Wie werden Personalinformationssysteme in Schweizer Grossunternehmen eingesetzt und eingeführt? Wie werden die eingesetzten Personalinformationssysteme beurteilt, welche Ziele werden mit deren Einsatz verfolgt, und welche Aufgaben werden mit diesen Systemen unterstützt? Welche Entwicklungstendenzen bestehen? Wie kann bei der Einführung eines Personalinformationssystems vorgegangen werden, und was ist dabei zu beachten? Wie sieht es mit dem Datenschutz aus? Gestützt auf die entsprechende Literatur und auf empirische Untersuchungen werden Antworten auf diese Fragen aufgezeigt.
Aus dem Inhalt: Charakterisierung der Personalinformationssysteme – Datenschutz – Personalinformationssysteme in Schweizer Grossunternehmen – Verfahren zur Einführung von Personalinformationssystemen.

Christian Steinmann

Analyse ökonomischer Modelle mit Methoden des Qualitative Reasoning

*Frankfurt/M., Berlin, Bern, New York, Paris,
Wien, 1998. VIII, 333 S.
Europäische Hochschulschriften: Reihe 5,
Volks- und Betriebswirtschaft. Bd. 2379
ISBN 3-631-33968-2 br.
sFr. 79.– / DM 98.– / öS 658.– /
US-$ 56.95 / £ 36.– / FF 316.–*

Qualitative Aussagen zum Verhalten ökonomischer Systeme, die als qualitative Modelle formuliert sind, stehen im Mittelpunkt ökonomischer Analyse. Die Anwendung von Methoden des Qualitative Reasoning auf die Analyse ökonomischer Modelle liegt daher nahe. Jedoch sind die Ergebnisse der Anwendung der bekannten Methoden des Qualitative Reasoning unbefriedigend: Eine allmähliche, zyklische Annäherung der Werte qualitativ definierter Variablen wird nicht erkannt. Die in dieser Arbeit vorgestellte Methode qualitativer Simulation interdependenter Zusammenhänge löst das grundlegende Problem der Methoden des Qualitative Reasoning. Dem ökonomischen Analyseinstrumentarium kann die qualitative Simulation interdependenter Zusammenhänge als neue Methode hinzugefügt werden.
Aus dem Inhalt: Überprüfung und Erweiterung der Anwendbarkeit der Methoden des Qualitative Reasoning auf die Analyse ökonomischer Modellsysteme – Die Methoden des Qualitative Reasoning – Die allgemein verwendeten Methoden ökonomischer Analyse – Die kritische Überprüfung der Methoden des Qualitative Reasoning in der Anwendung auf ökonomische Modellanalyse – Die Methode qualitativer Simulation interdependenter Zusammenhänge als leistungsfähiger neuer Ansatz.

2nd announcement

Monique Florenzano / Jürgen Guddat / Miguel Jimenez / Hubertus Th. Jongen / Guillermo Lopez Lagomasino / Francisco Marcellan (eds.)

Approximation and Optimization in the Caribbean II

Proceedings of the Second International Conference on Approximation and Optimization in the Caribbean, Havana, Cuba, September 26 – October 1, 1993

Frankfurt/M., Berlin, Bern, New York, Paris, Wien, 1995. IX, 682 pp., num. fig.
Approximation and Optimization. Vol. 8
Edited by B. Brosowski, F. Deutsch and J. Guddat

ISBN 3-631-49071-2 / US-ISBN 0-8204-2949-X
pb. sFr. 103.– / DM 128.– / öS 858.– / US-$ 82.95 / £ 52.– / FF 412.–

The volume contains original articles and survey papers on approximation theory (e.g. approximation by polynomial and rational functions, approximation by operators, orthogonal polynomials, meromorphic functions), optimization (e.g. integer, nonlinear, quadratic, multi-objective, fractional, semiinfinite), control theory (e.g. singular control problems), equations and inequalities (e.g. complexity), mathematical economy (e.g. core theory, infinite horizon economics), and shows the relations among these topics.

Contents: Original articles and survey papers on approximation theory, optimization, control theory, equations and inequalities, mathematical economy – Relations among these topics.

«...the book contains an excellent collection of papers on Approximation, Optimization and related areas, which is highly recommended to every researcher in these fields.» (J.-E. Martínez-Legaz, Journal 'Optimization')

Hildegard Foerster

Fixkosten- und Reihenfolgeprobleme in der Zuschnittplanung

Frankfurt/M., Berlin, Bern, New York, Paris, Wien, 1998. 354 S., zahlr. Tab. u. Graf.
Europäische Hochschulschriften: Reihe 5, Volks- und Betriebswirtschaft. Bd. 2362
ISBN 3-631-34029-X br.
sFr. 79.– / DM 98.– / öS 658.– / US-$ 56.95 / £ 36.– / FF 316.–

Die Planung industrieller Zuschneideprobleme zielt üblicherweise allein auf eine Minimierung des Verschnitts oder des Materialeinsatzes ab. Dabei wird jedoch übersehen, daß die Zuschnittplanung auch vielfältige Interdependenzen zu anderen Planungsaufgaben aufweist und daß sich die Ergebnisse der betreffenden Teilplanungen wechselseitig beeinflussen können. Die Verfasserin stellt zwei zentrale Probleme dieser Teilplanungen in den Mittelpunkt der Arbeit nämlich das Fixkostenproblem der Zuschnitt-

Anhang 3: Begleitbrief Hauptstudie

MUSTER AG
HERR R. MEIER
MUSTERSTR. 16
8000 ZÜRICH

Institut für Informatik
Universität Freiburg

Rue Faucigny 2
CH–1700 Freiburg
Fax 026–300 97 26

Freiburg, 1. Juni 1997

**Dissertation über den Einsatz von
Personalinformationssystemen in der Schweiz**

Sehr geehrter Herr Meier

Personalinformationssysteme stellen für den Personalbereich eines Unternehmens ein wichtiges Arbeitswerkzeug dar. Wie Sie vielleicht selbst festgestellt haben, ist deren Einsatz und Einführung allerdings nicht ganz unproblematisch. Deshalb untersuchen wir diesen Sachverhalt im Rahmen einer Dissertation am Institut für Informatik der Universität Freiburg i. Ü.

Ihre Unterstützung ist für das Gelingen dieser Studie sehr wichtig. Bitte füllen Sie den beiliegenden Fragebogen aus. Auch wenn in Ihrem Unternehmen kein Personalinformationssystem eingesetzt wird, bitten wir Sie, die entsprechenden Teile des Fragebogens auszufüllen. Mit dem ebenfalls beiliegenden Anwortcouvert können Sie den ausgefüllten Fragebogen **bis am 22. Juli 1997 retournieren**.

Wir garantieren Ihnen eine streng vertrauliche Behandlung Ihrer Antworten. Aus den Ergebnissen dieser Studie können weder auf Sie noch auf Ihr Unternehmen Rückschlüsse gezogen werden.

Vielen Dank für Ihre wertvolle Mitarbeit.

Mit freundlichen Grüssen

Prof. Dr. Ambros Lüthi   Lic. rer. pol. Urs Steiner

PS: Wenn Sie uns den ausgefüllten Fragebogen bis am 22. Juli 1997 zurücksenden, werden Sie kostenlos eine mehrseitige **Zusammenfassung der Ergebnisse** erhalten. Zudem haben Sie am Ende des Fragebogens die Möglichkeit, die **Dissertation zu Vorzugskonditionen** zu bestellen.

Literaturverzeichnis

Ackermann, K.F.: Prognose "Personal" für das kommende Jahrzehnt: Darstellung aus der Sicht der Wissenschaft, in: Personal Nr. 4/1989, S. 136ff.

Adler, G.: Standardsoftware - Sackgasse oder Innovation, in: Österle, H. (Hrsg.): Integrierte Standardsoftware: Entscheidungshilfen für den Einsatz von Softwarepaketen / Band 1: Managemententscheidungen, Hallbergmoos 1990, S. 161ff.

Bacher, U. W.: Personalinformationssysteme: Managementanforderungen, Informationsmethodik und Rechtsfragen, Konstanz 1990

Balzert, H.: Die Entwicklung von Software-Systemen – Prinzipien, Methoden, Sprachen, Werkzeuge, Mannheim, Wien und Zürich 1982

Baitsch, C.; Katz, C.; Spinas, P.; Ulich, E.: Computerunterstützte Büroarbeit: Ein Leitfaden für Organisation und Gestaltung, Zürich 1989

Barbitsch, C.: Einführung integrierter Standardsoftware, München und Wien 1996

Bawden, D.: User-oriented Evaluation of Information Systems and Services, Hants und Vermont 1990

Beck, A.: Software-Entwicklung – Einbeziehung der Benutzer in den Entwicklungsprozess, in: Personal Nr. 4/1994, S. 163ff.

Becker, M. et al.: EDV-Wissen für Anwender: Das Informatik-Handbuch für die Praxis, Zürich 1995

Bellgardt, P. (Hrsg.): EDV-Einsatz im Personalwesen, Heidelberg 1990

Bisani, F.: Personalwesen: Grundlagen, Organisation, Planung, Wiesbaden 1986

Bleicher, K.: Zukunftsperspektiven organisatorischer Entwicklung, in: Zeitschrift für Organisation Nr. 3/1990, S. 152ff.

Bochenski, B.: Implementing Production-Quality Client / Server Systems, New York 1994

Boehm, B.W.: Software engineering economics, London, Sydney, Toronto, New Delhi, Tokyo, Singapore, Wellington 1981

Böhm, R. et al.: System-Entwicklung in der Wirtschaftsinformatik, Zürich 1996

Böhm, R.; Wenger, S.: Methoden und Techniken der System-Entwicklung, Zürich 1996

Bradbury, J.A.A.: Product Innovation - Idea to Exploitation, Chichester, New York, Brisbane, Toronto und Singapore 1989

Bundesamt für Statistik (Hrsg.): Betriebszählung 1991 – Erhebungsgrundlagen, Bern 1993

Buntschu, M.: Art. 1 DSG, in: Maurer, U. und Vogt, N. P. (Hrsg.): Kommentar zum Schweizerischen Datenschutzgesetz, Basel und Frankfurt a. M. 1995, S. 20ff.

Cascio, W. F.: Managing Human Resources: Productivity, Quality of Work Life, Profits, New York, St. Louis, San Francisco et al. 1992

Danzer, H.H.: Quality-Denken stärkt die Schlagkraft des Unternehmens, Zürich und Köln 1990

Däpp, H.: Informatik-Megatrends der 90er Jahre, in: io Management Zeitschrift Nr. 10/1991, S. 62f.

Domsch, M.: Systemgestützte Personalarbeit, Wiesbaden 1980

Domsch, M.; Schneble, A.: Personalinformationssysteme, in: von Rosenstiel, L. et al. (Hrsg.): Führung von Mitarbeitern: Hanbuch für erfolgreiches Personalmanagement, Stuttgart 1995, S. 449ff.

Eberspaecher, J. (Hrsg.): Sichere Daten, sichere Kommunikation: Datenschutz und Datensicherheit in Telekommunikations- und Informationssystemen, Berlin 1994

Feix, W.E.: Personal 2000: Visionen und Strategien erfolgreicher Personalarbeit, Frankfurt a. M. und Wiesbaden 1991

Finzer, P.: Standardsoftware für den Einsatz im betrieblichen Personalwesen, in: Personal Nr. 7 - 8/1991a, S. 238ff.

Finzer, P.: Personalinformationssysteme für die betriebliche Personalplanung, Mering 1991b

Gabler: Wirtschafts-Lexikon: Band 1, Wiesbaden 1988a

Gabler: Wirtschafts-Lexikon: Band 2, Wiesbaden 1988b

Galeos, G.: Anforderungen des strategischen Managements an ein Personalinformationssystem, Zürich 1991

Gesellschaft für Rechts- und Verwaltungsinformatik e.V. (Hrsg.): Personalinformationssysteme in Wirschaft und Verwaltung, München 1982

Gomez, P.: Das Unternehmen als Organismus: Biologische Analogien für das Management, in: NZZ Nr. 207/1996, S. 79

Groh, E.: Verbreitungsprobleme von computergestützten Informationssystemen in der Personalwirtschaft – Bestandsaufnahme und Überwindungsansatz, Mainz 1982

Grote, G.: Schneller, besser, anders kommunizieren? Die vielen Gesichter der Büro-Kommunikation, Zürich und Stuttgart 1993

Grünefeld, H.G.; Langemeyer, W.: Personalinformationssystem: Entwicklung, Anwendung, Nutzen, Wiesbaden 1991a

Grünefeld, H.G.; Langemeyer, W.: Von der Personalakte zur Datenbank, in: Personalwirtschaft Nr. 3/1991b, S. 34ff.

Grünefeld, H.G.; Langemeyer, W.: Das Herz des Personalinformationssystems, in: Personalwirtschaft Nr. 10/1991c, S. 29ff.

Grünefeld, H.G.; Langemeyer, W.: Personalinformationssystem - Aufbereiten und Auswerten, in: Personalwirtschaft Nr. 3/1992a, S. 16ff.

Grünefeld, H.G.; Langemeyer, W.: Kosten und Nutzen eines Personalinformationssystems, in: Personalwirtschaft Nr. 5/1992b, S. 34ff.

Grünig, R.: Kostenrechnungsmanagement; Grundzüge eines Verfahrens zur Neueinführung oder Verbesserung von Kostenrechnungen, in: Die Unternehmung Nr. 2/1989, S. 78ff.

Grünig, R.: Verfahren zur Überprüfung und Verbesserung von Planungskonzepten, Bern und Stuttgart 1990

Grünig, R.: Methoden und Instrumente der strategischen Planung; Ein Versuch, trotz der vielen Bäume den Wald zu sehen, in: Die Unternehmung Nr. 4/1992, S. 267ff.

Grünig, R.: Der Führungs-Mix komplexer Organisationen, in: Die Unternehmung Nr. 5/1993a, S. 363ff.

Grünig, R.: Vorlesungsskript Unternehmensführung, Wintersemester 1993/94, Freiburg 1993b

Guntern, O.: Leitfaden für die Bearbeitung von Personendaten im Arbeitsbereich – Bearbeitung durch private Personen, Bern 1994a

Guntern, O.: Leitfaden zu den technischen und organisatorischen Massnahmen des Datenschutzes, Bern 1994b

Hamacher, W.; Pape D.: Effiziente PPS-Einführung – Voraussetzungen für zukunftssichere Mittelbetriebe, Köln 1991

Haberfellner, R. et al.: Systems Engineering – Methodik und Praxis, Zürich 1994

Hansen, H. R.: Wirtschaftsinformatik I, Stuttgart 1996

Heinecke, A.: Datenverarbeitung im Personalwesen, in: Personal Nr. 7 - 8/1991, S. 256ff.

Heinecke, A.: Einsatz von Expertensystemen im Personalwesen, in: Personal Nr. 7/1992, S. 284ff.

Helmreich, R., Allerbeck, M.: Akzeptanz planen – Wie man die Weichen richtig stellt, in: Helmreich, R. (Hrsg.): Bürokommunikation und Akzeptanz: Benutzungsoberflächen ergonomisch gestalten - Technik richtig einführen - Folgen beherrschen, Heidelberg 1991, S. 1ff.

Hentschel, B.: Anforderungen an eine Personaldatenbank aus der Sicht des Anwenders, in: Reber, G. (Hrsg.): Personalinformationssysteme, Stuttgart 1979, S. 444ff.

Hentschel, B.; Wronka, G.; Mülder, W.: Personaldatenverarbeitung in der Diskussion, Köln 1986

Hentze, J.; Brose, P.: Personalführungslehre, Bern und Stuttgart 1990

Hentze, J.; Heinecke, A.: EDV im Personalwesen: Personalinformationssysteme, in: Personal Nr. 2/1989, S. 60ff.

Hentze, J.; Metzner, J.: Personalwirtschaftslehre 1, Bern, Stuttgart und Wien 1994

Hentze, J.; Metzner, J.: Personalwirtschaftslehre 2, Bern, Stuttgart und Wien 1995

Herberger, M.: Personalinformationssysteme und Mitbestimmung, in: Zeitschrift für Personalforschung Nr. 5/1991, S. 175ff.

Hesse, W. et al.: Software-Entwicklung: Vorgehensmodelle, Projektführung, Produktverwaltung, München und Wien 1992

Hilb, M.: Personalmanagement-Funktionen im Überblick, in: Lattmann, C. und Staffelbach, B. (Hrsg.): Die Personalfunktion der Unternehmung im Spannungsfeld von Humanität und wirtschaftlicher Rationalität, Heidelberg 1991, S. 127ff.

Hilb, M.: Integriertes Personal-Management: Ziele – Strategien – Instrumente, Berlin, 1995

Hildebrand, K.; Szidzek, A.: Vorgehensmodell für die Einführung von Software, in: Office Management Nr. 1-2/1995, S. 42ff.

Hoffmann, F.: Computergestützte Informationssysteme: Einführung für Betriebswirte, München und Wien 1984

Hünig, M.: Art. 12 und 13 DSG, in: Maurer, U. und Vogt, N. P. (Hrsg.): Kommentar zum Schweizerischen Datenschutzgesetz, Basel und Frankfurt a. M. 1995, S. 186ff.

Hutzli, M.: Strategies for the Implementation of Office Automation Systems: As Suggested by Case Studies and Literature, Bamberg 1989

Kadow, B.: Der Einsatz von Personalinformationssystemen als Instrument der Personalführung und -verwaltung, München 1986

Kapoun, J. (Hrsg.): Betriebliche und zwischenbetriebliche Informations- und Management-Informationssysteme für die Führung verschiedener Betriebsbereiche und Aufgabengebiete in Industrie-, Handels-, Transport- und Speditionsunternehmen, Lausanne, Band 1 1994a, Band 2 1994b

Kilian, W.: Personalinformationssysteme in deutschen Grossunternehmen: Ausbaustand und Rechtsprobleme, Berlin, Heidelberg und New York 1981

Koslowski, K.: Partizipative Systementwicklung und Software Engineering, Opladen 1988

Kreikebaum, H.: Strategische Unternehmensplanung, Stuttgart, Berlin und Köln 1991

Kreilkamp, E.: Strategisches Management und Marketing, Berlin und New York 1987

Krüger, W.: Organisatorische Einführung von Anwendungssystemen, in: Kurbel, K. und Strunz, H. (Hrsg.): Handbuch Wirtschaftsinformatik, Stuttgart 1990, S. 275ff.

Krulis-Randa, J. S.: Schlechte Personalpolitik programmiert Misserfolg, in: Personalwirtschaft Nr. 1/1991, S. 35ff.

Kühn, R.: Entscheidungsmethodik und Unternehmungspolitik - Methodische Überlegungen zum Aufbau einer betriebswirtschaftlichen Spezialdisziplin, erarbeitet am Gegenstandsbereich der Unternehmungspolitik, Bern und Stuttgart 1978

Kühn, R.: Grundsatz- und Konzeptentscheide: Bedeutung, methodische Probleme und Ansätze zu deren Lösung, in: Gaugler, E.; Meissner, H.G.; Thom, N. (Hrsg.): Zukunftsaspekte der anwendungsorientierten Betriebswirtschaftslehre, Stuttgart 1986, S. 144ff.

Liebetrau, G.; Becker, M.: Die Auswahl von Standardsoftware, in: io Management Zeitschrift Nr. 3/1992, S. 59ff.

Lüthi, A. et al.: Einsatz und Entwicklung von Informationstechnologien in Schweizer Unternehmen, Freiburg 19xx (xx steht für die Jahre 96, 94, 93, 92, 91, 90)

Lüthi, A.: Die Einführung moderner Technologien und MTO-Aspekte, in: Lüthi, A., Häuschen, H. (Hrsg.): Einsatz moderner Technologien in der Wirtschaft, Freiburg 1995, S. 142ff.

Maier, C.: Personalinformationssysteme in der Verwaltung privater Unternehmen: Möglichkeiten und Grenzen der Mitentscheidung des Betriebsrats über ihre Nutzung nach Massgabe der höchstrichterlichen Rechtssprechung, Baden-Baden 1996

Maurer, U. und Vogt, N. P. (Hrsg.): Kommentar zum Schweizerischen Datenschutzgesetz, Basel und Frankfurt a. M. 1995

Mertens, P. et al.: Management by Parameters?, in: Zeitschrift für Betriebswirtschaft Nr. 5/6/1991, S. 569ff.

Meyer-Degenhardt, K.: Partizipative Systemanalyse bei der Entwicklung computergestützter Arbeitsplatz- und Personalinformationssysteme, Bremen 1987

Moderegger, H.: Praxiserfahrungen mit dem Computereinsatz, in: Personalwirtschaft Nr. 3/1992, S. 22f.

Mülder, W.: Organisatorische Implementierung von computergestützten Personalinformationssystemen: Einführungsprobleme und Lösungsansätze, Berlin, Heidelberg, New York und Tokyo 1984

Mülder, W.: Für die Personalarbeit die richtige Software wählen, in: Personalwirtschaft Sonderheft/1991, S. 28ff.

Mülder, W.: Zehn Forderungen an computergestützte Personalinformationssysteme, in: Personal Nr. 4/1994, S. 156ff.

Müller-Böling, D.; Müller, M.: Akzeptanzfaktoren der Bürokommunikation, München und Wien 1986

National Academy of Engineering (&) Commission on Behavioral and Social Sciences and Education: People and Technology in the Workplace, Washington 1991

Neumeier, J.: Ergonomie zahlt sich aus – gute Bedienung wirtschaftlich betrachtet, in: Helmreich, R. (Hrsg.): Bürokommunikation und Akzeptanz: Benutzungsoberflächen ergonomisch gestalten - Technik richtig einführen - Folgen beherrschen, Heidelberg 1991, S. 145ff.

Nedess, Chr.: Von PPS zu CIM, Berlin, Heidelberg, New York, London, Paris, Tokyo, Hongkong, Barcelona und Budapest 1991

Oechsler, W. A.: Historische Entwicklung zum Human Resource Management, in: Knauth, P. und Wollert, A. (Hrsg.): Human Resource Management, Köln 1996, Abschnitt 3.3

Olesch, G.: Schwerpunkte der Personalarbeit: Personalmanagement zur Jahrtausendwende, Heidelberg 1997

Olk, J.: Personalinformationssysteme: Technische Einrichtung zur Überwachung der Arbeitnehmer?, Trier 1985

Ortmann, G.: Der zwingende Blick: Personalinformationssysteme - Architektur der Disziplin, Frankfurt und New York 1984

Ortmann, G. et al.: Computer und Macht in Organisationen: Mikropolitische Analysen, Opladen 1990

Österle, H. (Hrsg.): Integrierte Standardsoftware: Entscheidungshilfen für den Einsatz von Softwarepaketen / Band 1: Managemententscheidungen, Hallbergmoos 1990a

Österle, H. (Hrsg.): Integrierte Standardsoftware: Entscheidungshilfen für den Einsatz von Softwarepaketen / Band 2: Auswahl, Einführung und Betrieb von Standardsoftware, Hallbergmoos 1990b

Österle, H. et al.: Unternehmensführung und Informationssysteme: Der Ansatz des St. Galler Informationssystem-Managements, Stuttgart 1992

Paterson, A.: Office Systems: Planning, Procurement and Implementation, Chichester, New York, Ontario und Brisbane 1985

Pauli, K.: Art. 7 DSG, in: Maurer, U. und Vogt, N. P. (Hrsg.): Kommentar zum Schweizerischen Datenschutzgesetz, Basel und Frankfurt a. M. 1995, S. 118ff.

Pfeiffer, R.: Personalinformationsmanagement – Konzeptionelle Grundlagen und Gestaltungsempfehlungen, Bamberg 1995

Price Waterhouse: The Price Waterhouse Cranfield Project on International Strategic Human Resource Management, Report 1991

Roos E.:   Benutzerbeteiligung bei der PPS-Einführung - Konzept einer team-
orientierten Vorgehensweise, in: CIM Management Nr. 1/1993, S.
23ff.

Rieder, B.: Die Gestaltung des Implementierungsprozesses bei der Einführung
von integrierter Standardsoftware, Regensburg 1988

Scheer, A.W.: Wirtschaftsinformatik: Referenzmodelle für industrielle Ge-
schäftsprozesse, Berlin, Heidelberg, New York 1995

Schilling, G.: Mehr Mut zur Standardsoftware, in: io Management Zeitschrift
Nr. 2/1991, S. 53f.

Schneider, H.J.: Lexikon der Informatik und Datenverarbeitung, München und
Wien 1997

Schnell, R.: Methoden der empirischen Sozialforschung, München und Wien
1993

Schoch, R. B.; Meyer, E. P.: Das Personalmanagement an der Jahrtausendwende, in: Persorama Nr. 2/1997, S. 12ff.

Scholz, C.: Personalmanagement: Informationsorientierte und verhaltens-
theoretische Grundlagen, München 1994

Scholz, C.: Der PC in der Personalabteilung: Ergebnisse einer empirischen
Studie, in: Personal Nr. 10/1989, S. 416ff.

Scholz, C.: Personalwirtschaft im Spannungsfeld zwischen Verhaltens- und
Informationsorientierung, in: Zeitschrift für Personalforschung
Nr. 1/1990a, Seite 37ff.

Scholz, C.: So wird der Personalchef ein Profi, in: Harvard Manager
Nr. 2/1990b, Seite 78ff.

Schönsleben, P.: Praktische Betriebsinformatik: Konzepte logistischer Abläufe,
Berlin, Heidelberg, New York, London, Paris, Tokyo, Hong Kong,
Barcelona und Budapest 1994

Schregenberger, J. W.: Methodenbewusstes Problemlösen: Ein Beitrag zur
Ausbildung von Konstrukteuren, Beratern und Führungskräften,
Bern und Stuttgart 1982

Schreiber, J.: Beschaffung von Informatikmitteln, Bern, Stuttgart und Wien
1994

Schuler, R. S., Jackson, S. E.: Human Resource Management: Positioning for
the 21st Century, Minneapolis, New York, Los Angeles und San
Francisco 1996

Schuster, K.: Aufgaben, Probleme, Chancen und Kontrolle von Personalinformationssystemen, in: Jobs, F., Samland, J., Personalinformationssysteme in Recht und Praxis, Stuttgart, 1984, S. 1ff.

Schürer, H. U.: Datenschutz im Arbeitsverhältnis, Zürich 1996

Schwaibold, M.: Art. 328b OR, in: Maurer, U. und Vogt, N. P. (Hrsg.): Kommentar zum Schweizerischen Datenschutzgesetz, Basel und Frankfurt a. M. 1995, S.459ff.

Schweizerische Vereinigung für Datenverarbeitung (Hrsg.): Evaluation von Informatiklösungen, Bern und Stuttgart 1985

Schwitt, N.: Der EG-Binnenmarkt ruft nach Strategien, in: Personalwirtschaft Nr. 1/1993, S. 17ff.

Seibt, D.: Computergestützte Personalinformationssysteme, in: Kurbel, K. und Strunz, H. (Hrsg.): Handbuch Wirtschaftsinformatik, Stuttgart 1990, S. 119ff.

Siemens Nixdorf Informationssysteme AG (Hrsg.): R/3 LIVE Implementierungsmethodik - Beschreibung der Vorgehensweise bei der Implementierung von R/3, Paderborn 1995

Simington, W., Mazzon, R.: The human side of software implementation, in: The Management Accounting Magazine (CMA) Nr. 2/1988, S. 56

Simon, H.A.: The Logic of Heuristic Decision Making, in: Rescher, N. (Hrsg.), The Logic of Decision and Action, Pittsburgh 1966, S. 1ff.

Staehle, W.H.: Management: Eine verhaltenswissenschaftliche Perspektive, München 1991

Steinauer, P.-H.: Die Verletzung durch private Datenverarbeitung und die allfällige Rechtfertigung einer Verletzung, in: Schweizer, R. (Hrsg.): Das neue Datenschutzgesetz des Bundes: Referate der Tagungen der Hochschule St. Gallen vom 15. Oktober und 13. November 1992, Zürich 1993, S. 43ff.

Tanner, E.: Informatik im Personalbereich: Ja - aber!, in: SGP-Mitteilungen Nr. 4/1991, S. 15ff.

Ulich, E.: Arbeitspsychologie, Zürich und Stuttgart 1990

Ulich, E.: CIM – eine integrative Gestaltungsaufgabe im Spannungsfeld von Mensch, Technik und Organisation, in: Cyranek, G. und Ulich, E. (Hrsg.): CIM – Herausforderung an Mensch, Technik, Organisation, Zürich und Stuttgart 1993, S. 29ff.

Vatteroth, H.C.: Aktuelle Software im Test, in: Personalwirtschaft Sonderheft/1991, S. 10ff.

Vetter, M.: Informationssysteme in der Unternehmung: Einführung in die Datenmodellierung und Anwendungsentwicklung, Stuttgart 1990

Vetter, M.: Strategie der Anwendungssoftware-Entwicklung: Planung, Prinzipien, Konzepte, Stuttgart 1988

Vaughn, L.T.: Client / Server System Design and Implementation, New York 1994

Vogel, C.; Wagner, H.P.: Executive Information Systems: Ergebnisse einer empirischen Untersuchung zur organisatorischen Gestaltung, in: Zeitschrift für Organisation Nr. 1/1993, S. 26ff.

Vogt, R.: Individuelle, innovative Problemlösungsprozesse, Frankfurt a. Main 1981

Wallmüller, E.: Software-Qualitätssicherung in der Praxis, München und Wien 1990

Wenzel, P. (Hrsg.): Betriebswirtschaftliche Anwendungen des integrierten Systems SAP-R/3, Braunschweig/Wiesbaden 1995a

Wenzel, P. (Hrsg.): Geschäftsprozessoptimierung mit SAP-R/3, Braunschweig/ Wiesbaden 1995b

Wildhaber, B.: Informationssicherheit: Rechtliche Grundlagen und Anforderungen an die Praxis, Zürich 1993

Wilk, L.: Die postalische Befragung, in: Holm, K. (Hrsg.): Die Befragung 1, Tübingen 1991, S. 187ff.

Wittenberg, R.: Computerunterstützte Datenanalyse, Stuttgart 1991

Wöhe, G.: Einführung in die allgemeine Betriebswirtschaftslehre, München 1986

Wohlgemuth, A.C.: Dem Unternehmungserfolg auf der Spur, in: Die Unternehmung Nr. 1/1990a, Seite 43ff.

Wohlgemuth, A.C.: Wettbewerbsvorteile schaffen durch Human Resources Management, in: Zeitschrift für betriebswirtschaftliche Forschung Nr. 1/1990b, Seite 84ff.

Wollnik, M.: Implementierung computergestützter Informationssysteme: Perspektive und Politik informationstechnologischer Gestaltung, Berlin und New York 1986

Wunderer, R.: Das Personalwesen auf dem Weg zu einem Wertschöpfungs-Center, in: Personal Nr. 4/1992, S. 148ff.

Wunderer, R., Schlagenhaufer, P.: Personal-Controlling: Funktionen – Instrumente – Praxisbeispiele, Stuttgart 1994

Wunderer, R.; Kuhn, T.: Zukunftstrends in der Personalarbeit: Schweizerisches Personalmanagement 2000, Bern, Stuttgart und Wien 1992

Zehnder, C.A.: Informationssysteme und Datenbanken, Zürich und Stuttgart 1989

Zehnder, C.A.: Endlich hat auch die Schweiz ein Datenschutzgesetz!, in: Informatik Bulletin Nr. 73/1993, S. 15 – 18

Stichwortverzeichnis